ISBN 978-1-332-55079-1
PIBN 10386975

# DE L'INFLUENCE

# DES CROISADES

## SUR L'ÉTAT

## DES PEUPLES DE L'EUROPE.

*Cet ouvrage se trouve :*

Chez { MERIGOT, Libraire, rue Pavée-Saint-André-
des-Arcs, n°. 7.
TREUTTEL et WURTZ, Libraires, rue de Lille,
n°. 17, vis-à-vis les Théatins;
Et à Strasbourg, même maison de commerce.

On trouve chez TREUTTEL et WURTZ, Libraires,
rue de Lille, n°. 17, l'ouvrage de M. HEEREN,
intitulé : *Essai sur l'Influence des Croisades*, traduit
en français par CHARLES VILLERS. Vol. in-8°. de
538 pages, 6 fr., et 7 fr. 50 cent. franc de port.

# DE L'INFLUENCE
# DES CROISADES

SUR L'ÉTAT

## DES PEUPLES DE L'EUROPE;

PAR

Maxime DE CHOISEUL-DAILLECOURT.

Ouvrage qui a partagé le prix décerné par l'Institut,
dans la Séance publique du 1er juillet 1808.

> Totus fervet, totus concutitur, vel potius
> transformari videbatur mundus.
>
> Conradus à Liechthenaw, *Chronic.*
> *ad ann.* 1099.

## A PARIS,

Chez Tilliard, frères, Libraires, rue Pavée-Saint-
André-des-Arcs, n°. 16.

1809.

DE

DES CROIS DE

DE L'IMPRIMERIE DES SOURDS-MUETS,
sous la direction d'A... CLO.

A PARIS,
Treuttel, Frères, Libraires, rue Paris-Saint-
André-des-Arts, n°.

# AVERTISSEMENT.

La classe d'histoire et de littérature ancienne de l'Institut a proposé pour sujet du prix de 1808, « d'examiner » quelle a été l'influence des Croisades » sur la liberté civile des peuples de » l'Europe, sur leur civilisation, et sur » les progrès des lumières, du commerce » et de l'industrie ». Nous avons osé concourir, moins par l'espoir d'un succès, dont nous n'avions pas la présomption de nous flatter, que par la crainte de voir flétrir, sans contradiction, le dévouement héroïque de tant de Français, et les exploits enfantés par l'enthousiasme religieux et par l'honneur chevaleresque.

Pendant plusieurs années l'ignorance ou l'esprit de système, ont condamné absolument les Croisades, sous le rapport de leurs causes et de leurs effets. Plusieurs prédicateurs de l'Evangile, entraînés eux-mêmes par l'opinion du moment, n'ont pas cru devoir célébrer les vertus de saint Louis, sans déclamer inconsidérément contre les Croisades (1); ils ont adopté l'assertion de Voltaire qui a prononcé, sans examen, et pourtant avec assurance, que ces expéditions épuisèrent l'Europe d'hommes et d'argent, et ne la civilisèrent pas (2). La foule des écrivains s'empressa, en France surtout, d'applaudir à cet oracle trompeur.

--------

(1) Voyez le panégyrique de saint Louis, prononcé dans la chapelle du Louvre, le 25 août 1767, devant l'Académie française, par l'abbé Bassinet. En 1769, l'abbé Couturier, dans un panégyrique du même saint, n'a pas mieux parlé des Croisades.

(2) *Essai sur l'Histoire générale*, chap. LI.

A qui néanmoins appartenait-il d'examiner avec plus de défiance ce jugement hasardé, qu'à ce peuple dont les brillantes qualités se sont déployées avec tant d'éclat dans les Croisades, et qui a donné des rois à Jérusalem? Convenait-il à une nation si belliqueuse, de se laisser affecter par les revers de saint Louis, au point de ne plus voir dans les Croisades que des entreprises insensées, et dont toutes les suites furent pernicieuses? La France a-t-elle donc flétri la mémoire de Louis XII souvent malheureux dans plusieurs guerres, qui n'étaient peut-être pas commandées par la nécessité? Elle plaignit François Ier. dans les fers d'un ennemi qu'il semble avoir provoqué; elle respecte Louis XIV dont l'adversité ne put accabler la vieillesse.

Quoique j'eusse moins consulté mes

forces que mon zèle pour le travail, j'ai
été plus heureux que je n'avais osé l'espérer : l'Institut, en divisant son suffrage, l'a rendu plus flatteur encore; et
c'est pour moi doubler la couronne que
de me la faire partager avec M. Heeren,
professeur d'histoire à l'Université de
Gottingue. Si j'avais pu croire que la
cause des Croisades fût en si bonnes
mains, je me serais gardé d'entrer dans
la lice; et je dois, aujourd'hui, me féli-
citer de la loi qui défend de soulever sa
visière dans cette espèce de champ-clos.
Par cette sage disposition, l'Académie
ne veut pas seulement montrer son im-
partialité, elle veut sans doute aussi ne
pas décourager l'athlète: jeune encore,
qui, dans ce genre de combat, serait
excusable de se retirer à l'aspect d'un
concurrent trop redoutable.

Malgré l'honorable encouragement que

j'ai reçu , j'aurais encore hésité à publier cet ouvrage, après avoir lu celui du savant professeur de Gottingue, si l'Institut, en déclarant que ces deux écrits avaient *un droit égal au prix*, n'avait aussi décidé *qu'ils avaient un genre de mérite un peu différent.* Il est difficile, en effet, que deux personnes envisagent un sujet absolument sous la même face, lui donnent les mêmes développemens, se rencontrent précisément dans toutes leurs recherches historiques; il a donc été permis de croire que ce double travail pourrait offrir d'utiles rapprochemens.

Cet ouvrage aurait paru plus tôt, si je n'avais pensé que le suffrage de l'Institut devait m'encourager à le revoir avec soin. Une approbation si flatteuse me donnait, il est vrai, la confiance d'avoir traité avec quelque solidité la question proposée ; mais je ne pouvais oublier que long-temps occupé de més réflexions sur les Croisades, j'avais dû m'imposer une sorte de précipitation en les mettant par écrit : les mémoires doivent être envoyés à l'Académie au jour fixé, et l'on annonce toujours que ce terme *est de rigueur.* Cette limitation, dont il n'est pas ordinaire que les concurrens obtiennent la faveur de s'écarter, les met, pour la plupart, dans une gêne très-pénible : la crainte de ne pas travailler assez vîte, les empêche de travailler avec assez de soin.

Les notes sont rejetées à la fin du volume. Cette partie de l'ouvrage n'est point un vain appareil d'érudition ; c'est un devoir, lorsqu'on écrit sur l'histoire, d'indiquer les sources où l'on a puisé, et les garans des faits qu'on adopte. Ce principe impose la nécessité de recourir souvent aux auteurs contemporains, les seuls dont le témoignage soit de grand poids; et l'histoire des Croisades a été traitée avec tant de légéreté ou de mauvaise foi par les modernes, que quiconque voudra parler de ces expéditions sans méditer les écrivains du temps, s'exposera souvent à tomber dans des erreurs grossières. Nous avons extrait, avec une exactitude scrupuleuse, les passages dont le texte original peut éclaicir et prouver ce que nous avançons; mais nous ne nous sommes point astreints à traduire littéralement les passages que nous avons employés dans le corps du discours.

Nous espérons que le lecteur voudra bien excuser quelques négligences de style, et les inexactitudes qui auront pu nous échapper, malgré notre attention: des lectures très-longues, un travail opiniâtre, l'étendue du sujet, qui embrasse tout l'ordre social, sollicitent l'indulgence. Pourquoi faut-il qu'une pareille question historique n'ait pas été plus tôt approfondie par quelque homme habile, surtout par le savant Eccard, si versé dans l'histoire du moyen âge, et qui semble avoir eu l'idée de s'en occuper (1)? mais nous ne croirons pas encore avoir travaillé sans fruit, quand même nos lecteurs regretteraient qu'il n'ait été présenté à l'Institut aucun ouvrage plus digne d'être couronné : ces regrets réveilleraient, peut-être, le goût de l'histoire, dont l'étude se trouve aujourd'hui trop peu cultivée en France.

(1) Voyez *Corpus historicum medii ævi*, tom. II, præfat., n°. 4.

DE

# DE L'INFLUENCE
# DES CROISADES

## SUR L'ÉTAT

## DES PEUPLES DE L'EUROPE.

LA plupart des historiens se sont bornés à raconter les événemens, et à les parer de couleurs brillantes. Quelques-uns, jaloux de paraître plus initiés dans les mystères de la politique, ont voulu remonter jusques aux causes ; d'autres se sont attachés à peindre les hommes, et ont prétendu lire dans des cœurs qui furent souvent impénétrables aux contemporains eux-mêmes ; mais rarement les historiens se sont appliqués à rechercher et à montrer les suites des événemens. Que de faits remarquables, dont les résultats sont encore méconnus ! Entre les faits qui n'ont pas encore été examinés sous un point de vue si intéressant ; il en est peu, sans doute, qui, par leur importance, aient dû réclamer une atten-

tion plus sérieuse que les Croisades. Le théâtre du monde offrit-il jamais de spectacle plus
extraordinaire que cette agitation subite de
tous les peuples de l'Occident, qui entreprirent, au nom du ciel, une conquête lointaine, et se répandirent sur l'Asie comme
des torrens impétueux ? Ces expéditions militaires, qui durèrent près de deux siècles, ne
doivent certainement pas être confondues avec
ces guerres fréquentes et communes, dont
les effets désastreux ne tardent pas à disparai-
tre comme les feux qu'elles ont allumés, et
le souvenir des hommes qu'elles moissonnè-
rent.

Nous essayerons de réparer l'indifférence
ou l'oubli des écrivains qui nous ont précé-
dés. Nous nous efforcerons de déterminer
quelle fut, en Europe, l'influence des Croisades sur les siècles qui suivirent ces pélerinages guerriers.

Afin de reconnaître plus aisément l'influence
des Croisades, jetons d'abord un coup d'œil
rapide sur la situation intérieure de l'Occident,
au moment où les chrétiens s'imposèrent l'o-
bligation religieuse de conquérir une partie
de l'Asie. Examinons ensuite par quels moyens
cette nouvelle dévotion s'accrédita parmi les

peuples de l'Europe, et anima d'un zèle si
ardent la foule innombrable des Croisés; puis
déterminons la part, plus ou moins active,
que ces différentes nations prirent aux guerres
saintes, ainsi que la nature de l'enthousiasme
qui les entraînait, les précipitait, les faisait
voler en Palestine.

# CONSIDÉRATIONS GÉNÉRALES
## SUR LES CROISADES.

Après la mort de Charlemagne, le nouvel
empire d'Occident, privé du génie qui en
avait été le créateur et le soutien, s'était af-
faissé sous son propre poids; le ciel, qui
avait prodigué à une dynastie naissante ces
rares qualités dont il favorise les héros, parut enfin avoir épuisé sa libéralité, transmise,
comme un héritage, du père au fils et au pe-
tit-fils; les faibles descendans de ces grands
hommes se lassèrent de porter un sceptre trop
pesant pour leurs mains débiles; des gouver-
neurs de provinces, que l'indolence de leur
maître rendait capables de tout entreprendre,
se perpétuèrent dans leurs emplois, et les lé-

*Décadence de la monarchie de Charlemagne.*

guèrent à leurs enfans ; les héritiers des feudataires se partagèrent les fiefs, autrefois ré-
versibles à la couronne (1) ; on ne vit plus,
dans le souverain dégradé, que le seigneur
médiat d'un grand nombre de fiefs. Alors,
une multitude de petits rois oppresseurs,
d'autant plus arrogans qu'ils n'osaient prendre ce titre auguste, tyrannisèrent le peuple, du haut de leurs châteaux et de leurs
donjons (2).

Noblesse.    Cette noblesse ne connaissait d'autre gloire
que celle de la valeur et de la force du corps,
d'autre occupation que de combattre à ou-
trance ses ennemis, ou de se livrer au plaisir
de la chasse ; impatiente du repos, jusqu'à
donner sans cesse à la paix même l'apparence
de la guerre, par des joutes et des tournois,
où, disait-elle, *la prouesse était vendue et
achetée au fer et à l'acier.*

Guerres
privées.
Duel.    Une passion si ardente pour les armes était
sans cesse nourrie par l'espoir d'étendre des
fiefs, toujours trop resserrés au gré de l'ambition ; bientôt chaque possesseur de fief prétendit que le droit de faire la guerre était in-
hérent à sa dignité féodale. Les cours judiciaires se bornèrent à connaître des différends
qui s'élevaient entre les serfs ; et encore ne

prononçaient-elles ordinairement leurs arrêts
que d'après l'issue d'épreuves absurdes, ou,
si les parties étaient des hommes libres, d'a-
près l'événement du duel (3).

De tous les priviléges des seigneurs, aucun
ne leur était plus cher que le droit de se
faire justice par l'épée, droit qui supposait la
noblesse et l'égalité de naissance entre les adversaires (a). Invoquer le secours des tribunaux pour arrêter les violences d'un ennemi,
ou pour en obtenir une juste satisfaction, c'é-
tait déroger à la noblesse par l'abandon de sa
plus glorieuse prérogative.

Ce n'était pas seulement les seigneurs, divisés par une inimitié personnelle, qui prenaient une part active dans les guerres privées; les parens, jusqu'au septième degré, se
trouvaient obligés d'épouser aveuglément la
cause des deux principaux adversaires (4).
On pillait les terres, on enlevait les paisibles
cultivateurs, à la suite d'une querelle étrangère, inconnue souvent au seigneur même
dont les possessions éprouvaient de cruels ra-

---

(a) *Beaumanoir*, *Coutume de Beauvoisis*, ch. 59.
— *De Lauriere*, *Ordonn. des rois de France*, t. II,
p. 395. §. 17, p. 518. §. 15, etc.

vages. Si quelquefois les hostilités étaient suspendues, une inquiétude désolante paralysait
toujours le commerce et l'industrie; chaque
jour pouvait ramener soudainement les maux
de la guerre.

*Angle-
terre.*  Cet abus cruel de la force et de la valeur
ne régnait pourtant pas dans toute l'étendue
de l'Europe avec un égal empire.

L'Angleterre souffrait moins qu'aucune autre contrée, sans doute parce que Guillaume
le Conquérant et ses successeurs interdirent
aux Anglais les guerres privées, qui auraient
exercé trop souvent aux armes des peuples
belliqueux, nouvellement subjugués.

*France.*  La France fut pendant long-temps le théâtre
des plus cruelles dévastations; un peuple fier
et impétueux embrassait facilement l'idée pré-
somptueuse que le courage doit se suffire à
lui-même, pour réprimer les injures d'un ennemi.

*Allema-
gne.*  Nulle part le droit de guerre privée ne causa
de plus funestes désordres qu'en Allemagne.
La France, du moins, jouissait d'une sorte de
soulagement (a) : quand le roi armait contre
ses ennemis, on publiait *la guerre du roi.*

---

(a) *Datt, de pace imperii publicâ,* lib. I, c. 3.

Alors étaient suspendues les hostilités particulières , et même les joutes , les tournois ;
tous les sujets marchaient au secours du souverain qui réclamait leur assistance : mais en
Allemagne , rien n'arrêtait les effets d'une
rage aveugle , comparable , dit un historien ,
à celle qui anime les bêtes féroces (a).

Les guerres continuelles dégénérèrent en
brigandages publics , et l'on vit des seigneurs
poursuivre sur les chemins les voyageurs , les
marchands , et s'associer pour le partage de
leurs dépouilles sanglantes (5) ; de tous côtés
on implorait vainement la protection des rois
contre une noblesse insubordonnée.

*Brigan-
dages.*

... Ne cherchons pas ailleurs que dans les fureurs anarchiques d'un grand nombre de feudataires , la cause principale de cette nuit
obscure qui couvrit , durant trois siècles con-
sécutifs , presque toutes les traces d'une civilisation antérieure (6). Au milieu des hor-
reurs du carnage et du fracas des armes , les
lettres et les sciences, dont la sagesse de Charlemagne avait favorisé les progrès , s'éclipsè-
rent entièrement ; on eût dit que l'esprit hu-

*Cause
originaire
de la bar-
barie du
moyen
âge.*

(a) *Belluino furore bacchantur,* dit *Conrad de Liechthenaw.* Chronic. ad ann. 1116.

main avait été frappé d'un engourdissement
mortel; la terre même devint stérile. D'épais-
ses forêts couvrirent les campagnes où le travail et la paix avaient fait croître de riches
moissons; dans plus d'une province, les bêtes
sauvages prirent la place de l'homme, et vinrent s'emparer des pays qu'il laissait incultes.
Les ruisseaux et les rivières, retenus autrefois
par des digues que l'industrie avait élevées
et qu'elle ne soutenait plus, formèrent de
vastes marais ; sur la plus grande partie de
l'Europe, régnaient la dévastation, le silence, et cette stupeur qui suit les grandes calamités.

Invasions
des bar-
bares. A tous ces maux, il faut ajouter les invasions fréquentes des barbares; les pirates suédois, danois, norwégiens, ces féroces hommes du nord, ces Normands ne voyaient dans
toutes les contrées où les vents poussaient
leurs vaisseaux, qu'une proie offerte à leur
avidité ; leurs navigations avaient le même
motif que la plupart des guerres du Conti-
nent. Les chefs de ces peuples conduisaient
au pillage des vassaux qui préféraient l'agitation d'une vie errante et vagabonde ; à la
paisible uniformité des travaux de l'agricul-
ture (7) ; guerres lointaines, moins déraison-

nables peut-être que celles des habitans de
nos contrées, qui se déchiraient mutuellement.

Mais d'autres étrangers, qui avaient déjà
pénétré dans quelques contrées de l'Europe,
étaient peut-être plus redoutables encore que
les Normands. L'Asie fut leur berceau, et ils
semblaient, dans leurs invasions, avoir moins
pour but le pillage, que l'établissement de
cette religion cruelle dont l'esprit n'est pas de
faire des prosélytes par la persuasion, mais
par la terreur des armes. Les musulmans,
après s'être emparés de la Syrie, avaient en-
vahi l'Afrique; l'Espagne conquise leur ou-
vrit le chemin de la France, où ils n'avaient
rencontré d'obstacles que dans les plaines de
Tours. Maîtres de toutes les îles de la Méditerranée, ils portaient le fer et le feu sur les
côtes de l'Italie, et peu de vaisseaux échap-
paient à leurs pirates. Déjà ils menaçaient de
renverser l'empire de Constantinople ( 8 ),
rempart de la chrétienté du côté de l'Orient;
et dans tous les pays qu'ils avaient subjugués,
ils se préparaient à faire de nouveaux efforts
pour soumettre l'Occident à la loi de leur san-
guinaire prophète. _.

Tels étaient les malheurs et les justes alar-   Croisades.

mes de l'Europe, lorsqu'un gentilhomme obscur (9), et qui semblait avoir voulu s'ensevelir dans la retraite, ébranla, par la force de sa voix, le monde auquel il avait renoncé (10). L'hermite Pierre, revenait de Jérusalem, pélerinage que dès-lors la dévotion des fidèles regardait comme un acte sublime de religion. Le pieux solitaire n'avait pu voir sans une douleur profonde, les usurpateurs *de la cité du grand roi* (a), vendre aux chrétiens la permission de visiter les lieux saints. Mais des outrages plus révoltans encore avaient excité son indignation ; le sacrifice profané, les pontifes frappés jusque sur l'autel, les vases sacrés ravis par des mains sacriléges ; la Terre sainte enfin et tous ses habitans, livrés à la fureur des sectateurs de Mahomet (11).

Pierre s'arme du zèle et de l'assurance de ces prophètes d'Israël, auxquels le Seigneur ordonnait de quitter leur solitude, pour faire retentir ses ordres ou ses menaces ; il annonce que le temps est venu d'arracher aux infidèles les lieux arrosés du sang de Jésus-Christ. L'ardeur dont il est embrasé se communique,

---

(a) *Math.* c. v, ℣. 35.

et c'est un pauvre hermite qui allume une guerre de deux siècles entre l'Europe et l'Asie.

Jamais on ne vit mieux comment le génie entreprenant d'un seul homme peut suffire quelquefois pour remuer toute la terre. Trois de nos plus grands monarques, autant d'empereurs, des rois d'Angleterre, de Danemarck, de Hongrie, de Bohême, de Navarre et de Chypre, quittent leurs états pour délivrer Jérusalem d'un joug odieux; des ducs de Lorraine, de Normandie, d'Autriche, de Suabe, presque tous les princes français, et une grande partie de la plus illustre noblesse des monarchies occidentales suivent l'exemple des rois. Huit expéditions considérables (12) entraînent, dans une autre partie du monde, l'élite des guerriers de l'Europe, dont l'entreprise lointaine et hasardeuse n'avait d'autre but apparent que de conquérir les ruines sacrées d'une ville déserte, et de jouir de la vue d'un sépulcre vide (13).

Lorsque les barbares, ces exterminateurs de la puissance romaine, qui envahirent en peu d'années le fruit de plus de trois cents triomphes (a), descendaient de leurs monta-

*But des Croisades.*

―――――――――――――――――――

(a) On compte trois cent douze triomphes depuis

gnes glacées, l'amour du pillage était le seul
motif qui les portait à s'expatrier. Sans cesse
Alaric croyait entendre, dans le silence de
la nuit, une voix inconnue qui lui criait :
« Marche et va saccager Rome ». Godefroy
de Bouillon, et tous les Croisés qu'un zèle
pur portait au service de Dieu, ne s'abais-
saient pas jusqu'à désirer l'or, et se repaître
de la fumée d'une gloire humaine. Godefroy
repoussant les ornemens royaux, s'écrie avec
une humilité magnanime : « Non, il ne sera
» pas dit, que Godefroy fut couronné d'or
» dans la même ville où son Dieu eut le front
» ceint d'épines » (a).

Comment
les peu-
ples durent
détermi-
nés à
prendre la
croix.

De fréquens exemples du désintéressement
le plus généreux, exemples trop rares encore
dans une si prodigieuse multitude de pélerins, doivent inspirer aujourd'hui le plus profond étonnement. Lorsque l'égoïsme a rétréci
tous les cœurs, glacé toutes les ames, éteint
l'honneur chevaleresque et l'enthousiasme religieux, il est difficile de concevoir une juste

Romulus jusqu'à Auguste. *Echard, Hist. romaine,*
tome XVI, liv. XIII, c. VII.

(a) Voyez *Guillaume de Tyr*, liv. IX, c. IX. *Assises et bons usages de Jérusalem*, c. I.

idée d'un dévouement si éloigné du froid
calcul de l'intérêt personnel. Pour saisir tous
les motifs qui animaient les Croisés, considérons par quels moyens et jusqu'à quel degré
s'accrédita la dévotion des Croisades ; aucun
examen historique ne peut mieux faire comprendre comment les opinions et les passions
enchaînent la légéreté, l'inconstance des hommes, et leur font embrasser les entreprises
les plus périlleuses.

Paraissait-il donc possible de persuader à
tant de seigneurs riches et puissans d'abandonner leurs femmes, leurs enfans, leurs terres, leurs nobles foyers ? séparation cruelle,
qui exposait l'intrépide pélerin aux dange-
reuses fatigues d'un long voyage en des contrées peu connues, et aux hasards d'une guerre terrible contre une nation courageuse. On
ne pouvait alors se dissimuler ces périls, qui
ne se représentent plus à nos yeux avec une
apparence également formidable, aujourd'hui
qu'une communication fréquente avec l'Asie
nous a, pour ainsi dire, rapprochés de cette
partie du monde. Aussi, à la nouvelle que
son fils s'était enrôlé dans la milice de la
croix, un duc de Suabe expira-t-il de douleur, malgré les éloquentes et picuses con-

Difficul-
tés à sur-
monter.

solations que saint Bernard lui prodigua (*a*).

Pour vaincre une répugnance si naturelle
à briser les liens les plus forts, s'élevèrent
des hommes voués à la pénitence, étonnant
le peuple par des austérités rigoureuses; tantôt transportés de cette vive émotion qui se
répand et se communique; tantôt absorbés
dans une tristesse silencieuse, pleurant sur
la ville sainte, gémissant, comme autrefois
Jérémie, sur la désolation de la maîtresse
des nations. Ces nouveaux apôtres, révérés
comme les instrumens augustes de miracles
éclatans, proclamèrent solennellement le service, jusqu'alors inconnu (14), que Dieu exigeait de ses vrais adorateurs. Foulques de
Neuilly fut célèbre entre ces prédicateurs qui
parurent en France; le pape lui ordonna de
consacrer aux Croisades son éloquence, qui,
depuis long-temps, convertissait une foule
de pécheurs (15). Le concours des fidèles,
qui se pressaient pour recueillir avidement
ses paroles, était si nombreux, qu'on attri-
buait leur empressement vif et soutenu, à
l'influence secrète de la divinité; et plus la

---

(*a*) *Barre, Histoire d'Allemagne, règne de Conrad III.*

foule paraissait innombrable, plus elle augmentait encore par l'empire que l'exemple des uns·exerçait sur les autres. Berthold, frère mineur, toucha l'Allemagne par des prodiges de zèle (a). En Angleterre, les cœurs endurcis ne résistaient pas aux vives exhortations d'Eustache, abbé de Flai (b); mais saint Bernard fut sans contredit le plus illustre de tous ces prédicateurs, qui inspirèrent à la multitude une vénération sans bornes ( 16 ).

Ce génie sublime, qui sembla suscité pour Saint Bernard. assurer à jamais l'affranchissement de la Terre sainte, ne voulut pas cependant décider qu'il fallait entreprendre la Croisade, dont sa prudence et sa sagesse lui faisaient prévoir les inconvéniens (17); mais lorsque le pape lui eut ordonné de prêcher la guerre sainte, il déploya cette éloquence qui maîtrisait, subjuguait, entraînait les esprits et les cœurs; tantôt il commandait avec l'empire d'un mi-

---

(a) *Joannes Vitoduranus, Chronicon, ap. Eccardum, corpus historicum medii ævi*, t. I, p. 1746.

(b) *Matthæus Paris, ad ann.* 1200. *Hist. major Angliæ.* L'historien rapporte beaucoup de miracles attribués à Eustache.

nistre chargé des ordres du ciel; tantôt il sup-
pliait, ainsi que l'homme faible et sans appui; plein de l'Écriture sainte qui se confondait avec ses propres discours, soit qu'il se
crût appelé à donner d'utiles conseils au souverain pontife, soit qu'il initiât les compagnons
de sa retraite dans les secrets de la perfection religieuse, ou qu'il répondît aux con-
sultations des empereurs et des rois. Nourri
dans la solitude, et comme il s'exprimait lui-
mème, disciple des hêtres et des chênos, il
s'était formé, dans les bois et les déserts, un
caractère libre et indépendant, aussi grand
devant les hommes qu'il était humble devant
Dieu. Son visage pâle et défait annonçait un
pénitent austère; mais le zèle dont il était enflammé pour la gloire de Dieu, rendait à son
corps exténué des forces qui semblaient sur-
passer la vigueur de la jeunesse la plus florissante. Les peuples touchés des vertus de
Bernard, enlevés par son éloquence, lui attribuaient plus de miracles que n'en fit jamais
aucun des saints, dont les beaux siècles de
l'Église ont consacré la mémoire (18).

Quel trouble cet homme de Dieu devait
porter au fond des cœurs, lorsque élevé au
milieu d'une plaine, près d'une croix, et
montrant

montrant à une foule innombrable l'image du
Sauveur, il s'écriait : « Aujourd'hui le Sei-
» gneur a besoin de votre aide, ou plutôt
» il feint cette nécessité, pour venir lui-
» même à votre secours ; il veut devenir vo-
» tre débiteur, afin d'accorder comme solde
» à ceux qui combattront pour lui, le pardon,
» de leurs péchés et une gloire éternelle. Heu-
» reuse donc la génération, qui rencontre ce
» moment si favorable d'indulgence, et qui
» aperçoit cette année agréable au Seigneur,
» ce véritable Jubilé. Recevez le signe de la
» croix et vous obtiendrez le pardon de vos
» péchés, après les avoir confessés avec un
» cœur contrit. La matière de cette croix est
» de peu de prix, lorsqu'on l'achète; si on
» la place dévotement sur l'épaule, elle vaut,
» n'en doutez pas, le royaume des cieux (a)».

C'était par des discours semblables que saint
Bernard et les prédicateurs des Croisades
produisaient des effets qui surpassaient même
leur attente : on vit dans l'assemblée de Véze-
lay, saint Bernard, après avoir distribué le
grand nombre de croix dont il s'était muni,
mettre ses habits en pièces, pour suppléer

---

(a) *Sancti Bernardi Epistola* 363.

l'étoffe qui manquait à l'empressement de la multitude.

Exhorta-
tions des
papes.

Les papes ne se montraient pas moins éloquens dans les circulaires adressées au clergé et aux peuples : « Marchez au secours de Dieu, » écrivait Innocent, puisqu'il vous donne l'ê- » tre et tout ce que vous possédez. Quelle » excuse avancera devant le tribunal de Jésus- » Christ, celui qui, dans une occasion si im- » portante, ne lui aura pas offert son service? » Dieu est mort pour l'homme, l'homme » craindra-t-il donc de mourir pour Dieu? » refusera-t-il les biens temporels au sou- » verain dispensateur des richesses éternel- » les? (a) »

Privilé-
ges accor-
des aux
Croisés.

A l'appui de ces sollicitations, les papes et les rois accordèrent successivement aux Croisés de grands priviléges spirituels et temporels.

Privilé-
ges spiri-
tuels.

Les premiers consistaient spécialement dans l'indulgence plénière, c'est-à-dire, que le seul mérite attaché au vœu de la Croisade, remettait les pénitences imposées par les évêques et les prêtres, aux coupables qui confessaient leurs péchés (19). Et qu'on ne s'i-

---

(a) Gesta Innocentis, n°. 46.

magine pas que cette remise fût un avantage
indifférent, même pour l'intérêt temporel ;
car les pénitences canoniques, dont les Croisades abolirent l'usage (*a*), étaient alors si
rigoureuses, qu'elles pouvaient faire le tour-
ment de la vie entière ; chaque péché devait être expié par une pénitence particulière. Si, par exemple, le crime d'homicide
obligeait à dix années de pénitence, dix homicides nécessitaient une satisfaction de cent
ans (*b*) ; la vie la plus longue était trop bor-
née pour acquitter ces dettes énormes. Remarquons encore que la réparation exigée
pour les violences et les pillages, crimes si
communs parmi les seigneurs, interdisait souvent l'usage des armes et du cheval ; priva-
tion la plus sensible que l'on pût imposer à
une noblesse guerrière (*c*). En un instant la
Croisade affranchissait du honteux et pénible assujettissement à la punition canonique ;
le pécheur n'apercevait plus, dans un lointain effrayant, sa parfaite réconciliation avec
Dieu ; redevenu tout à coup innocent à ses

---

(*a*) *Fleury, Disc. VI, n°. 11.*
(*b*) *Ibid. Disc. III, n°. 16.*
(*c*) *Ibid. Disc. VI, n°. 11.*

propres yeux et à ceux des autres, il re-
prenait l'usage des armes pour un service
sacré.

Priviléges temporels. Les priviléges temporels furent également
prodigués aux Croisés; leurs personnes, leurs
femmes, leurs enfans, leurs biens, passaient
sous la protection de l'Église et des apôtres
saint Pierre et saint Paul (20). L'excommunication, alors si redoutée, frappait tacite-
ment, sans même avoir besoin d'être dénon-
cée au coupable, quiconque inquiétait les
Croisés; les évêques et les prêtres qui ne
leur auraient accordé qu'un faible appui, devaient être interdits de leurs fonctions, et
ne pouvaient être réintégrés que par le Saint
Siége (a).

Les Croisés ressortissaient des seuls juges
ecclésiastiques, et jamais ne répondaient dans
les cours séculières, si ce n'est pour cause
de fief ou de censive (21). Quand un Croisé
poursuivait quelqu'un en justice, ou était cité
lui-même, pour dette, action mobiliaire ou
injures, le choix du Croisé investissait de la
procédure le juge ecclésiastique ou le juge

_____

(a) *Fleury*, *Histoire ecclésiastique*, liv. LXIV,
n°. 32,

laïc (*a*); aucune action n'était admisé pour
revendiquer un objet dont le détenteur était
en paisible jouissance à l'instant qu'il avait
pris la croix; et cette défense subsistait jusqu'à ce qu'on eût prouvé le retour ou la mort
du pélerin (*b*).

La Croisade offrait surtout de précieux avantages à celui que les rigueurs de la fortune,
ou les prodigalités du luxe et de la débauche
avaient accablé de dettes : aussi vit-on un
grand nombre de Croisés, dont la prétendue
vocation au service de Dieu, n'était que le
besoin de se soustraire à leurs créanciers (*c*).
Du jour que l'on s'était croisé, l'usure ces-
sait de courir, même pour des dettes antérieures, se fût-on engagé par serment à l'acquit de cette usure (22). On obtenait la fa-
culté de payer ses dettes en trois termes,
d'année en année; et si le Croisé était chevalier, ce privilége s'étendait à son père ou
à son beau-père, quoiqu'ils ne portassent pas
la croix : s'il était nourri dans la maison de

---

(*a*) *De Lauriere*, *Ordonn. des rois de France*,
tom. I, p. 31.

(*b*) *Eugenii papæ Epist. 1. ap. Labbe*, *Collectio*
*Concilior.* Tom. XII.

(*c*) *Willermus Tyr.*, lib. I, c. 16.

sa mère, devenue veuve, elle avait droit à la même facilité (a). Le propriétaire qui avait engagé ses biens, percevait, en se croisant, les revenus d'une année, et l'engagiste ne rentrait dans sa jouissance qu'après cette année révolue (b). Le chevalier qui prenait la croix, recevait une dixme de son père et de sa mère non croisés ; et le chevalier qui ne partait pas, payait la dixme à son seigneur enrôlé dans la sainte milice (c). On n'était pas tenu de payer les tailles qui avaient été imposées depuis le jour que l'on s'était consacré au service de Dieu (d).

On ne sera pas étonné que de tels moyens aient promptement rassemblé ces troupes innombrables, qui s'accroissaient en marchant, se succédaient, se renouvelaient sans cesse. Il n'y a pas d'armée qui, en offrant de semblables avantages à ses soldats, ne fît de nombreuses recrues.

---

(a) *Rigord, de gestis Philippi Augusti*, *ap. Chesnium*, *Hist. Francor. scriptores.* Tom. III.

(b) *Hoveden*, *Annal.* Part. II, p. 366.

(c) *Rigord*, *ibid.*

(d) *Stabilimentum Cruce Signatorum. ap. d'Achery*, *Spicilegium.* Tom. III, p. 557, in-fol.

Cependant toutes ces causes réunies n'expli-
quent encore qu'imparfaitement le mouvement qui entraîna les esprits; et peut-être
faut-il l'attribuer à des causes antérieures, et
qui, au premier aperçu pourraient y paraître
étrangères. Les Allemands auxquels saint Bernard prêchait la Croisade, n'entendaient pas
la langue qu'il leur parlait; cependant tous se
frappaient la poitrine ; on les voyait touchés
jusqu'aux larmes, par des discours qu'ils ne
pouvaient comprendre (*a*). Cette étrange sen-
sibilité qui rendait superflue l'éloquence de
l'orateur, avait pour cause la disposition momentanée des esprits (23).

Les vices du gouvernement, les troubles
qui depuis long-temps agitaient l'Europe,
l'oppression des peuples avaient produit cette
sourde fermentation, ce besoin vague de
grands changemens, présage certain des cri-
ses violentes qui renouvellent soudainement
la face des empires, les habitudes, et jusqu'aux préjugés des nations. On s'avisa de
conclure d'un des plus obscurs passages de
l'Apocalypse (*b*), que le monde devait finir

(*a*) *Fleury*, *Hist. ecclésiastique*, liv. LXIX, n°. 17.
(*b*) *Apocalypsis*, c. xx, ℣. 1, 2, 3, et seq.

mille ans après la venue du Rédempteur. On
s'attendait à voir prochainement les astres se
détacher de la voûte céleste et réduire la terre
en cendres (24); des yeux troublés par la
frayeur lisaient dans les cieux de sinistres
présages. Le signe de la croix imprimé,
disait-on, miraculeusement sur le corps et
sur les habits (25), marquait d'une glorieuse
empreinte les élus que Dieu destinait à défendre sa cause ; des solitaires et de pieuses
vierges publiaient leurs prophéties et leurs
révélations (26). Les saints, quittant le séjour
des bienheureux, apparaissaient souvent à
des imaginations frappées, et presque toujours leur retour sur la terre n'avait qu'un
but inutile et ridicule. Des enfans marchaient
en troupe, la croix sur l'épaule, épuisant
leur faiblesse à travers de vastes contrées ; et
lorsqu'on leur demandait pourquoi ils s'é-
taient mis en route, ils répondaient qu'ils n'en
savaient rien (27). Les pâtres et les laboureurs
se flattaient que Jésus-Christ, rejetant l'orgueil des nobles, réservait à leur humilité
l'honneur de délivrer les lieux, où des ber-
gers lui avaient, les premiers, rendu hommage (28). Une foule innombrable, armée
contre elle-même de fouets et de courroies,

se couvrait de plaies volontaires, et parcourait l'Allemagne, la Pologne, la Hongrie, la
Bohème, l'Italie, en prêchant les rigueurs
de cette cruelle pénitence (29). On découvrit encore, dans les révélations de saint Jean,
que la secte mahométane était figurée par la
bête mystérieuse dont le nombre est six cent
soixante-six; et comme cette secte comptait
déjà six cents ans d'ancienneté, ce rappro-
chement parut suffire pour démontrer qu'elle
devait bientôt disparaître (*a*). Ces traits et
beaucoup d'autres que nous ne rapportons
pas, décèlent l'inquiétude et l'agitation qui
tourmentaient des hommes sans cesse touchés, remués, emportés par les inspirations
d'une foi vive et peu éclairée.

Le zèle des prédicateurs, l'importance des
privilèges, la disposition ardente des esprits,
voilà quels furent les principes de cette force,
miraculeuse en apparence, avec laquelle la
Croisade attirait tous les hommes sous ses
étendards sacrés; voilà les trois puissans le-

Les moyens par lesquels s'accréditèrent les Croisades, réduits à trois principaux.

---

(*a*) C'est le raisonnement que fait le pape Innocent III, dans une de ses bulles, au sujet de la Croisade. *Fleury*, *Hist. ecclésiastique*, liv. LXXVII,
n°. 17. —*Apocalypsis*, c. XIII, $\dot{y}$. 17, 18, et seq.

viers qui soulevèrent une masse énorme pour
la faire tomber sur l'Asie.

Empres-
sement de
se croiser. D'une part, tout l'Occident s'agite, et il
semble que ses peuples vont transporter leurs
foyers dans l'Orient. De l'autre, les Sarrasins,
forts de tant de victoires et des promesses de
leur belliqueux prophète, menacent d'enva-
hir l'Europe entière (30). On dirait que deux
parties du monde échangent leurs habitans,
impatiens d'adopter une nouvelle patrie. Mais
le zèle religieux qui anime les Occidentaux
ne connaît pas de bornes; personne ne veut
se rappeler son âge, son sexe ou sa condition (31); les vieillards s'estiment trop heureux, si pour prix de leurs fatigues ils peuvent enfin fixer sur Jérusalem leurs yeux mou-
rans; les femmes, des princesses, des reines
mêmes, préfèrent à leur repos, à leur patrie,
les dangers de ce dévot pélerinage (32); les
enfans suivent dans des chariots, et s'infor-
ment, quand ils découvrent une ville ou un
château, si déjà l'on arrive à Jérusalem (33);
les moines se chargent du poids d'une cuirasse. On ne se demandait pas qui avait pris
la croix, mais qui tardait encore à la porter;
les guerriers qui balançaient à la prendre,
étaient accusés de ne savoir manier que la
quenouille et les fuseaux (34).

Dès qu'un prince arbore la croix sur ses habits et sur ses enseignes militaires , on accourt vers lui de toutes parts , on lui jure foi et obéissance, afin de s'appuyer dans la route d'un nom respecté ; tous cherchent à se gagner de vîtesse, pour se munir plus facilement des effets nécessaires au voyage (a) ; les plus froids se laissent entraîner par l'exemple : comment ne pas suivre des maîtres , des amis , des parens (35); on avait honte de paraître moins brave ou moins pieux que tant d'autres. Ceux qui n'avaient pas encore cédé au torrent , qui avaient taxé de folie l'empressement de vendre les propriétés les plus précieuses ; ceux-là mêmes, dès le lendemain , animés comme par miracle d'une ardeur subite, abandonnaient précipitamment à bas prix tout ce qu'ils possédaient , et couraient ensuite partager les fatigues du voyage avec ceux dont l'empressement avait d'abord excité leurs railleries (36).

Il est impossible d'évaluer avec exactitude le nombre des Croisés; on compterait plus facilement, écrit une princesse grecque, épou-

Grand nombre des Croisés.

---

(a) *Willerm. Tyr.* Lib. I , c. xvi.

vantée par les armées qui se précipitaient sur Constantinople, on compterait plutôt les grains de sable de la mer, les feuilles des forêts et les étoiles du firmament (*a*). Un autre historien nous donne des idées plus précises que cette exagération orientale ; il assure que dans la première expédition on vit six cent mille combattans sous les armes; mais si l'on veut comprendre les ecclésiastiques, les moines, les vieillards, les femmes et les enfans, on avancera sans hésiter, ajoute le même auteur, que le nombre des pèlerins ne s'éloigna pas de six millions (37).

Multitude infortunée, valeureuses troupes, l'espérance, la force, la gloire de plus d'une nation! Un zèle si empressé fut cruellement trompé dans son attente ; les lieux que ces Croisés avaient traversés se reconnaissaient à de vastes cimetières où les pèlerins avaient trouvé un tombeau, avant d'avoir aperçu la ville sainte, et loin de leur patrie à laquelle ils n'avaient pas cru faire d'éternels adieux (38).

Parce que les différens états de l'Europe prennent aux Croisades.

Dès la première Croisade, l'enthousiasme fut général en Europe, mais cependant n'exalta pas également toutes les nations.

Les états du nord, isolés par leur position
géographique, et peut-être épuisés d'hommes
par des émigrations antérieures, accueillirent
avec peu d'empressement l'idée d'aller combattre des ennemis si éloignés; d'ailleurs ils
avaient à se défendre contre des infidèles, plus
redoutables pour eux que les Sarrasins : des
pirates idolâtres, les Prussiens, les Vandales
dévastaient leurs côtes par des incursions fréquentes. Quelques princes danois ne purent
néanmoins résister au désir d'embrasser la
dévotion du temps, et le roi Éric étonna l'O-
rient par sa stature gigantesque (39).

Dans le Midi, les Espagnols aspiraient
sans doute plus que toute autre nation à
combattre pour la Terre sainte ; mais les
plus redoutables ennemis du nom chrétien
étaient dans le sein même de leur patrie; ils
avaient à repousser ces féroces Almoravides
dont le cimeterre aurait subjugué l'Europe,
s'ils n'eussent été privés de l'assistance des
musulmans d'Asie, obligés de faire face aux
Croisés. L'Espagne fut si loin de pouvoir se
passer, pour sa propre défense, des bras de
tous ses guerriers, que le pape rappela dans
leur patrie les Croisés espagnols qui s'étaient
transportés en Palestine, à la nouvelle de la

prise de Jérusalem par Godefroy de Bouillon (a).

Les rois de France, déjà très-puissans à cette époque (40), devaient naturellement prendre une part très-active dans les expéditions saintes, dont l'idée fut conçue par un hermite français, qui furent publiées d'abord et autorisées solennellement en France par un pape de la même nation. La proposition d'une entreprise si nouvelle et si hardie ne pouvait manquer d'enflammer le caractère vif et ardent des Français : aussi était-il bien juste que la plupart des établissemens formés par les chrétiens en Asie, et les deux plus brillantes conquêtes, fruit des guerres saintes, le sceptre de Jérusalem et celui de Constantinople, fussent réservés à une nation toute dévouée aux Croisades.

L'Angleterre mit plus de modération dans son zèle (41), quoique ses rois se soient fait gloire de porter les titres de souverains de Chypre et de Jérusalem (42). L'esprit des Anglais n'est pas disposé à recevoir très-promptement une impression profonde ; ou plutôt les Normands, récemment établis en

---

(a) *Ferreras*, *Hist. d'Espagne*, part. V, siècle XI.

Angleterre, voyaient leur conquête encore
trop peu affermie pour aller chercher de nouveaux ennemis (a): peut-être aussi les rois
d'Angleterre, moins tourmentés par l'insubordination de leurs vassaux, ne sentaient-
ils pas la nécessité pressante de les distraire
en les occupant d'une guerre lointaine (43).

Entièrement livrés aux querelles enveni- Allema-
mées de leurs empereurs et des papes, les gne.
Allemands ne partagèrent pas la ferveur des
premières Croisades; sans doute ils conser-
vaient trop d'aigreur contre le Saint Siége
pour lui accorder, en se croisant, une marque signalée de soumission : les premières
troupes croisées qui traversèrent l'Allemagne, entendaient même sur leur passage traiter de démence le zèle qui les entraînait si
loin de leur patrie. Cependant quelques années après, les Allemands crurent aussi apercevoir dans les astres, des signes miraculeux
qui les arrachèrent à leur indifférence, et ils
devinrent un des plus fermes appuis des chrétiens, armés pour conquérir Jérusalem (44).

Les forces maritimes des Italiens furent Italie.
d'un grand secours aux autres nations pour

_____

(a) Hume, Hist. d'Angleterre, c. v.

soutenir la guerre d'Asie (45) ; leur intérêt
le plus direct, celui du commerce, les rendait
ennemis de tous les ennemis de l'empire
grec, et les Sarrasins leur semblaient dou-
blement odieux ( a ).

On ne voit donc que quatre nations qui
prennent part aux Croisades d'une manière
vraiment active ; les Français, les Anglais,
les Allemands, les Italiens.

Zèle des    Ce n'était plus ces humbles pélerins, mar-
Croisés.
chant modestement, le bourdon à la main,
vers le sanglant théâtre de la vie mortelle
d'un Dieu ; c'était des guerriers intrépides,
des armées conquérantes, dont la valeur prenait le caractère d'un enthousiasme aveugle.
« Nulle force humaine, disaient les Croisés à
» un Émir de Babylone, ne saurait nous ins-
» pirer la moindre frayeur. Perdons-nous la
» vie temporelle , nous en recouvrons une
» éternelle (46) ; Jérusalem nous appartien-
» dra , l'arrêt en est sorti de la bouche du
» Très-Haut (47) ». On s'imaginait que Jésus-
Christ éprouvait pour les contrées qu'il avait
honorées de sa présence visible , le même
attachement que les hommes conservent quel-

_____

(a) Laugier , Hist. de Venise , liv. V.

quefois

quefois pour l'ancien domaine de leurs pères,
ou pour le lieu de leur naissance (48).

Cette confiance sans bornes se fondait principalement sur des passages de l'Écriture sainte appliqués aux Croisades, et interprétés comme des prédictions formelles du succès (49). Selon un historien, le pape Urbain proclamant la Croisade dans la nombreuse assemblée du concile de Clermont, cite ces paroles figurées de Jésus-Christ : « Si quel-
» qu'un me suit, et ne porte pas sa croix,
» il n'est pas digne de moi » (50). Ces mots étaient pris dans leur signification littérale : coudre une croix sur son habit, et marcher ensuite vers la Terre sainte, rangeait l'homme parmi les prédestinés, et souvent les plus vifs désirs allaient au devant d'une mort trop lente, qui devait obtenir le mérite et la gloire du martyre (51).

Les peuples étant fermement persuadés que Dieu avait donné l'ordre précis d'entreprendre la Croisade, leur étonnement devenait plus grand à mesure que se multipliaient les cruelles défaites qui retardaient la conquête de la Terre sainte. Ils ne pouvaient comprendre par quelle inconséquence manifeste, Dieu, pour qui les Croisés prodiguaient

*Etonnement du mauvais succès des Croisades.*

3

sans réserve tout leur sang, paraissait s'u-
nir aux infidèles pour écraser, de concert
avec eux, ses intrépides défenseurs. Saint
Bernard surtout, qui avait proclamé avec tant
d'assurance la volonté de Dieu, ne pouvait
cacher sa douloureuse surprise. « Qu'ils doi-
» vent être confus, disait-il, ceux qui ont
» annoncé un heureux succès! nos promes-
» ses ont été vaines. Jusques à quand le Sei-
» gneur souffrira-t-il patiemment les cris sa-
» criléges et les blasphèmes de l'Égyptien?
» Autrefois ne fit-il pas sentir sa vengeance à ce
» peuple pervers, subitement englouti par les
» flots? Cependant les décrets de Dieu sont
» équitables; qui oserait en douter? mais ce
» jugement ouvre à notre faible intelligence
» un abîme si profond, que je m'écrie : Heu-
» reux celui qui ne se laissera pas scandaliser
» à cette occasion » (52)! Saint Bernard et les
autres Croisés pensaient ne pouvoir sauver,
en quelque sorte, l'honneur de Dieu, qu'en
rejetant le mauvais succès des guerres saintes
sur les péchés des hommes, qui portèrent le
Seigneur à désavouer de coupables soldats,
indignes de le servir.

Que ne nous est-il permis, après nous être
livrés à des considérations générales sur les

Croisades, de jeter un coup d'œil rapide sur les événemens qui ont illustré ces expéditions ! Que d'actions mémorables, de faits d'armes éclatans ; d'entreprises merveilleuses se présenteraient sous notre plume ! Que d'hommes fameux, dignes d'être peints avec des traits ineffaçables ! Un Godefroi de Bouillon, aussi pieux que le plus fervent des solitaires, et dont la valeur presque surnaturelle sembla souvent réaliser ces fabuleuses apparitions d'anges guerriers, dont les chefs des Croisés berçaient les soldats, pour fixer dans leurs rangs la victoire incertaine (53) ! un Richard, dont le grand cœur fut l'effroi des Sarrasins (54) ; rival trop jaloux d'un de nos rois, bien digne de lui disputer la supériorité du mérite et de la puissance ? un saint Louis, qui opposa aux coups de l'adversité un courage héroïque, sans jamais sortir de ce caractère de simplicité sublime, qui étonna même les musulmans qui l'enchaînèrent (55) ; roi grand sur le trône, plus grand dans les fers ! un doge de Venise, qui, âgé de plus de quatre-vingts ans, et privé de la vue, ne se crut pas trop faible pour prendre Constantinople, où triompha sa vieillesse ! un Bohémond, guerrier aussi ardent dans les combats que

politique habile ; et tant de héros français, la
fleur des nobles, des braves, des chevaliers !

Mais le sujet que nous avons dessein de
traiter réclame toute notre attention ; il faut,
à regret, franchir un espace semé de tant
d'événemens intéressans, pour porter notre
vue sur les résultats des expéditions saintes.

*Plan de l'ouvrage.* Nous exposerons, dans quatre sections
différentes, quelle fut l'influence des Croisades sur la liberté civile des nations de
l'Europe, et sur leur civilisation, sur les progrès du commerce, de l'industrie et des lumières.

Trop long-temps cette influence a été dis-
simulée, par une haine aveugle contre la religion, au nom de laquelle les expéditions
d'outre-mer furent prêchées, ou vue sous un
jour trop favorable par le zèle inconsidéré de
quelques esprits, qui ont cru devoir préco-
niser tous les effets des guerres saintes, pour
défendre l'honneur de la même religion. Dé-
gagés de cette double prévention au sujet des
Croisades, nous regardons comme un bonheur de pouvoir soumettre notre travail au
jugement impartial d'une illustre académie,
trop sage, sans doute, pour honorer de ses

suffrages l'écrivain qui ne rougirait pas de
sacrifier la vérité à des considérations particulières, et trop éclairée pour ne pas reconnaître si nos réflexions sont le résultat
d'une connaissance approfondie des faits, et
se trouvent suffisamment appuyées du témoignage des auteurs contemporains.

## SECTION PREMIÈRE.

### LIBERTÉ CIVILE, CIVILISATION.

En Europe, trois conditions différentes parmi les hommes.

Après la chute de l'empire romain en Occident, la guerre, passion des peuples barbares, introduisit, dans une grande partie de l'Europe, trois conditions différentes entre les hommes (56); celles des serfs, des francs et des seigneurs : les serfs étaient réservés pour le service des guerriers victorieux; les francs, ou hommes libres, furent les soldats qui s'établirent dans les contrées subjuguées par leur valeur; les seigneurs enfin, chefs des peuples conquérans, recueillirent presque tous les fruits de la victoire, et régnèrent à la fois sur les vaincus et sur les vainqueurs (a).

Trois conditions.

De la différence de ces trois conditions,

_____

(a) Voyez *Estienne Pasquier*, *les Recherches de la France*, liv. IV, c. IV.

résulta naturellement la distinction de trois sortes de terres ; les terres allodiales ou censuelles , les terres tenues en franc-aleu, et les terres seigneuriales et féodales.

Mais tous les serfs ne retinrent pas des biens-fonds ; aussi l'on reconnut deux sortes de servitudes : la servitude tréfoncière , à laquelle on fut soumis uniquement par les terres que l'on possédait, et la servitude personnelle (57). Deux sortes de servitudes.

La puissancé des maîtres se réduisait, vers l'époque des Croisades , à trois sortes de droits; la poursuite, le for-mariage et la main-morte (a). La servitude à l'époque des Croisades.

Le droit de poursuite attacha le serf à la glèbe ; le droit de for-mariage empêcha que des unions contractées dans des seigneuries étrangères , ne frustrassent les seigneurs de la progéniture de leurs sujets (58) : par le droit de main-morte , on interdit au serf la libre disposition des biens , et le droit d'hérédité ne pouvant être exercé que par de très-proches parens, les successions se trouvèrent souvent dévolues au seigneur.

Ces droits recevaient autant de modifica- Le sort des serfs varie.

_____

(a) *Fleury* , *Hist. du droit français* , n°. 17.

tions que l'on comptait de seigneuries, et s'exerçaient selon le caractère particulier et la constitution politique de chaque nation.

En France plus qu'en aucune autre contrée, les maîtres tempérèrent par l'affabilité, les rigueurs de la servitude. C'est en France, surtout, que l'on peut remarquer l'immense différence qui se trouve entre la servitude de la glèbe, et l'esclavage, parmi les anciens Grecs et Romains; différence que, de nos jours, des déclamateurs se sont appliqués à rendre méconnaissable par des rapprochemens inexacts. Dans l'antiquité païenne, l'esclave, absolument soumis aux volontés, aux caprices d'un maître, devait renoncer à tout exercice de ses facultés qui n'avait pas le commandement de ce maître pour motif. Ses fautes, même légères, étaient punies par des supplices que l'on regardait comme trop douloureux et trop flétrissans, pour y exposer jamais des hommes libres. Souvent on le forçait de combattre ses compagnons d'infortune, dans le cirque, où il expirait au bruit des applaudissemens d'un peuple, à qui les angoisses de la nature luttant contre la mort, semblaient un spectacle délicieux; d'autres étaient livrés à la fureur

des bêtés les plus féroces, et des prodiges de
vigueur et d'adresse les sauvaient rarement
de la mort.

L'esclave grec ou romain, avait été condamné à la servitude .par cette aveugle divinité, qui. tirait de son urne fatale le destin
de chaque-homme, et qui ne prescrivait aux
mortels que son caprice avait favorisés; aucun ménagement dans l'exercice de la puissance. Les serfs français, n'étaient pour la
plupart assujettis qu'à certaines servitudes
fixes et déterminées : après avoir travaillé
quelque temps au profit de leur seigneur,
ils pouvaient ensuite exister, vivre pour eux-
mêmes. La religion les prenait sous sa protection, faisait parler la voix de la charité,
commandait de voir en eux des frères malheureux; elle annonçait aux maîtres, qu'ils
ne devaient attendre d'indulgence et de miséricorde dans une autre vie, qu'autant qu'ils
se seraient montrés, sur la terre, doux et
compatissans envers leurs inférieurs.

La condition des serfs fut plus dure en An- Angleter-
gleterre qu'en France. Guillaume appesantit re.
sur les Anglais un joug de fer, et multiplia
singulièrement les fiefs (59). Les naturels devinrent odieux et méprisables aux Normands;

haine si invétérée, qu'on entendit, plus d'un demi-siècle après Guillaume le Conquérant, un fils du roi d'Angleterre annoncer que, dès qu'il se verrait la couronne sur la tête, il attellerait les Anglais à la charrue, et les transformerait en bêtes de somme (*a*).

Allemagne.

En Allemagne comme en France, la liberté naturelle était restreinte par les trois liens de servitude, et les serfs avaient encore à supporter toute la roideur du caractère des seigneurs allemands, trop altiers pour s'humaniser avec des inférieurs. Cacher la fuite d'un serf, ou l'aider à déguiser son état, paraissait une action infâme. Un seigneur pouvait même être barbare impunément, et les loix ne sévissaient contre les actes de sa cruauté, que lorsque les serfs n'avaient pu survivre un seul jour aux mauvais traitemens de ce maître impitoyable (*b*).

Italie.

En Italie, les serfs étaient aussi très-nombreux, et soumis généralement aux mêmes loix.

Moyens d'obtenir la liberté.

Pour se débarrasser des entraves de la servi-

---

(*a*) *Guillaume, fils de Henri I. Hume*, c. VI.

(*b*) *Werdenhagen de rebus publicis Hanscaticis Tractatus, Introd.* c. V.

tude, on recourait à deux principaux moyens :
le premier, praticable seulement pour les serfs
tréfonciers (60), prescrivait l'abandon de la
terre dont la possession constituait la servitude du propriétaire (61); le second dépendait de la volonté des seigneurs, qui déli-
vraient des lettres de manumission.

Après avoir exposé sommairement ces idées
générales sur la servitude, si obscurcies dans
les anciennes coutumes, et plus encore, dans
la suite, par l'érudition surabondante de tant
d'écrivains, passons aux effets des Croisades
sur la liberté civile.

*Effets des Croisades sur la servitude.*

Il est évident que le serf en se croisant,
renonçait à demeurer plus long-temps attaché à la glèbe qu'il arrosait de ses sueurs;
pour ne recueillir qu'une faible partie du
fruit de ses travaux. Le tréfoncier était donc
affranchi par la détermination spontanée qui
l'entraînait en Asie (a).

*Abandon de la glèbe.*

Les expéditions saintes influèrent aussi,
quoique moins promptement, sur la servitude purement inhérente à la personne. Les

*La milice donnait la liberté.*

---

(a) La terre ainsi abandonnée revenait probablement au seigneur, à qui elle était censée avoir ap-
partenu originairement.

Croisés étaient des soldats, et des soldats privilégiés, les soldats de Dieu. Or il paraît certain que la milice, et surtout celle de la croix,
affranchissait l'homme qui s'enrôlait.

D'après le droit de Justinien, l'esclave qui
servait quelque temps dans les armées, *au
su de son maître*, devenait libre (62). Comment charger des chaînes de l'esclavage les
mains qui avaient combattu sous les aigles
du peuple romain, des mains consacrées par
la glorieuse fonction de défendre l'indépendance et l'honneur de la patrie! Dans les circonstances fâcheuses où les forces de la république paraissaient trop faibles pour résister à quelque ennemi redoutable, si l'on se
décidait à armer des esclaves, on les affranchissait d'abord, afin qu'ils fussent dignes de
devenir soldats (63). La profession des armes
n'était pas moins estimée parmi les descendans de ces anciens Francs, qui s'étaient ouvert un chemin avec l'épée à travers tant de
contrées ; et combien l'état de la milice ne
se trouva-t-il pas plus respectable encore,
lorsque la croix fut placée sur les armures,
consacra, sanctifia, pour ainsi dire, les instrumens de mort et de carnage! Sans se rendre coupable d'une sorte de profanation, pou-

vait-on replonger dans l'abjection de la servitude les hommes pieux qui avaient combattu
pour Jésus - Christ; guerriers généreux, sur
lesquels se fixait l'admiration publique, et
que l'Église comblait de ses dons les plus
précieux?

Il est à remarquer que les fureurs de la
guerre, cause première de la servitude, ont
quelquefois puissamment contribué à rendre la liberté aux descendans de ceux qu'elles
en avaient originairement dépouillés. Aux onzième et douzième siècles, quand l'Italie était
hérissée de villes fortes garnies de tours et de
remparts, jamais la multitude des soldats ne
pouvait être proportionnée à l'ardeur guerrière de ces républiques, armées les unes contre les autres. Chaque jour de sanglantes mê-
lées diminuaient le nombre des hommes libres,
et l'orgueil des citoyens se trouva moins blessé
d'appeler le secours des esclaves pour continuer la guerre, que d'avouer l'impuissance
de combattre, en laissant rentrer dans les
villes dépeuplées la paix et la tranquillité.
Telle fut l'origine de l'affranchissement du
plus grand nombre des serfs de l'Italie (64).

Pourquoi les guerres saintes, qui réclamaient avec tant d'autorité l'assistance de tous

les chrétiens, sans exception, n'auraient-elles
pas contribué aussi efficacement à l'abolition
de la servitude, que les guerres civiles des
Italiens?

Opposi-
tion des
seigneurs
à la liber-
té. Mais nous dira-t-on, les seigneurs voyant
les serfs abandonner la culture des terres,
échapper de toutes parts à leur pouvoir, durent certainement chercher à contrarier un
empressement qui aurait bientôt changé leurs
domaines en désert. S'ils le tentèrent, ce fut
sans succès; ce grand nombre de Croisés qui
ne sembla pas diminuer durant deux siècles,
le prouve assez. Quelque mesure, quelque
précaution que l'intérêt ait dictées aux seigneurs, pouvaient-ils facilement retenir auprès d'eux les chrétiens qui avaient de si saints
motifs de les quitter? Qu'étaient-ils donc pour
s'opposer à la volonté de Dieu, annoncée par
tant de saints personnages, de pontifes, confirmée par tant de conciles, de miracles, et
pour mettre obstacle à une action sublime, prix
des plus riches indulgences qu'on eût encore
tirées des trésors de l'Église? De quel droit
auraient-ils défendu au pécheur de racheter
ses fautes par une œuvre satisfactoire, com-
promis le salut des fidèles dont l'ame leur
était confiée comme en dépôt, enlevé à Jésus-

Christh les véritables adorateurs qu'il s'est acquis par son sang ?

On ne trouve, il est vrai, aucune ordonnance qui enjoigne positivement aux seigneurs d'accorder à leurs serfs la liberté de se croiser : l'esprit du temps rendait cette injonction inutile. « Le père, dit un con-
» temporain, n'osait s'opposer au départ de
» son fils, la femme retenir son mari, le
» seigneur arrêter son serf : le chemin de Jé-
» rusalem était libre à tous, par la crainte et
» l'amour de Dieu » ( a ). Si l'on veut encore une preuve d'un autre genre ; dans l'assemblée du Mans, à l'époque de la troisième Croisade, on signifia aux habitans des villes et des campagnes, qui recevraient la croix sans la permission de leur seigneur, que par cet acte de religion ils ne s'exemptaient pas de lui payer la dixme (65) ; déclaration qui suppose le serf réputé Croisé sans le consentement de son maître ; et ce maître rempli, par l'acquit de la dixme, de tout ce qui lui était dû. En effet prendre la croix, c'était faire une œuvre spirituelle ; par conséquent

---

(a) *Belli sacri Historia, ab aut. incerto; n°.* I, *ap. Mabillon. Musæum Italicum,* tom. I.

cette œuvre ne pouvait être soumise en rien
à l'autorité temporelle des seigneurs (a).

Cette manière d'affranchissement tacite, in-
troduite par les Croisades, fut d'autant plus
utile aux serfs des églises, que c'était presque la seule porte qui s'offrit à eux pour sortir de l'esclavage : les canons des plus anciens
conciles défendaient d'aliéner les biens ecclésiastiques, et cette défense avait été souvent
renouvelée. Or l'affranchissement constituait
une véritable aliénation; celui qui affranchissait, abandonnant la propriété de la personne
du serf, pour transporter son droit à l'affranchi, devenu dès-lors maître de lui-même (66).

Quoique l'Église n'affranchît pas aisément
ses propres serfs, on compta beaucoup de
fidèles qui se dévouèrent à une servitude sans
terme, par le mouvement de leur propre volonté, mais plus fréquemment encore par
le besoin d'obtenir quelques terres à cultiver.
Les Croisades mirent sans doute fin à l'usage
de cette pieuse oblation de sa personne; on

(a) Bohemond disait à son connétable : *Hoc bellum non est carnale sed spirituale. Gesta Francor. et
aliorum Hierosolymitanor.* ab. aut. incerto, ap. Bongars, tom. 1.

aima mieux servir Dieu même, que de s'at-
tacher à son service d'une manière moins
directe et peut-être plus pénible, en s'assu-
jettissant à ses ministres. L'ancienne dévotion
céda la vogue à une plus nouvelle (67).

Quant à la liberté accordée par les seigneurs, rarement dépendait-elle du consentement d'un seul maître. Communément on
ne devenait libre qu'à la suite de plusieurs
affranchissemens successifs : par une première
manumission, le sort du serf était remis au
jugement du seigneur médiat; par une seconde, au troisième seigneur; et ainsi, de
seigneur en seigneur, en remontant jusqu'au
roi. Il fallait payer aux différens suzerains,
la somme que chacun exigeait pour l'affranchissement qui dépendait de sa décision. Cette
jurisprudence est exprimée avec briéveté dans
les anciennes coutumes: *Nul ne peut franchir
son serf sans l'autorité de son par-dessus* (a).
Les fiefs, par une conséquence naturelle des
Croisades, que nous développerons plus tard,
se trouvèrent divisés entre moins de possés-

*Affranchissemens par concession.*

---

(a) *Beaumanoir, Coutume de Beauvoisis*, c. XLV,
*des Aveux*. —Voyez *De Lauriere, Ordonnances des
rois de France*, tom. I, préface, n°. 69.

seurs; les *par-dessus* diminuèrent donc, et
le serf ne fut plus obligé de solliciter la générosité, ou de tenter, par des offres sédui-
santes, la cupidité de tant de maîtres, qui
convenaient souvent entre eux de ne vendre
la liberté qu'à un prix très-élevé.

Affran-
chisse-
mens par
la pres-
cription.

On obtenait encore la franchise, en s'in-
troduisant dans quelque ville libre ou privi-
légiée. L'affranchissement s'acquérait alors
par la prescription; c'est-à-dire, que si le serf
avait habité durant un an quelqu'une de ces
villes, sans être réclamé par un maître, il
entrait dans la classe des hommes libres. Plusieurs villes d'Allemagne obtinrent des empereurs ce pouvoir de communiquer la franchise (68); privilége glorieux, en ce qu'il paraissait supposer que l'on concevait, par une
courte habitation dans ces asiles de la liberté,
des sentimens qui élevaient l'homme au dessus de la servitude, et lui méritaient, pour
ainsi dire, une entière restitution de tous ses
droits.

Les serfs, trouvant dans la Croisade un
prétexte de s'éloigner du lieu où ils étaient
fixés, saisirent souvent l'occasion de se jeter
dans ces villes qui ne manquaient jamais
de donner protection aux fugitifs : les auto-

rités municipales étaient intéressées à main-, tenir un .privilége auquel la cité devait en partie sa puissance, puisqu'il avait attiré dans ses murs une foule d'habitans, et qu'il lui promettait encore de nouveaux citoyens.

Le mouvement et l'agitation imprimés à la' population de l'Europe, par le départ des Croisés, contribuèrent aussi à l'adoucisse- ment du droit d'aubaine.

Droit d'aubai- ne.

Ce droit barbare autorisait les seigneurs à mettre au nombre de leurs serfs l'étranger qui s'établissait dans leurs domaines; et s'il n'avait, de sa propre volonté, reconnu un seigneur dans l'an et jour, on lui imposait en outre une amende considérable. Coutume inhumaine, et cependant assez naturelle en un temps où c'était presque toujours une marque de vagabondage, que de quitter le lieu de son habitation, tant les communica- tions d'un endroit à un autre étaient rares et difficiles ! Mais les Croisés, qui s'égarèrent dans leur route, s'étant dispersés dans pres- que toutes les contrées de l'Europe, on s'ac- coutuma bientôt à ne plus considérer un étranger comme un vagabond, déserteur de sa patrie, par quelque motif inquiétant pour les peuples qu'il visitait. On reçut alors pour règle de droit, en plusieurs pays, que les aubains ne pourraient se donner d'autre seigneur que le roi ; et comme tous les serfs du roi furent affranchis, l'aubain conserva sa liberté naturelle, sans redouter les violences des seigneurs (*a*).

C'est ainsi que les Croisades amenaient, par leur influence, la publication de ces fameuses lettres d'affranchissement général, accordées par le roi aux serfs de la couronne, quarante ans après saint Louis, et dans lesquelles sont consignées ces belles paroles : « Notre royaume étant le royaume des Francs, » nous voulons que le nom soit d'accord avec » la chose » (*b*).

*Les Croisades ne peuvent établir une classe de paysans libres.*

Atténuer les bienfaits des Croisades, en demandant pourquoi ces expéditions n'établirent pas une classe de paysans libres, c'est oublier que souvent les changemens politiques s'opèrent lentement et par degré. De qui l'état des serfs reçut-il enfin une amélioration sen-

(*a*) *De Leuriere, Ordonnances des rois de France*, préface, et tom. I, n°. 90 et suiv. *Etablissemens de saint Louis*, liv. I, c. XXXI.

(*b*) Ces lettres furent données par le roi Louis X, en 1315.

sible? des rois et des communes. Or , nous verrons que les Croisades élevèrent singulière-ment ces deux autorités, dont l'une avait per-du sa vigueur, et l'autre était à peine formée. D'ailleurs le serf n'aspire pas toujours aux douceurs de la liberté; il semble au contraire que plus sa condition est dure, moins il con-çoit l'idée et l'espérance d'un meilleur sort. Le même roi de France qui affranchissait tous les serfs, après les Croisades , fut obligé d'or-donner que les individus, assez riches pour acheter leur franchise, seraient contrains d'ac-quérir un si grand bien qu'on leur offrait et que plusieurs méprisaient (69). Remarquez encore que l'affranchissement général, pour n'être pas funeste à la société, doit s'effec-tuer par le concours simultané des maîtres et des esclaves ; insensiblement les premiers conçoivent des sentimens plus humains , se relâchent dans l'exercice de leurs droits; les autres perdent la rudesse d'un naturel brut et sauvage , et se préparent à ne point abuser de la liberté qui les attend. On peut alors espérer qu'ils n'imiteront pas ces bêtes féroces, qui long-temps captives , dévorent leurs libéra-teurs imprudens, dès qu'elles peuvent dé-ployer leur force et leur rage (70).

Les impôts ont un rapport trop direct avec la liberté civile, pour que nous n'examinions pas les variations qu'ils purent éprouver dans leur nature et dans la manière d'être perçus.

Vers le moyen âge, le revenu des rois consistait principalement en terres, qui étaient leur domaine particulier (71), et dans plusieurs tailles levées sur les terres féodales, à l'époque de certains événemens où l'on supposait que le seigneur devait éprouver quelques besoins plus pressans ; lorsque, par exemple, il avait été pris à la guerre, qu'il recevait la dignité de chevalier, ou qu'il mariait sa fille ; levées éventuelles, appelées *Aides légitimes* et *Aides gracieuses* (72).

Ces occasions paraissant trop rares à l'avidité des princes, plus d'une fois ils ne manifestèrent le désir d'aller conquérir les lieux saints, que pour faire naître un prétexte plausible d'imposer des décimes sur le clergé et sur le peuple ; les princes ne pouvaient ensuite se résoudre à dissiper outre-mer des sommes considérables péniblement amassées, et le départ sans cesse annoncé ne s'effectuait jamais.

Le testament dans lequel Philippe Auguste consigna ses dernières volontés, avant de passer dans la Terre sainte, nous prouve assez combien les Croisades contribuèrent à l'établissement permanent des impôts : ce roi ordonne qu'il ne soit accordé aucune remise de taille, aussi long-temps qu'il sera engagé dans le service de Dieu; il défend même, dans le cas de sa mort, toute remise, jusqu'au moment où son fils, encore enfant, sera en âge de prendre les rênes du gouvernement (73).

Mais les peuples trouvèrent dans la stabilité même des impôts, la compensation indirecte d'un fardeau si onéreux ; insensiblement disparurent les taxes et les péages arbitraires (74), auxquels les seigneurs assujettissaient certains lieux ou certaines marchandises, quand ils se croyaient assez puissans pour ne pas demander en vain. Les conciles défendirent d'exiger aucune taxe sans le consentement du souverain ; et les ravisseurs qui se permettaient ces extorsions, furent compris dans l'excommunication fulminée par le pape, le jeudi saint de chaque année (75).

Le mode de perception fut aussi rendu plus facile, plus expéditif, et moins vexatoire pour les contribuables. Dans l'ordonnance du Mans, dont nous avons déjà cité

plusieurs dispositions, on fit intervenir neuf
personnes à la répartition de la dixme destinée à subvenir aux dépenses de la guerre
d'outre-mer. Selon le même réglement, celui qui avait été taxé avec trop de ménagement, devait être réimposé avec plus d'équité
par d'autres répartiteurs ; toutes les coutumes
de villes rédigées à la même époque entrent
dans de semblables détails (76).

Commu-
....

C'est une vérité historique, reconnue depuis long-temps, que la formation des Communes favorisa puissamment les progrès de la
civilisation (77) : il nous suffira donc d'exposer comment les Croisades facilitèrent la réunion des bourgeois en associations particulières, étendirent, multiplièrent les priviléges
municipaux, qui déterminaient le principe et
la nature de la liberté des Communes.

Obstacles
à leur for-
mation.

De grands obstacles entravaient l'établissement des Communes, sorte de républiques
qui, par une constitution particulière, par un
*pacte de paix*, s'isolaient, pour ainsi dire,
de tous les pays voisins, désolés par la guerre
(78). Formées d'abord sous la protection du
souverain, accrues progressivement par leur
adresse à ne causer d'ombrage à aucun voisin, et par leur promptitude à saisir les occa-

sions de s'élever, les Communes parvenaient
enfin à se rendre presque indépendantes. Elles
furent dès leur naissance foudroyées par les
théologiens : ces moralistes austères révé-
raient dans la subordination féodale un antique gouvernement, auquel il n'était pas possible de porter atteinte sans se rendre coupable de troubler l'ordre public (79). Conce-
vons aussi la répugnance que devaient naturellement éprouver, pour céder leurs droits
les plus précieux, tant de petits seigneurs,
toujours plus jaloux de l'autorité que les monarques, dont l'esprit s'agrandit en quelque
sorte, lorsque leur vue peut planer sur un
vaste empire.

Le relâchement des seigneurs, en faveur
des Communes, est attribué principalement
au besoin d'argent ; nécessité que fit sentir
bien vivement ce saint voyage, que l'on en-
treprenait avec tant de précipitation. Dans
la première Croisade, surtout, l'or devint
subitement d'une rareté excessive, suite de
l'empressement simultané de vendre à vil
prix les meubles, les terres, le toit de ses
pères ; l'affluence prodigieuse des vendeurs
enlevait toutes les espèces, pour les dissiper sans retour en Asie. Alors, dit un au-

Vente de
privilé-
ges.

teur contemporain : « dans une année peu
» fertile, on se trouva jouir, comme par
» miracle, d'une abondance aussi grande
» qu'inattendue ; chacun voulant partir, on
» ne rencontrait que des vendeurs et point
» d'acheteurs : on prescrivait les conditions
» les moins équitables au vendeur, qui
» n'avait d'autre inquiétude que de s'ache-
» miner des derniers vers Jérusalem. Les
» objets, que peu d'instans auparavant, la
» prison et les tortures n'auraient pu extor-
» quer de leurs possesseurs, se délaissaient
» pour quelques pièces de monnaie » (80).

Richard Cœur-de-Lion, exprime énergi-
quement jusqu'à quel dégré fut portée la fureur de vendre les propriétés : les ministres
de ce prince lui faisaient-ils observer, que la
ruine de sa puissance suivrait inévitablement
des aliénations si multipliées, il répondait
en vrai héros des Croisades : « qu'il mettrait
» en vente Londres même, s'il pouvait es-
» pérer qu'il se présentât un acquéreur » (a).

C'était dans le même sens que parlait Philippe Auguste, lorsqu'il s'excusait, quelques
années après, de vendre des biens au roi d'An-

_____

(a) *Hume, Hist. d'Angleterre, c. XI.*

gleterre; il ne pouvait, disait-il, s'imaginer qu'un Croisé voulût acheter des domaines, au lieu de vendre sans délai ceux dont il était possesseur (*a*).

Non contens d'aliéner leurs biens-fonds, les seigneurs les plus puissans offrirent des coutumes, des priviléges, des franchises aux villes, empressées de profiter d'une conjoncture aussi favorable à leur prospérité (81).

La circonstance de la guerre sainte. engagea aussi les seigneurs, par les pieuses impulsions d'une charité pure et désintéressée, à rendre moins dure la condition de l'habitant des villes et des campagnes. Au moment d'entreprendre un long voyage dont le retour paraissait incertain, tous les hasards de l'expédition se présentaient à la fois aux esprits, accablés du fardeau d'un vœu, peut-être témérairement prononcé; l'imagination grossissait ces périls, aidée par cette inquiétude secrète, naturelle à l'homme qui abandonne sa patrie. On croyait pouvoir éviter les dangers, ou ne pas y succomber, en méritant la faveur du ciel par des œuvres charitables (82).

*Priviléges gratuits.*

(*a*) *Alberic, Chronic. ad ann.* 1215, cité par *Daniel, Hist. de la milice française,* liv. III.

Cependant les Communes ne se formèrent pas uniquement par la vente des priviléges ou par des concessions généreuses; des usurpations devenues faciles par l'absence des seigneurs occupés au service de Dieu, procurèrent souvent aux bourgeois les franchises qu'ils n'étaient pas en état d'acheter, ou qu'on s'obstinait à leur refuser.

Cette absence paraîtra plus heureuse encore pour les cités, si nous considérons qu'elle donna aux rois une plus grande facilité d'ériger des Communes dans les terres des seigneurs de leur mouvance.

L'érection des Communes fut originairement un droit royal, dont nos monarques se sentaient toujours disposés à user dans les villes dont ils n'étaient que les seigneurs médiats (85). A leur retour, les autres suzerains trouvaient avec surprise, dans leurs anciens sujets, des ennemis qu'ils méprisèrent d'abord, en pensant moins à la position présente de ces bourgeois qu'à ce qu'ils les avaient vus autrefois; mais ils furent bientôt forcés de les craindre autant qu'ils les haïssaient. N'était-ce pas dans la main des rois, un moyen efficace de saper l'autorité des feudataires, que de former au milieu des domaines de

ces seigneurs ; comme des espèces de camps
royaux, entièrement dévoués au fondateur de
la Commune ?

Le plus grand avantage qui résulta, pour
les peuples, des voyages et du grand éloignement des seigneurs, fut sans doute le rétablissement de la paix et de la tranquillité publique.

Absence
des sei-
gneurs.

En allant exercer leur valeur contre les Sarrasins, ces guerriers délivrèrent leur patrie
de leur funeste présence, et de celle de leurs
satellites les plus dévoués dont ils se firent accompagner (84). Un contemporain ne peut
assez admirer le nombre prodigieux de brigands qui volaient alors vers les lieux saints ;
et il attribue charitablement leur zèle au changement inattendu que la main de Dieu avait
opéré dans leurs inclinations perverses (85);
mais l'histoire du royaume de Jérusalem ne
prouve pas qu'ils aient porté dans une terre
sacrée des mœurs moins criminelles, et que
l'aspect du sépulcre de leur Dieu ait converti
leurs cœurs endurcis (86).

Certains brigands profitèrent peut-être, pour
se rassembler, du mouvement et de la fermentation que la guerre sainte excitait de
tous côtés. En France, les fameuses bandes
des Brabançons, des Aragonnois, des Navar-

Brigands
dont l'ori-
gine est
peut-être
un effet
des Croi-
sades.

rois, des Basques, des Cotereaux, des Triaverdins, des Routiers commirent de grands
excès : heureusement qu'elles se perdirent
enfin dans ce corps formidable, si célèbre
sous le nom général de *Compagnies* (87);
troupes plus avides de pillage, plus altérées
de sang que de gloire ; mais qui trouvèrent
cependant, sous la conduite de Duguesclin,
un honorable tombeau (*a*). Des *Sociétés* redoutables portèrent aussi, en Italie, la terreur
de leur nom, que les historiens confondent
souvent avec celui d'*enfans de Bélial*, ne
rencontrant sans doute sur la terre aucun objet qu'ils pussent comparer à ces scélérats (88).
Il est aussi à présumer que les Croisades,
dont le souvenir était récent lorsque·les Catalans passèrent en Orient, accrurent par leur
influence encore subsistante, les troupes de
ces Francs si redoutables à l'empire grec ;
guerriers intrépides, qui possédèrent au degré le plus éminent l'art de faire de grandes
conquêtes avec peu de soldats; ennemis cruels
de leurs hôtes perfides, qui étaient trop avares
pour les fixer à leur service ; et trop lâches

---

(*a*) Voyez *Daniel, Hist. de la milice française*,
liv. III, c. viii.

pour les chasser des terres de l'empire (89).

Ce que nous venons d'avancer demande quelques explications; souvent la multitude qui abandonnait ses foyers, sans être touchée d'une dévotion sincère, préférait s'adonner au brigandage plutôt que de continuer une entreprise dont la récompense n'était précieuse qu'aux yeux de la piété : quand le chemin de Jérusalem cessa d'être fréquenté, le flux de population, qui depuis long-temps se dirigeait outre-mer, ne trouvant plus d'issue ; se déborda de tous côtés pour le malheur des contrées voisines; aussi le nombre de ces aventuriers et leurs ravages parurent-ils augmenter, vers le quatorzième siècle, lorsque le zèle des Croisades était sensiblement refroidi.

Quoique ces troupes vagabondes, dont l'origine a semblé très-obscure aux historiens, aient pu sortir accidentellement de la multitude des Croisés, les expéditions saintes n'en avaient pas moins attaqué dans son principe la cause première des brigandages en Europe : la guerre de Jérusalem suspendait les guerres privées ; pacification vainement tentée par l'autorité ecclésiastique et par l'autorité royale, incapables l'une et l'autre de surmonter la dis-

Rétablissement de la tranquillité publique.

position des esprits et le vice de la constitu‑
tion féodale (90). Après les efforts de cette
double puissance, long-temps et inutilement
prolongés, quel autre moyen de réprimer les
excès d'une anarchie dévorante, que de subs‑
tituer aux guerres intestines, une guerre ex‑
térieure moins nuisible au repos et à la tran‑
quillité des peuples?

Nous ne saurions mieux suivre les effets
du dernier remède aux troubles les plus fu‑
nestes, qu'en laissant parler des témoins ocu‑
laires : « Dès que le bruit de la nouvelle
» guerre qui se préparait, eut excité des peu‑
» ples innombrables à prendre la croix, un
» calme profond régna dans presque tout
» l'Occident ; personne ne songea plus à com‑
» battre ses ennemis ; on regarda même com‑
» me un crime de porter des armes en public
» (91) ». Le même historien consacre spé‑
cialement un chapitre de son livre à l'énumé‑
ration des *diverses guerres assoupies par l'ex‑*
*pédition de Jérusalem* (92). Cette expédi‑
tion n'est que la seconde ; que serait-ce s'il
avait supputé toutes les discordes qu'étouf‑
fèrent successivement dans l'étendue de l'Eu‑
rope, les Croisades suivantes, prolongées en‑
core au-delà d'un siècle ?

Cette

Cette pacification fut presque l'ouvrage d'un moment. Un écrivain, mort avant la seconde expédition, croit devoir en rapporter au ciel toute la gloire, par cette pieuse comparaison : « De même, dit-il, que le souffle impétueux » des vents se calme bientôt par la chute des » eaux du ciel ; ainsi cette manifestation di- » vine apaisa subitement les haines, les ini- » mitiés et les guerres » (93).

Quelque miraculeuse que dût paraître alors une tranquillité inespérée, elle devait néan- moins, selon l'ordre naturel des événemens, résulter des Croisades ; on peut même la croire prévue plutôt qu'aperçue par des historiens de la première expédition, auxquels on ne saurait accorder qu'une médiocre sagacité. L'un d'eux explique ainsi les motifs qui pro- voquèrent l'assemblée du concile de Cler- mont, où la Croisade fut proclamée. « Le pape, » dit-il, voyait les seigneurs se livrer conti- » nuellement de sanglans combats, la paix » bannie de la terre, les campagnes en proie » aux ravages de tous les partis, les prison- » niers jetés dans les cachots et rançonnés à » l'excès, les lieux saints profanés, les villes » et les monastères incendiés ; il ne pouvait » se dissimuler que les loix divines et hu-

5

» maines étaient également méprisées » (94).

Un religieux qui assista au même concile, attribue ces mots au pape, adressant la parole aux Français : « Votre pays, trop rétréci » par le grand nombre de ses habitans, n'est » plus assez abondant pour vous nourrir; au- » trement, ne cesseriez-vous pas de vous dé- » chirer mutuellement, de vous dévorer? » Mettez fin à vos ressentimens, à vos que- » relles, à vos fureurs, et marchez vers le » saint sépulcre » (95).

Trève de
Lieu.

Ce n'est pas qu'avant la publication des Croisades, la puissance de l'Église fût sans aucune efficacité pour comprimer les guerres privées : la trève de Dieu, heureux triomphe de la religion sur la barbarie, est antérieure aux expéditions d'outre - mer, de plus de soixante ans (96), et le concile de Clermont, présidé par un pape, donna seulement une plus grande autorité aux ordonnances particulières que la plupart des évêques avaient publiées pour rétablir la paix dans leurs diocèses (97). Mais, inventée en France, la trève de Dieu ne dut qu'aux expéditions saintes son premier établissement en Allemagne (98).

Insensiblement la trève de Dieu qui n'avait d'abord défendu l'usage des armes que

contre les ecclésiastiques et les moines, qui
n'avait interdit les violences que pendant une
partie de la semaine, plusieurs fêtes de l'année, et dans certains lieux privilégiés, étendit sa protection sur tous les lieux, et devint
perpétuelle à l'égard de toute sorte de personnes.

Les Croisades devaient naturellement con- La Croi-
tribuer à rendre la trève perpétuelle, puis- sade, es-
qu'elles étaient, selon la réflexion judicieuse Dieu.
d'un Allemand, comme une autre *espèce de*
*trève de Dieu* (a). En effet, le but de la Croisade se trouvait incompatible avec la conti-
nuation des guerres privées. Recevait-on la
croix, il fallait abandonner les prétentions
que l'on s'était flatté de soutenir, les champs
où l'on combattait un rival, ces forteresses
qui encourageaient les violences de leur châ-
telain par des tours imprenables. Se croiser,
c'était donc entrer en paix avec ses ennemis,
pour se vouer au service de Dieu. Les haines,
les projets de vengeance étaient relégués au-
delà des mers; et peut-être ces noirs sentimens se dissipaient-ils dans l'éloignement, ou
ne trouvaient plus de place en des cœurs na-

_____

(a) Voyez le passage de Datt, cité dans la note 98.

vrés par les infortunes personnelles, dont les
pélerins de Jérusalem étaient souvent accablés. Si ces deux factions, qui furent long-
temps le fléau de l'Italie, n'avaient pas alors
lutté entre elles avec une animosité implacable, sans doute on aurait vu les Croisades
mettre fin à leurs rixes sanglantes : en prenant la croix, les Gibelins auraient cédé aux
pressantes sollicitations des pontifes, accepté
les indulgences et les priviléges émanés du
Saint-Siége, et se seraient rapprochés ainsi des
Guelfes. Que de sang épargné à l'Italie, si
ces partis se fussent perdus sans retour dans
l'innombrable multitude des pélerins guerriers !

Rétablis-
sement de
la tran-
quillité
publique
en Fran-
ce. La tranquillité publique se consolida, en
France, vers les dernières années des Croisades : enfin parut l'ordonnance de *la Qua-
rantaine-le-roi*, qui suspendait la vengeance
durant quarante jours après l'offense (99).
On obligea les seigneurs de s'accorder des
*asseuremens*, moyen légal de se tirer d'une
querelle honorablement et sans danger. Les
adversaires s'obstinaient-ils à la guerre, leur
seigneur pouvait les forcer de s'*asseurer* réci-
proquement (100) ; loix salutaires, qui furent
en partie le fruit de la sagesse de saint Louis,

et qui tracèrent à ses successeurs la route qu'il
fallait suivre pour obtenir que le courage des
guerriers ne fût plus redoutable qu'aux ennemis de la patrie, et pour faire fléchir des sujets sous le joug de l'autorité royale (101).

Les dissentions qui déchirèrent l'Allema-
gne, se prolongèrent davantage par l'inimi- Allema-<br/>gne.
tié des villes libres; et les hostilités mutuelles des bourgeois redoublèrent vers la fin du
quatorzième siècle (102). Si le zèle des
Croisades eût encore enflammé les peuples,
le souverain eût, sans doute, saisi l'occasion,
de renverser la domination des seigneurs et
celle des cités trop puissantes; il eût alors
joui, comme les rois de France, d'une autorité solidement établie. L'empire germa-
nique aurait-il pris la forme d'un corps
monstrueux et gigantesque, composé de tant
de membres bizarrement assemblés, si les
Croisades eussent exercé sur l'Allemagne une
influence moins tardive et moins passagère?
Des états presque imperceptibles auraient-ils
si long-temps attiré quelque attention, plutôt
par l'orgueil ridicule des princes, que par une
faible apparence de majesté souveraine?

En Italie, la rivalité des villes perpétua de Italie.
même les troubles. Cependant la population

de cette contrée s'accrut par les Croisades ;
qui menaçaient d'enlever au reste de l'Europe
tous ses habitans (*a*). Au quatorzième siècle,
Florence seule comptait dans ses murs trente
mille hommes capables de porter les armes,
et soixante-dix mille dans les terres de sa domination (105). Toutes nos recherches, pour
découvrir la cause de cette prodigieuse augmentation d'habitans, nous portent à l'attribuer aux Croisades. Les troupes de Croisés,
qui se dirigèrent sur l'Italie, abandonnèrent
sans doute une multitude de pélerins, épuisés
par les fatigues d'une longue route, ou plus
épouvantés par les dangers de la navigation
et de la guerre, qu'empressés d'accomplir
leur vœu.

Que l'on nous permette ici une courte observation, qui ne nous éloigne pas de notre
sujet. Lorsqu'on a voulu supputer, par ap-
proximation (*b*), combien les Croisades diminuèrent la population de l'Occident, il
était nécessaire de remarquer que la suspen-
sion des guerres privées conserva un grand

---

(*a*) C'est l'opinion de M. *Denina*, *Révolutions
d'Italie*, liv. X, c. VIII.

(*b*) *Voltaire*, *Essai sur l'Hist. générale*, c. XLVI.

nombre d'individus, destinés à périr par le
fer de leurs compatriotes.

Dès que la passion des guerres privées et
du brigandage se fut refroidie, les loix ne
tardèrent pas à reprendre leur empire.

La loi romaine, telle qu'elle est exposée
dans le code Théodosien, avait été mise en
activité dans la plupart des contrées que Rome
avait réunies à son empire ; mais le code de
Justinien, qui avait fait oublier celui de Théodose dans une partie de l'Italie et en Orient,
n'avait pas obtenu la même faveur, en Occident (104).

Renais-
sance du
droit ro-
main.

Ce n'est pas que l'Occident ait été assez
heureux pour conserver dans sa pureté le code
Théodosien : après la décadence de la monarchie Carlovingienne, ce superbe monument
de la sagesse des Romains, auquel le respect
de tant de peuples imprimait tant de majesté,
fut renversé par des usages absurdes et des
loix barbares.

Cependant il était réservé à l'Occident de
jouir aussi des bienfaits du code de Justinien,
plus étendu et moins défectueux que l'ancien
recueil de Théodose. Dans les premières années du douzième siècle, un Allemand, jus-
tement surnommé le *Flambeau du droit*, en-

treprit de développer le sens et l'esprit des
loix de Justinien (105).

Soixante et dix ans après ces doctes leçons,
qui illustrèrent la ville de Bologne, les Croisés français ayant fondé un empire sur les rives
du Bosphore, cette conquête fit disparaître un
des principaux obstacles qui s'étaient opposés
à l'adoption des loix de Justinien. On aurait
cru, en recevant la jurisprudence des Grecs,
leur restituer, en quelque sorte, la domination sur l'Occident, dont ils se prétendaient
injustement dépouillés (a). Les anathèmes
échangés entre les papes et les patriarches,
avaient encore ajouté à l'antipathie mutuelle
des Grecs et des Latins, l'animosité violente
d'un schisme religieux ; mais depuis qu'un
Français se fut assis sur le trône de l'Orient, les
loix de Constantinople devinrent les loix de
la *nouvelle France* (106) ; dès ce moment, tirées de la poussière des écoles, elles régnèrent
bientôt souverainement sur des peuples, qui
savaient enfin les admirer.

Les Croisés qui vinrent de toute l'Europe

---

(a) Voyez *Terrasson*, *Hist. de la jurisprudence
romaine*, part. IV, parag. I. — *Fleury*, *Hist. du
droit français*. Voyez aussi *Giannone*, *Hist. civile
du royaume de Naples*.

en Italie pour s'embarquer, répandirent à leur
retour dans leur patrie la renommée du code
de Justinien ; mais long-temps l'étude du
droit romain ne fut cultivée qu'à Bologne.

Cette ville, jalouse de conserver ses avantages, n'épargnait aucune précaution pour ne
pas laisser sortir de ses murs l'enseignement
des loix (107). Les nouveaux principes d'ordre et de justice fructifièrent d'abord dans les
contrées adjacentes, dont la jurisprudence
particulière accorda d'autant plus d'autorité
au droit romain, que ces provinces se trouvaient plus voisines de l'Italie (108).

La connaissance des loix romaines aurait
percé les ténèbres de la barbarie, sans procurer de grands avantages à l'Europe, si les
Croisades n'eussent provoqué, ou du moins
favorisé quelques innovations dans le système
féodal.

Affaiblis-
sement du
système
féodal.

L'absence des seigneurs, dont nous avons
déjà indiqué en partie les heureuses conséquences, enleva au régime féodal l'appui des
guerriers, défenseurs intéressés d'une constitution politique sur laquelle reposait leur
fortune, et qui les plaçait à un rang honorable. Les ventes que faisaient ces guerriers,
avant d'entreprendre le voyage de Jérusalem,

diminuèrent le nombre des fiefs, qui, réunis entre moins de possesseurs, s'éteignirent souvent par la confusion des hommages. Les seigneurs, appauvris par les expéditions saintes, furent aussi moins disposés à s'affaiblir encore par des inféodations territoriales; ils se contentèrent, pour acquérir des vassaux, d'assigner des pensions ou des rentes perpétuelles aux seigneurs, dont ils désiraient s'assurer les services (109).

Ce fut, certes, une atteinte profonde portée au gouvernement féodal, que la permission donnée par les papes d'engager les fiefs à des églises, à des ecclésiastiques ou à d'autres fidèles, lorsque les seigneurs, de qui les fiefs relevaient, n'étaient pas disposés à prêter de l'argent aux Croisés, leurs feudataires (110). Soustraire ainsi les fiefs à l'autorité du suzerain, c'était violer les règles les plus positives de la subordination féodale. Les aliénations qui n'échurent ni aux rois ni aux églises, furent acquises par les roturiers; ceux-ci étrangers aux armes, moins redoutés des peuples, revêtus d'une faible considération extérieure, laissèrent énerver les ressorts du gouvernement féodal : ces nouveaux seigneurs préféraient, à la garde incommode d'un château et aux autres devoirs féodaux, l'habitude de leur ancien séjour dans les villes (111). La féodalité était minée dans ses fondemens, dès-lors que les roturiers étaient admis à la possession des fiefs : dans le principe, *nul ne pouvait tenir terre*, s'il n'était noble. Philippe Auguste, manquant de soldats, ferma les yeux sur cette possession illégale, et voulut que l'individu investi d'un fief fût réputé noble, par la seule cérémonie de l'investiture (112).

Un changement non moins important se fait remarquer dans le service militaire; la durée n'en était pas égale parmi les diverses nations. En France, vers le commencement des Croisades, le service des vassaux ne se prolongeait ordinairement que pendant quarante jours; mais les seigneurs, retenus en Asie par leur vœu, ou quelquefois par la crainte qu'une retraite trop précipitée n'entraînât la perte de la Terre sainte, soit encore par la difficulté du retour en Europe, s'accoutumèrent insensiblement à ne pas abandonner si promptement les drapeaux de leur suzerain. Les rois trouvèrent ensuite moins de difficultés à étendre de plus en plus l'obligation du service des armes, que saint Louis exigeait déjà durant deux mois (113).

Comment les Croisades n'auraient - elles pas sapé le gouvernement féodal, et amené enfin sa ruine? Ce système politique, imaginé sans doute par quelque conquérant à qui l'immensité de ses succès ne permit pas de garder seul toutes ses acquisitions, est, par sa nature, incompatible avec des plans d'agrandissemens extérieurs : pour conquérir, l'unité dans le commandement n'est pas moins nécessaire qu'une obéissance aveugle de la part des subalternes. Dès-lors que le gouvernement féodal établi d'abord pour conserver, aurait essayé de réunir toutes ses forces pour faire des conquêtes, il devait tendre vers sa décadence : les chefs de la confédération féodale pouvaient alors écraser facilement des vassaux, qui n'étaient plus que des soldats soumis à leurs ordres. Les Croisades agissaient donc directement contre la stabilité du régime féodal, en mettant dans tous les esprits des projets de conquêtes lointaines. La féodalité s'affaiblit d'abord par une action secrète, indépendante du jugement et de l'opinion des hommes relativement à l'avantage qu'ils croyaient trouver dans cette institution ; en même temps qu'elle perdait une partie de sa force en Europe, les Croisés pensaient ne pouvoir établir dans leurs nouvelles conquêtes en Asie, un gouvernement plus parfait que le gouvernement féodal (114).

L'affaiblissement du régime féodal ne pouvait manquer de se faire sentir aussi dans les tribunaux, dépositaires et gardiens fidèles de tant d'usages barbares, et où l'on regardait comme un droit sacré la coutume de se faire justice par les armes, sans autre formalité que de prévenir son adversaire par un défi solennel.

Tribunaux judiciaires.

Trois sortes de tribunaux jugeaient alors les procès : les cours royales, les cours seigneuriales et les cours municipales (115). A l'époque des Croisades, on vit décroître l'autorité et la considération des justices seigneuriales ; leur nombre fut réduit en proportion de celui des fiefs. Cette espèce de cour se composait des officiers du seigneur ou de ses vassaux, écuyers et chevaliers (116). Les seigneurs étant partis pour l'Orient, accompagnés ordinairement d'une suite nombreuse, les cours seigneuriales furent souvent dépourvues de juges. Dans le même temps les cours municipales participaient à tous les avantages que les Croisades procurèrent aux communes ; elles profitèrent alors de l'absence des sei-

gueurs pour acquérir une plus grande pré-
pondérance, et elles se trouvèrent moins en-
travées dans l'adoption de quelques dispositions du droit romain ; dont l'étude leur donnait une grande supériorité de lumière sur
les autres tribunaux.

Au sein des cours municipales, se formait
une foule de légistes versés, il est vrai, dans
la connaissance du droit romain; mais ama-
teurs de chicanes subtiles et de formalités compliquées, qui dégoûtèrent des fonctions de la
judicature, les ecclésiastiques et les nobles,
fatigués de s'égarer sans cesse dans un nouveau
labyrinthe (117). Seuls arbitres de la dispensa-
tion de la justice, les légistes introduisirent
d'heureux changemens dans la jurisprudence
féodale. Enfin s'abolit le combat judiciaire,
coutume affectionnée des juges guerriers,
parce qu'en favorisant leur goût dominant,
elle épargnait encore au tribunal la conten-
tion d'esprit (118). Les jurisconsultes saisirent
avec empressement toutes les occasions de
peser dans leurs balances les droits en litige.
Leur intérêt et leur amour propre repous-
saient également des usages barbares, qui ne
prouvaient que l'incapacité de prononcer un
jugement réfléchi et motivé.

Duels ju-
diciaires.

La rareté des actes écrits avait contribué à rendre plus générale, et à justifier en quelque sorte la coutume du duel judiciaire ; mais les Croisés comprirent facilement qu'ils ne pouvaient laisser un témoignage permanent de leur volonté, tant qu'ils ne confieraient leurs intentions qu'à la mémoire de quelques témoins (119) : aussi avant d'entreprendre le voyage de la Terre sainte, la plupart d'entre eux faisaient des testamens, des transactions, ou d'autres actes écrits authentiquement. On adopta, vers le milieu du douzième siècle, l'usage des chartres appelées *chirographes, chartres-parties*, et de ces *endentures* taillées dans le parchemin, pour rendre les falsifications plus difficiles (120). Des diplomes, émanés des princes et des seigneurs, constituèrent en divers lieux des notaires publics, et les ecclésiastiques ne furent plus seuls dépositaires de la volonté privée des citoyens (121).

Il est vrai que pendant long-temps l'injustice et la mauvaise foi purent facilement annuller le contrat le plus authentique, le plus solennel : on récusait ce contrat, et l'on offrait de prouver par les armes qu'il était faux (122). Mais lorsque les actes devinrent plus com-

muns, on se désabusa du préjugé qu'une
pièce écrite pouvait être si aisément falsi-
fiée ; et l'on cessa d'invoquer, dans un doute
peu fondé, le témoignage illusoire de la
force du corps et de l'adresse de deux champions.

Les rois d'Angleterre essayèrent, avant les
monarques français, de restreindre l'usage
du combat judiciaire. Chez une nation mé-
diocrement passionnée pour les guerres privées, la puissance royale pouvait commander
et se faire obéir ( 123 ).

Il semble qu'en Allemagne l'usage du duel
ne fut pas tant réprimé par les ordonnances
générales des souverains, que par les priviléges particuliers accordés à quelques villes.
Pour se soustraire à une coutume, qui mettait sans cesse leur vie en danger, les bourgeois obtinrent le privilége de ne pouvoir
être forcés de répondre aux défis. Les pacifiques habitans des villes mirent alors leur
honneur à couvert, en opposant à leurs ag-
gresseurs l'autorité des constitutions impé-
riales (124).

La facilité avec laquelle l'Italie se soumit
de nouveau aux loix romaines, que le souvenir de son ancienne splendeur lui rendait
plus

plus précieuses, délivra promptement cette contrée du fléau des duels (125).

Une jurisprudence plus raisonnable fut peut-être aidée dans ses progrès en France; par la transmigration de nos loix en Asie. Toujours ce fut l'usage des Français, de porter leurs loix, dans les pays où ils s'établissaient, après en avoir fait la conquête (126). Ils furent encore fidèles à cette coutume, en donnant à la Palestine ce corps de jurisprudence nommé les *Assises* et *bons Usages de Jérusalem* (127), présent qui put enrichir autant le peuple qui le faisait, que celui qui le reçut : l'application des mêmes loix à différens peuples, fait ressortir les avantages ou les inconvéniens de la loi, découvrir et apprécier les motifs du législateur.

Depuis les Croisades, tout concourait à combler, dans la législation française, un vide de trois siècles, qui se fait sentir depuis les capitulaires de nos rois de la seconde race, jusqu'aux ordonnances de saint Louis. Pendant ces années déplorables, les anciennes loix sont anéanties, aucun prince n'élève là voix pour remédier efficacement aux calamités de la nation. Saint Louis paraît, et enhardi par le mouvement que les Croisades avaient

6

imprimé à la nation, il ose faire les réglemens les plus salutaires; l'ordre s'établit dans
les différentes parties de la société civile, les
jugemens des cours seigneuriales sont soumis
à l'appel aux cours royales; la fureur des
duels est réprimée (128); des statuts, chefs-
d'œuvre de sagesse, rassemblent les marchands et les artisans en communautés (129);
les moindres détails de la police n'échappent
pas à l'autorité (130); la France prend une
nouvelle face. Ce grand roi peut être nommé
le créateur de la jurisprudence française; sous
son règne, on publie le code des *Établissemens* (131); Beaumanoir compose un commentaire sur la coutume de Beauvoisis; Pierre
de Fontaines rédige son *Conseil* (132); salu-
taire émulation, qui assurait par de savans
écrits la durée des réformes opérées depuis
quelques années, et qui en préparait d'autres plus heureuses encore.

Puissan-
ce des pa-
pes.

Mais si plusieurs conséquences directes ou
indirectes des Croisades contribuèrent à répandre la connaissance du droit romain, et à
faire adopter ses sages dispositions, les progrès de la nouvelle science des loix furent
cependant ralentis, par l'accroissement prodigieux de l'autorité pontificale.

Après la conquête de Constantinople, quand
le droit romain s'accrédita en Occident; le
droit canon jouissait d'une grande autorité;
que de laborieux commentateurs travaillaient
sans cesse à étendre davantage. Introduire à
cette époque, un nouveau code, c'était atten-
ter en quelque manière à la juridiction ecclésiastique : aussi vers le commencement du treizième siècle, Honorius III ne put voir, sans
une sorte de jalousie, que l'on expliquât déjà
le droit de Justinien dans les écoles de Montpellier et de Toulouse; il défendit alors d'enseigner à Paris, ce droit, qui enlevait déjà
beaucoup d'étudians à la théologie (133).

On n'aurait qu'une idée incomplète de l'effet des Croisades sur l'état de la société, si
nous n'observions pas combien elles ajoutè-
rent à la puissance politique et aux richesses
du clergé. Cette considération sera d'autant
plus utile, que les écrivains qui ont voulu
déguiser les fautes du clergé de ces siècles,
et ceux qui les ont malignement exagérées,
ont peut-être également contribué à les faire
imputer à la religion.

La puissance politique des papes était alors
parvenue au plus haut degré : on avait vu
les souverains et les armées se ranger sous la

dépendance presque absolue des papes, chefs
naturels des Croisades; à leur voix s'assem-
blaient, s'armaient, marchaient les troupes
croisées; les pontifes veillaient au prompt
et fidèle accomplissement de leur vœu, ou
quelquefois les en dispensaient. Les légats
les conduisaient, ou dirigeaient de loin leur
marche, et prétendaient que tous les pays
qu'elles pourraient conquérir devaient ap-
partenir au Saint Siége (134). Les Croisés
reconnaissaient si hautement la dépendance qui les liait au pape, d'après la nature de
leur pieuse entreprise, qu'ils le pressaient de
se mettre en personne à leur tête. « Venez
» faire par vous-même, lui écrivaient-ils, une
» guerre qui est la vôtre (135) ».

À l'aide du trouble et de l'agitation où cette
guerre plongea tous les rois, les papes mirent facilement en action les principes qu'ils
avançaient sur leur double autorité. Les ma-
nifestes véhémens des empereurs d'Allemagne ne purent émouvoir des princes qui combattaient sous les étendards de la croix.
Constantinople fut replacée un moment sous
l'influence du Saint Siége, et les Latins prirent à tâche de réparer, par une aveugle soumission, le scandale du schisme des Grecs.

L'île de Chypre, conquise par un prince croisé, ne fut pas moins dépendante. L'élévation de la maison d'Anjou sur le trône de Naples, élévation que l'on n'aurait peut-être jamais vue, si les Croisades n'eussent ouvert le chemin de l'Italie aux Français, contribua aussi à étendre l'autorité pontificale : Charles n'oublia jamais, qu'il s'était solennellement déclaré homme-lige du Saint Siége, qui eut toujours soin de rappeler aux rois de Sicile l'assujettissement de leur couronne.

Si nous examinons la conduite du patriarche placé par les Croisés sur le siége de Jérusalem, prélat tout imbu de l'esprit des guerres saintes, nous verrons agir d'un côté une ambition inquiète, ou peut-être seulement un zèle inconsidéré qui s'efforçait de rehausser la majesté de la religion; de l'autre, nous verrons une piété peu éclairée, transporter au patriarche, *pour l'amour de Dieu* (136), les richesses et la puissance de l'état.

Patriarche de Jérusalem.

Aussitôt que les Croisés se virent maîtres de la ville sainte, dont la conquête avait été long-temps l'objet de leurs plus ardens désirs; après les affreux momens qu'ils ne s'abstinrent pas de donner au meurtre et au pillage, oubliant alors qu'ils portaient sur

leurs armures, le signe du salut des hommes (157); ils songèrent à choisir un souverain pour le nouveau royaume de Jérusalem.
Mais le clergé, informé du soin qui occupait
les chefs de l'armée, vint porter le trouble
parmi les électeurs : c'était à tort, disait-il, que
l'on songeait à élire un roi ; il fallait d'abord
désigner un évêque , les intérêts spirituels
devant passer avant les soins temporels (*a*).

A peine installé, le patriarche Daimbert
réclama la possession et la garde de la ville
sainte, la ville de Joppé, avec toutes ses dépendances (158). Après avoir hésité quelque
temps, Godefroy abandonna la quatrième partie de Joppé : peu de mois après, en présence
du clergé et du peuple, assemblés pour la
solennité de la fête de Pâques , Godefroy
résigna, entre les mains du patriarche , toute
la ville de Jérusalem, la tour de David et
ses dépendances; à cette condition pourtant,
que le roi conserverait les villes et leur territoire, jusqu'au moment où quelque nouvelle conquête pourrait le dédommager de
cette cession. Si dans l'intervalle, Godefroy

---

(*a*) *Willermus Tyrensis Episcopus , Hist. Hierosoly*. lib. IX, c. 1.

fut mort sans laisser un héritier légitime, le patriarche entrait dès-lors en pleine et entière jouissance (a).

Immédiatement après la mort de Godefroy, le patriarche somma les exécuteurs testamentaires d'accomplir la volonté du feu roi; mais les trouvant mal disposés à son égard, il sollicita l'assistance de Bohémond pour se mettre en possession. « Si le frère » de Godefroy, lui écrivait-il, se refusant » à faire ce que prescrit la justice, persiste à » ne point céder à la raison, je vous conjure, » par l'obéissance que vous devez à saint Pierre, » de l'empêcher par tous les moyens, par la » force même, s'il est nécessaire, d'arriver » à Jérusalem (139).

On voit avec quelle ardeur le patriarche travaillait à se faire souverain de la ville sainte, comme le pape l'était depuis long-temps dans Rome. On ne saurait douter non plus que les patriarches ne s'occupassent encore d'un autre dessein ; ils voulaient placer dans une situation moins dépendante de Rome, le siége de Jérusalem, que tant de souvenirs rendaient presque aussi auguste que le siége de saint

---

(a) *Willermus Tyr.* lib. IX, c, XVI.

Pierre : « Si Rome, disait-on mystiquement,
» est la mère des fidèles, Jérusalem est la
» mère de la foi (140) ».

Juridic-
tion ec-
clésiasti-
qu des
papes.
De leur côté, les papes ne faisant pas
difficulté d'entreprendre sur la juridiction
des évêques , s'immisçaient fréquemment
dans l'exercice des droits attachés à l'épisco-
pat; et sous ce rapport, les Croisades servirent encore efficacement les pontifes. Les ordres mendians, dont nous rapporterons l'o-
rigine, ou du moins la multiplication aux
Croisades, formèrent une légion de théologiens , voués à la défense des prétentions
du Saint Siége. Ces religieux exaltèrent à
un tel point l'autorité pontificale, qu'ils la
rendirent odieuse et aux rois et à toute la
hiérarchie ecclésiastique ( 141 ). Les légats,
que les papes dispersèrent de tous côtés, pour
accélérer les préparatifs de la guerre sainte,
exerçaient en détail la juridiction exercée
en grand par le pape; ils évoquaient à leur
tribunal, ou renvoyaient à Rome, les causes
ecclésiastiques, même en première instance ;
des monastères et des ordres entiers de religieux, furent soustraits à la surveillance pa-
ternelle attribuée à chaque évêque, sur le
troupeau qui lui est confié (142).

Les richesses de l'Église s'accrurent dans
la même progression que la puissance du
pape et celle du patriarche de Jérusalem; mais
gardons-nous d'attribuer cette révolution uniquement à la cupidité et à l'ambition. Quiconque, par une étude approfondie de l'histoire, s'est rendu, pour ainsi dire, contemporain de ces siècles obscurs, saura peser les
circonstances dans lesquelles se trouvèrent
les ecclésiastiques : les préjugés, l'esprit du
temps, empêchaient le clergé de refuser des
dons, qui lui attirèrent ensuite tant de reproches.

La disparition des héritiers mâles, victimes
des guerres saintes, transmit aux ecclésiastiques la propriété entière d'un grand nombre
de fiefs, dont ils n'avaient encore que le domaine direct, ou la propriété séparée de la
jouissance du fonds (143).

L'accroissement de la ferveur religieuse,
et les sacrifices que la crainte arrachait souvent aux pélerins, engagés dans les dangers
d'un long voyage, ou dans les périls de la
guerre, multiplièrent les fondations pieuses (144). Rappelons-nous aussi l'encan général des fiefs et de tous les biens des Croisés. Au
milieu de tant de vendeurs empressés, il se

présentait peu d'acquéreurs, autres que les
églises et les Communautés religieuses, seuls
propriétaires qui n'abandonnaient pas leur
patrie, et qui pouvaient placer des sommes considérables.

Princi-
pautés ec-
clésiasti-
ques.

Voilà l'époque où se formèrent la plupart
des principautés ecclésiastiques; les plus du-
rables de toutes les souverainetés, dit Machiavel, parce que leurs fondemens reposant sur
de vieilles coutumes de religion, il n'importe
guères à leur stabilité de quelle façon le
prince gouverne (a). Des monastères de femmes obtinrent même tous les droits de la souveraineté régalienne; et les abbesses se faisaient précéder par un officier, armé d'une
épée nue (b).

Richesses
particu-
lières aux
papes.

Les papes recueillirent aussi des richesses
considérables; le motif de secourir les chrétiens d'outre-mer, leur permettait de lever
des décimes sur le clergé. Des historiens contemporains, des évêques mêmes, leur adres-
sent avec amertume le reproche de faire servir les Croisades à leur intérêt particulier.

_____

(a) Machiavel, Le Prince, c. XI.
(b) L'abbesse de Remiremont, celle de Lindaw,
et plusieurs autres jouissaient de tous les droits réga-
liens. Helyot, Hist. des ordres monastiques, tom. VI.

Cependant le clergé donna pendant les Dixmes. Croisades une preuve de désintéressement, en abandonnant aux laïques les dixmes appelées *inféodées*. L'origine de ces dixmes, qui a toujours semblé très-obscure, peut s'attribuer avec vraisemblance aux Croisades (145).

Les ordres religieux ont contribué trop Nouveaux ordres religieux. sensiblement aux progrès de la civilisation, pour que nous soyons dispensés d'examiner l'effet des Croisades sur l'origine et sur la multiplication de plusieurs instituts. Nous ne rappellerons pas combien les guerres saintes favorisaient l'accroissement des fondations pieuses : doter un monastère passait alors pour la plus méritoire des œuvres charitables ; action plus agréable à Dieu, selon les théologiens de ce temps, que l'établissement d'un hôpital destiné au soulagement de l'humanité souffrante (146). Aussi de tous côtés s'élevaient des monastères : « dans les vil- » lages, dans les bourgs, dans les villes, » dans les châteaux, au fond même des fo- » rêts, jusque-là repaire des voleurs et des » bêtes féroces (*a*) ».

---

(*a*) *Guibertus Abbas, Monodiarum, sive de vitâ*

Les règles monastiques se réduisent à quatre principales, celles de saint Basile, de saint
Augustin, de saint Benoît et de saint François.

Cette dernière règle fut établie durant les
guerres saintes, et probablement n'aurait pu
être conçue en d'autres temps. Dans la vie errante des Croisés, les chances de la guerre et
les accidens du voyage réduisaient souvent les
pélerins à la fâcheuse nécessité d'implorer la
bienfaisance d'autrui. Au rapport des historiens, on vit plusieurs fois des chevaliers demander l'aumône sur les chemins : la vénération qu'inspiraient d'illustres guerriers, puissans dans leur patrie, et mendiant sur une
terre étrangère, au nom de Jésus – Christ,
dont ils étaient les soldats (147), affranchit la
mendicité de la honte et du mépris, l'ennoblit aux yeux des chrétiens; on s'éloigna
dès-lors de l'ancienne discipline, qui interdisait la mendicité aux moines (148). Suivant
des conjectures qui nous paraissent très-vrai-
semblables, les frères mineurs devraient
leur origine à l'effervescence de la dévotion

_sud_, lib. I, c. xi. Dans le tome XII*. _des Hist._
_de la France_, p. 240.

des Croisades, et au penchant de cette dévotion vers toutes les pratiques que la difficulté ou la singularité de l'exécution fai-
sait sortir de l'ordre commun d'une vie ordinaire., Les disciples de saint François re-
nonçaient à toute propriété, pour se met—
tre avec confiance au nombre de ces oiseaux,
qui ne doivent leur nourriture qu'à la main
bienfaisante du père céleste. Cet abandon
sublime dans la bonté, de la providence,
était sans doute, très-propre à séduire, en ce
siècle., un grand nombre de fidèles qui aspiraient à la perfection ascétique (149). Quelqu'un se présentait ; il pour. être reçu frère
mineur, on lui adressait ces mots de l'Évangile.: « Vendez ce que vous possédez, et dis-
» tribuez-en le prix aux indigens (a) ». Ainsi
dépouillé, le postulant ne pouvait subsister
que d'aumônes, ou pour parler comme saint
François, de la table de Jésus-Christ, de
l'héritage qu'il a daigné acquérir aux pauvres (150). Les frères mineurs se proposaient
de suivre l'exemple des apôtres, auxquels
Jésus-Christ avait ordonné de ne posséder

(a) *Regula Seraphici patris Francisci*, c. II.

ni or, ni argent, ni sac pour voyager, ni chaussure (a).

Les progrès rapides de l'ordre des frères mineurs, prouvent mieux qu'aucun raisonnement, combien la nouvelle règle s'était conformée aux idées, au goût, à l'esprit du temps, en s'écartant des trois anciennes règles qui exigeaient impérieusement le travail des mains, le silence et la retraite. Ces progrès semblent merveilleux, surtout si on veut les comparer à ceux que fit l'ordre des Chartreux, dont la fondation précéda de dix ans les Croisades.

Saint Bruno, dont la vie se prolongea pendant quinze ans, après la fondation de son institut, ne compta point de disciples hors de la chartreuse du Dauphiné, berceau de l'ordre et de la chartreuse de Calabre; plus d'un demi siècle après sa mort, on ne connaissait encore que trois chartreuses, outre le chef-lieu général. Saint François, qui ne survécut guères davantage à l'origine de son ordre, fonda près de quatre-vingts maisons, éparses en tous les royaumes de la chrétienté : dans un chapitre général, ce père

_____

(a) Math. c. x, ℣. 9, 10.

des frères mineurs se vit entouré de cinq mille· de ses 'enfans, députés d'un nombre bien plus considérable resté dans les monastères (a).

La fondation d'un autre ordre religieux dérive des Croisades, de la manière la plus directe. Avant les guerres saintes, trop peu de chrétiens tombaient au pouvoir des Sarrasins et des forbans de l'Afrique, pour que des Communautés se consacrassent par un vœu particulier, à s'occuper spécialement de leur rachat. Durant les Croisades, un grand nombre de chrétiens dans les fers excita la compassion des fidèles, et l'on institua les pères de la rédemption· des captifs, qui, la bourse de la charité à la main, dit M. de Châteaubriand, courent affronter la peste, le martyre et l'esclavage (151).

Ce ne sera peut-être pas encore une conjecture sans fondement, de rapporter à la ferveur de cette même dévotion, singulièrement exaltée par les expéditions saintes, l'établissement de l'institut de Fontevrauld. Robert d'Arbrissellés, un des prédicateurs des Croi-

*Ordre de la Merci.*

*Fontevrauld.*

_____

(a) Voyez *Helyot*, *Hist. des ordres monastiques*, tom. VIII.

sades , se signala par une invention qui
ne s'était pas présentée aux anciens maîtres
de la vie monastique ; il renversa dans ses
statuts, l'ordre commun de la société, en
confiant le gouvernement spirituel et temporel, au sexe que la nature semble avoir destiné à l'obéissance (152).

Dominicains. Inquisition.

Convertir les hérétiques, fut la première
mission des Dominicains, institués durant les
Croisades contre les Albigeois ; cet ordre
s'arma ensuite, en faveur de la foi, du glaive
de l'inquisition, et ses tribunaux, dont les
Croisades secondèrent les rigueurs, s'établirent dans presque toute la chrétienté. L'i-
dée d'une cruelle juridiction , toute séculière
dans les formes qu'elle emploîrait, et dans
les rudes châtimens qu'elle infligerait, s'offrit d'elle - même à un clergé entouré de
soldats dévoués à ses ordres. D'ailleurs on
poursuivait par les armes, des Sarrasins nés
dans un fatal aveuglement ; à plus forte raison pouvait-on, en suivant les préjugés du
temps , user d'une pareille sévérité envers
des chrétiens infidèles. En général, les Croisades donnèrent au zèle religieux une impulsion contraire à la charité, et à la tolé-
rance évangélique. On l'éprouva , dans le
massacre

massacre des Juifs, que saint Bernard eut tant de peine à faire cesser par ses cris d'indignation et de douleur (153).

Des instituts anciens ressentirent aussi l'influence des Croisades : ces expéditions propagèrent leurs établissemens comme ceux des nouveaux ordres. Ainsi les Carmes, dont les prétentions à une antiquité chimérique ont si long-temps égayé les savans; descendirent du mont Carmel pour se répandre en Europe (a). Saint Bernard avait déjà renouvelé, pour ainsi dire, la famille de saint Benoît, et beaucoup de Communautés semblaient replacées sous la conduite de leurs pieux fondateurs. La pauvreté, depuis long-temps bannie des monastères de Bénédictins, y avait reparu dans Clervaux, où souvent les moines se nourrissaient de feuilles de hêtre (b). Les nouveaux ordres donnaient d'aussi généreux exemples : les Prémontrés tiraient leur subsistance du travail d'un seul âne, qui transportait à la ville le bois qu'ils avaient abattu dans les

Anciens ordres.

---

(a) Voyez *Helyot*, tom. I, préface, et p. 317 et suiv.

(b) *Fleury*, *Hist. ecclésiastique*, liv. LXV, n°. 32.

forêts (*a*). Quand on déposa Elie, général des
frères mineurs, la propriété d'un cheval fut
un des reproches qu'on s'attacha surtout à faire
valoir contre ce chef de l'ordre (*b*). Le concours de novices qui s'empressaient d'embrasser la nouvelle règle de saint François,
et la ferveur de leurs premiers essais, ranimèrent dans la plupart des ordres anciens,
un zèle que les années avaient refroidi.

* Utilité
des nou-
veaux or-
dres reli-
gieux, par
rapport à
la civili-
sation.

L'heureux empire qu'exercèrent sur un siècle corrompu, les vertus et les exhortations
des deux ordres mineurs et prêcheurs, n'a pas
échappé aux historiens; ils renouvelèrent, dit
l'abbé d'Ursperg, la jeunesse de l'Eglise (154);
c'est-à-dire, qu'ils réformèrent les mœurs
des ecclésiastiques. Un autre écrivain prétend
que les iniquités des hommes, montées à leur
comble, auraient subitement abrégé la durée
du monde, s'il ne s'était alors formé de nouvelles congrégations monastiques (155). Sans
doute personne ne disputera aux ordres religieux, encore dans la vigueur de leurs pre-

---

(*a*) *Helyot*, *Hist. des ordres monastiques*, tom. II,
p. 159.

(*b*) *Fleury*, *Hist. ecclésiastique*, liv. LXXIX,
n°. 64.

mières années, la pureté des mœurs : ces associations sont des républiques dont la vertu est le principe, mais dont la décadence est souvent d'autant moins tardive qu'elles sont plus parfaites.

Les Communautés religieuses ont eu dans leurs effets sur la civilisation quelque analogie avec les Communes municipales : les Communes se régissaient par une police et des loix particulières, qui plaçaient sur des bases solides l'ordre et la paix ; les Communautés religieuses, soumises à des réglemens austères, pratiquaient dans toute sa pureté une morale divine, qu'on aurait pû croire trop sublime pour que les hommes dussent s'astreindre à suivre tous ses préceptes. La première de ces institutions concourait directement à perfectionner la civilisation, l'autre à revêtir d'une innocence parfaite la vie privée de l'homme. Toutes deux, par des voies différentes, tendaient au bonheur de la société, à sa pacification, et à fonder la prospérité publique sur le sacrifice de l'intérêt particulier.

La vie errante des frères mineurs et prêcheurs fut d'abord toute consacrée au bonheur des peuples ; ces religieux portèrent de

tous côtés la parole de Dieu avec un zèle dé-
sintéressé, et leurs exemples gravaient leurs
préceptes dans les cœurs; ils pénétraient dans
les lieux que désolaient les guerres privées,
combattaient au nom de la religion la haine
et la vengeance, désarmaient les ennemis;
ils adoucirent les mœurs, les épurèrent, dis-
sipèrent en partie les ténèbres de la superstition; ils suppléèrent les curés, quelquefois
dépourvus de science et de vertu; ils employèrent enfin leur zèle et leur crédit à donner aux villages et aux hameaux les plus
pauvres, un temple et un pasteur; service
important, à ne le considérer même que sous
le rapport des progrès de la civilisation. Les
paroisses sont la seule école du pauvre; en
vain l'on invoquerait, contre la corruption
du siècle le secours des philosophes du
Portique et du Lycée; leurs subtiles prédica-
tions sont réservées aux hommes capables
d'admirer ou d'enrichir les sages; les chau-
mières n'ont guères entendu leurs voix.

Pendant qu'un grand nombre de solitaires
se sanctifiaient dans les cloîtres, ou répan-
daient de tous côtés l'amour de la religion et
l'esprit de paix, de pieux guerriers voulurent
assurer tout à la fois aux chrétiens les soins

assîdus d'une active charité, et la puissante
protection de léurs armes; la noùvelle for-·
me que prit la chevalerie militaire prépara
l'institution de ces moines guerriers et hospitaliers.

Jusqu'alors la chevalerie, *cette Fontaine de*
*Courtoisie*, comme s'exprimaient nós ancêtres ; se réduisait à une simple cérémonie,
dans laquelle les jeunes gens recevaient lès
premières armes qui devaient seconder leur
valeur; telle fut la chevalerie du temps de
Charlemagne, quoique des récits romanes-
ques environnent de fables sa naissance (a).
Mais, au onzième siècle, la chevalerie devint
une dignité qui donnait le premier rang militaire; dignité que les plus puissans monarques se montraient jaloux d'ajouter à l'éclat
de leur rang (156). Le héros chrétien, résolu
d'aller combattre au delà des mers les redoutables Sarrasins (157), ne pouvait se passer
d'une sorte de consécration religieuse ; dès-
lors les cérémonies chevaleresques prirent des
rapports sensibles avec l'administration de
quelques sacremens; l'habillement blanc et

Chevale-
rie mili-
taire.

_____

(a) *De Sainte Palaye*, *second mémoire sur la Che-*
*valerie*.

le bain répondaient au baptème; l'accolade et
le soufflet à la confirmation ; l'action de faire
un chevalier parut une sorte d'ordination , et
le caractère auguste qu'elle conférait un sa-
cerdoce militaire ( *a* ).

La chevalerie militaire, dont il n'entre pas
dans notre sujet de faire ressortir les bienfaits tant de fois célébrés , ne fut donc vé-
ritablement constituée dans sa perfection ,
qu'à l'époque des Croisades, où elle enleva
même l'admiration des Sarrasins (158) ; et il
en parut une nouvelle espèce , plus pure et
plus désintéressée. Le vœu du célibat éteignit
l'enthousiasme d'un amour profane , qui n'excitait dans les anciens chevaliers qu'une émulation souvent peu durable. La charité chrétienne réclama toutes les affections des chevaliers , et leur commanda un dévouement
perpétuel à la défense des pélerins , et au respectable emploi de soigner les malades.

Chevale-
rie reli-
gieuse.      Saint Bernard a félicité son siècle d'avoir vu
se former dans l'Orient cette nouvelle milice,
jusqu'alors inconnue (159) ; « milice admira-
» ble , dit ce saint, qui combat à la fois contre

(*a*) De *Sainte Palaye, second mémoire sur la Chevalerie.*

'et
re
et
ia-

ias
n-
ié-
n,
va
il
et
nit
ex-
iu-
ré-
he-
ent
es-

vu
ce,
ra-
tre

he-

» la chair , le sang, et contre les démons ,
» nos ennemis spirituels ; milice inaccessi-
» ble de toutes parts à la crainte, puisqu'elle
» est en même temps couverte de fer et de
» la cuirasse de la foi (160) ». Jérusalem fut
le berceau de ces ordres, que plusieurs autres
associations prirent ensuite pour modèles.
Les chevaliers de saint Jean se consacrèrent
d'abord uniquement au soin des malades ;
les Templiers se chargèrent d'exterminer les
brigands qui dépouillaient et massacraient les
pélerins. Aux Teutoniques furent imposées
et les obligations des Templiers et celles des
Hospitaliers : servant les infirmes, ils portaient aussi les armes contre les infidèles (a).

Il suffit de jeter les yeux sur l'histoire, à
l'époque de l'institution des ordres religieux
militaires , pour reconnaître les importans
services qu'ils rendirent à la société. Les Hospitaliers de saint Jean , retirés d'abord à Rhodes, d'où trois cent mille Turcs les chassèrent
avec peine ; retranchés ensuite dans l'île de
Malte , protégèrent le commerce et la navigation renaissante. Pendant plus d'un siècle

(a) *Jacobus de Vitriaco*, *Hist. orientalis*, lib. I,
c. LXIV, LXV, LXVI.

ils furent l'unique boulevard qui empêcha les Turcs de se précipiter sur l'Italie (*a*).

Chacun de ces vaillans guerriers jurait, en prenant l'habit de l'ordre, de ne pas fuir seul devant trois infidèles, mais de leur résister avec vigueur (*b*). Empruntons la plume d'un historien qui applique à leur valeur ces mots de l'Écriture. « Un seul d'entre eux mettait en » fuite mille ennemis de Dieu, et deux en » poursuivaient dix mille (*c*). Les appelait- » on aux armes, continue le même écrivain, » ils ne s'informaient pas du nombre des en- » nemis, mais où ils étaient; lions furieux » dans les combats, agneaux pleins de dou- » ceur dans leur maison; guerriers ardens » dans les expéditions militaires, moines » humbles et soumis dans les temples; fléau » des ennemis du Christ, et serviteurs de » tous les chrétiens (161) ».

L'utilité de ces chevaliers se trouvant trop

---

(*a*) *De Chateaubriand*, *Génie du christianisme*, IV<sup>e</sup>. part., liv. VI.

(*b*) *Helyot*, *Hist. des ordres monastiques*, tom. VI, p. 21.

(*c*) *Deut.* c. xxxii, ɣ. 30. — *Voyez Jacques de Vitry*, *Hist. orientalis*, lib. I, c. lxv.

circonscrite dans la Palestine , les Teutoniques furent appelés en Prusse pour mettre
un terme aux ravages des idolâtres , qui dévastaient toutes les contrées voisines (162).

Un autre ennemi était encore peut - être
plus dangereux que les Turcs et les Prussiens : les Maures ont été plusieurs fois sur le
point d'asservir la chrétienté; et quoique ce
peuple paraisse avoir eu dans ses mœurs plus
d'élégance que les autres barbares , il avait
toutefois dans sa religion , qui admettait la
polygamie et l'esclavage, dans son tempé-
rament despotique et jaloux, un obstacle in-
vincible aux lumières et au bonheur de l'humanité (a). Les chevaliers de Calatrava, d'Al-
cantara, de saint Jacques, institués à l'imita-
tion des ordres de Jérusalem , contribùèrent
à chasser ces redoutables musulmans hors de
l'Espagne.et du Portugal.

Les ordres militaires de l'Espagne , en com-
battant les infidèles, ont donc , ainsi que l'ordre Teutonique et celui de Saint Jean , pré-
venu de très-grands malheurs. Les chevaliers
chrétiens remplacèrent en Europe les troupes

---

(a) De Chateaubriand, Génie du christianisme ,
IVᵉ. part., liv. V.

soldées, et furent une espèce de milice ré-
gulière qui se transportait où le danger était
le plus pressant. Les rois et les barons obligés
de licencier leurs vassaux au bout de quelques mois de service, avaient été souvent
surpris par les barbares. Ce que l'expérience
et le génie des temps n'avaient pu faire, la
religion l'exécuta : elle associa des hommes
qui jurèrent, au nom de Dieu, de verser leur
sang pour la patrie. Les chemins devinrent
libres; les provinces furent purgées des brigands qui les infestaient, et les ennemis
du dehors trouvèrent une digue à leurs ravages (a).

Armoi-     Comment parler des chevaliers, sans se rap-
ries.    peler les armoiries si précieuses à leurs yeux ?
Depuis que les Croisades avaient rassemblé
des armées innombrables, composées de soldats de toutes les nations, on ne pouvait plus
reconnaître des guerriers, dont la personne
et le cheval même étaient cachés sous des
armures de fer; souvent la bravoure et l'il-

---

(a) *Génie du christianisme*, IV°. part., liv. V.
— Voyez dans cet ouvrage ce que dit M. de Chateaubriand, sur l'utilité des ordres religieux militaires.

lustration se trouvaient méconnues dans la
foule. Alors on imagina d'appliquer sur les
écus des images d'animaux, des pièces d'armure, des bandes de métal diversement co-
loriées; marques adoptées: d'abord avec assez
d'indifférence, et devenues plus importantes
à mesure qu'elles s'identifièrent avec la personne dont elles étaient le signe distinctif.
Dans la suite des temps, la gloire qui envi-
ronna l'antiquité de ces armoiries, et quelquefois l'arrogance de ceux qui en avaient
hérité, les rendirent odieuses Mais vainement
l'envie s'attache à flétrir d'honorables décora-
tions : ensevelirait-elle dans l'oubli les sublimes actions de courage et de vertu, dont ces
signes furent souvent et la cause et le prix ?
C'était en fixant les yeux sur les pièces de leur
écu, ou lorsque l'air retentissait de leur cri
de guerre, que Bayard, Duguesclin, et tant
d'autres chevaliers se sentaient animés de cette
ardeur magnanime, dont les efforts nous rap-
pellent les exploits des temps héroïques.

A l'aide des armoiries, les noms des per- Noms de
sonnes devinrent noms de famille, perpétués famille.
par succession. Après la patrie, le nom que
l'on porta se trouva le plus cher objet de l'af-
fection d'une grande ame, dont il exalta

toutes les facultés. Quand par fois l'abjection de la pauvreté vint contraster avec la noblesse de ce nom, quel plus pressant aiguillon pour un cœur généreux ! « *Il a fallu*, disait un » de nos plus fameux guerriers, *que je fisse* » *cognoistre le nom de Montluc, qu'est nostre* » *maison, avec autant de périls et hazards* » *de ma vie, que soldat ny capitaine aye ja-* » *mais faict* » (a). D'où tiriez-vous, intrépide Montluc, le sentiment d'une si impérieuse nécessité? de l'attachement pour ce nom de votre maison, que vous aviez reçu d'une suite d'ancêtres.

_____

(a) *Commentaires de messire Blaise de Montluc*, liv. I.

# SECTION SECONDE.

## COMMERCE.

On aperçoit plus clairement l'influence des Croisades sur le commerce, que les autres résultats de ces expéditions. Les écrivains qui ont blâmé hautement les pélerinages guerriers, et atténué les avantages qui en ont été le fruit, ont rarement nié que leurs suites furent très-favorables à la prospérité du commerce (a).

Avant la découverte du Cap de Bonne-Espérance, les marchandises de l'Asie pénétraient en Europe par deux routes presque parallèles : ces routes aboutissaient à deux étapes ou placés d'entrepôt, les ports de la mer Noire d'un côté, et de l'autre les ports de l'Egypte.

Commerce de l'Europe avec l'Asie, à l'époque des Croisades.

---

(a) Dans l'*Histoire générale des voyages,* ( tom. I, introduction, p. 27 ), on avance cependant que les Croisades ont été nuisibles au commerce ; mais on n'essaye pas de discuter cette assertion.

Les productions de la partie septentrionale de l'Asie se chargeaient sur la mer Caspienne, entraient ensuite dans le Volga, qu'elles remontaient jusqu'au point le plus voisin du Tanaïs ; on les conduisait par terre jusqu'à ce dernier fleuve, sur lequel elles descendaient dans la mer Noire. A Trébisonde, à Constantinople, ou dans les autres ports situés sur la côte méridionale, les marchandises étaient exposées en vente aux négocians de l'Europe.

La seconde étape était fixée dans les villes d'Egypte, au Caire, à Rosette, à Damiette, à Alexandrie. Les objets de trafic que fournissait le midi de l'Asie, embarqués d'abord sur les côtes des Indes et de la Perse, se débarquaient à Suez ou dans quelque autre port de la mer Rouge. Un canal, monument de la sage magnificence des premiers rois d'Egypte, coulait du bras le plus oriental du Nil dans la mer Rouge; mais ce canal, dont la navigation était souvent obstruée, quoique plusieurs fois rétablie par les maîtres de l'Egypte, n'offrit jamais une route permanente. Communément on faisait franchir cet espace aux marchandises des Indes, en les transportant, à dos de chameaux, des ports de la mer Rouge sur les rives du Nil. Ce fleuve les distribuait enfin dans les villes peu distantes de ses bouches.

La situation des deux étapes indique assez quelles nations recueillaient alors tout le profit du commerce des Indes. Les Grecs et les Arabes allaient acheter eux-mêmes une grande quantité de productions asiatiques, sur les lieux où elles naissaient. Ces deux peuples tiraient ensuite des sommes immenses du débit des marchandises dans les villes de la mer Noire, de l'Archipel, de l'Egypte, de la Méditerranée.

Lorsque les villes commerçantes de l'Egypte tombèrent, pour quelques momens, entre les mains des Croisés; lorsque Constantinople subit le même sort, le commerce qui enrichissait ces places passa presque entièrement aux Occidentaux. La navigation de la Méditerranée, jusqu'alors partagée entre les Grecs et les Arabes, fut insensiblement abandonnée aux Francs. Voilà l'effet principal des Croisades sur le commerce de l'Europe. Remarquons cependant qu'avant ces expéditions, les Francs ou les Latins, comme les appelaient les Grecs, trafiquèrent dans l'Orient, mais seulement comme marchands en second (163).

*Effet général des Croisades sur le commerce.*

Les guerres d'outre - mer donnèrent une autre face à ce négoce. Curieux de pénétrer nous - mêmes dans les régions de l'Orient, instruits des avantages prodigieux qui pouvaient être le fruit de ces voyages, plus expérimentés dans la marine, lassés d'enrichir à nos dépens nos ennemis, nous osâmes chercher nous - mêmes la route des Indes. Les Croisades frayèrent le chemin aux grandes découvertes géographiques qui changèrent entièrement la direction du commerce (a).

Importance du commerce avec l'Asie. Le commerce de l'Orient embrassait alors bien plus de marchandises diverses, qu'il n'en peut embrasser aujourd'hui : le sucre et plusieurs autres objets recherchés par le luxe, ou employés par la médecine, qui n'arrivent plus que du nouveau Monde, s'envoyaient de l'Egypte ou des Indes. Les Européens ne cherchaient encore qu'en Asie les pierreries de couleur, et surtout les émeraudes, dont le prix égalait celui des diamans, avant que nous eussions découvert les mines fécondes que recèlent les montagnes de l'Amérique. Les perles, qui se pêchent en grande quantité sur les rochers de la Californie, se re-

(a) *De Guignes, dans les Mémoires de l'Académie des inscriptions*, tome XXXVII, p. 468.

cueillaient

cueillaient alors seulement sur les côtès'des mers orientales.

Les Croisadès firent prendre aux peuples de l'Europe: le goût des délicatesses et des ornemens asiatiques, que plusieurs d'entre eux n'avaient jamais connus; la vanité et la mollesse leur rendirent nécessaires les pierres précieuses, la soie, les parfums, et toutes les productions, moins utiles qu'agréables, que la nature a semées avec profusion dans l'Orient. Accoutumés, par la fréquentation des Orientaux, à la brûlante saveur des épices, bientôt ils ne surent plus s'en passer : on ne prépara aucun mets recherché sans prodiguer les épices; les vins même en furent parfumés. Les romanciers du temps des Croisades célèbrent presque à chaque page de leurs récits, la cannelle; la muscade, le gérofle et le gingembre. Ces écrivains vantent-ils quelque odeur exquise, c'est aux épices qu'ils la comparent. Leur féconde imagination construit-elle un superbe palais, séjour magique des fées les plus puissantes, ils l'environnent d'une forêt odorante, plantée de tous les arbres qui produisent les aromates (a).

_____

(1) Voyez Le Grand d'Aussy, Hist. de la vie privée des Français, tom. II, p. 162.

8

Commer-
ce des vil-
les d'Ita-
lie.
Quelques villes d'Italie, principalement les républiques de Venise, de Gênes, de Pise, retirèrent presque entièrement et le bénéfice d'un commerce qui embrassait tant d'objets recherchés, et les autres avantages de la navigation, abandonnée aux Francs par les Grecs et les Arabes.

Venise, qui nourrit au milieu des eaux un nombre prodigieux d'habitans (a), semble, par sa situation naturelle, ne devoir être peuplée que de commerçans et de navigateurs. Les Croisades facilitèrent à cette cité orgueilleuse l'accomplissement de sa brillante destinée, de faire trembler l'Orient par ses flottes, d'enrichir l'Occident par son industrie, et d'y faire respecter long-temps ses forces militaires (164). Gênes, moins heureusement située et moins riche que Venise, fut cependant assez puissante pour exciter la jalousie de cette république. Pise se déclara trop tôt la rivale de Gênes, et la ruine de son port fut l'ouvrage de l'implacable haine des Génois. Florence, sans cesse en proie aux discordes

(a) « Homines Veneti nutriti sunt in aqua ». Sanutus, Secreta fidelium crucis, lib. II, part. II, c. II.

civiles, recueillit cependant, par le commerce, de grandes richesses, qu'elle consacra généreusement au, progrès des beaux-arts.

Les Croisades enrichirent ces villes célèbres, en leur présentant l'occasion non-seulement d'étendre leur commerce, mais, aussi de porter à des prix exorbitans le frèt de leurs navires (a). Les fatigues et les dangers que l'on avait éprouvés dans la route de terre, la rendirent moins fréquentée après les premières expéditions : la foule des pélerins afflua dans les ports, et plusieurs républiques d'Italie recueillirent, en transportant des hommes, des richesses, comparables, pour ce temps, aux trésors que répandit depuis, dans les villes les plus florissantes, le commerce des marchandises du nouveau Monde.

Des établissemens lointains donnèrent à l'opulence de l'Italie des fondemens plus solides. Sans cesse stimulées par leur intérêt, plusieurs villes, dont l'industrie croissait avec les succès, fondèrent des colonies marchandes en Egypte, en Afrique, dans tout le royaume de Jérusalem, à Tyr, où les Pisans composèrent une fameuse association commerciale;

Etablissemens des Italiens en Orient.

(a) *Muratori, Antiquitates Italicæ, dissertat. XXX.*

à Antioche , dans Acre , place d'armes des
chrétiens; en d'autres lieux encore , que les
Croisades leur ouvrirent (a); de sorte que ,
dans la suite, la principale cause de la ruine
de Venise et des plus puissantes villes d'Italie
ne fut pas uniquement la découverte du Cap
de Bonne-Espérance, mais encore les conquêtes qui rendirent Sélim Ier. maitre de l'E-
gypte.

Avant les expéditions saintes , plusieurs
villes d'Italie possédaient déjà des comptoirs
de commerce dans l'empire grec; mais Constantinople étant tombée entre les mains des
Latins , le génie actif des Italiens ne fut plus
gêné par la politique défiante des empereurs
d'Orient. Les Génois fondèrent la colonie de
Caffa , qui devint très-florissante ; les Vénitiens , les Pisans multiplièrent leurs factore-
ries en différens endroits. Les Vénitiens, qui
avaient toujours en vue la prospérité de leur
commerce , demandèrent les îles de l'Archipel, dans le partage qu'ils firent avec les Français des provinces conquises sur l'empire de
Constantinople; mais , au moment de prendre
possession du lot adjugé à la république, ils

_____

(a) *Muratori, Antiquitates Italicæ, disserlat. XXX.*

craignirent de s'affaiblir en occupant des pays
éloignés et disséminés : cependant, ne pouvant se résoudre à laisser échapper des contrées maritimes si favorables au négoce, le
sénat invita, par une proclamation, tous les
riches citoyens à s'emparer de ces îles, pro-
mettant d'abandonner en fief celles que l'on
parviendrait à soumettre (a). Ainsi, les descendans de ces Grecs, autrefois si jaloux de
leur indépendance politique, virent, pour
ainsi dire, leur liberté mise à l'encan sur les
places publiques de Venise (b).

En conséquence de cette proclamation,
Marc Dandolo et Jacques Viari, se saisirent
de la ville de Gallipoli, située sur l'Helles-
pont. Marc Sanudo s'empara des îles de Naxos
ou Nixia, de Paros, Milo; Hérinea; et il composa de ces îles un petit état que ses successeurs conservèrent long-temps, avec le titre
de ducs de Nixia, sous la protection de la
république de Venise. Marin Dandolo occupa

---

(a) *Laugier*, *Hist. de Venise*, liv. VII.

(b) Quoique de tous les Grecs, les insulaires fussent les moins jaloux de leur indépendance, cependant
ils l'étaient beaucoup, en comparaison des autres
nations.

l'ile d'Andros; Jérôme et André Chisi celles
de Théonon, Micone et Sciro; Pierre Zusti-
gnan et Dominic Michiel, celle de Céa; et
Philocole Navagier, celle de Lemnos, nommée aujourd'hui Stalimène, dont il se fit appeler Grand Duc; d'autres seigneurs vénitiens
ne furent pas moins bien pourvus (a).

Tous les établissemens commerciaux que
les Italiens fondèrent en terre ferme, durant
le règne trop court des empereurs latins,
jetèrent de si profondes racines, qu'après la
chute de la domination française, les Grecs
ne surent ou n'osèrent les détruire : quoique
Michel Paléologue pût voir avec inquiétude,
ces étrangers remplir sa capitale, nouvellement rentrée sous son obéissance, il leur
confirma cependant le privilége d'être gou-
vernés selon leurs loix, par un magistrat envoyé de leur patrie. Ce prince n'étant pourtant pas sans défiance, crut prudent de trans-
férer d'abord les Génois à Héraclée, et ensuite
à Galata, vis-à-vis de Péra. Les Vénitiens et
les Pisans ne se trouvant pas aussi nombreux,

_____

(a) Du Cange, Hist. de Constantinople, sous les
empereurs français, liv. II, n°. 6. — Laugier, Hist.
de Venise, liv. VII.

l'empereur •leur permit d'habiter l'intérieur de ·la ville·, dans,un quartier·séparé ; mais il· fit démolir deux ·citadelles· dont·ils auraient pu se saisir·(a).

ϗ Les ·Français·profitèrent·aussi· des·Croisa-des pour former· des·établissemens ·en·Orient :· Marseille·fut favorisée·successivement de·plu-sieurs privilèges·par les ·rois· de··Jérusalem·; qui leur accordèrent; en· différentes·villes,·une· juridiction ·nationale·(b).·Les· seigneurs ·fran-çais·songèrent,aussi·à employer·leur vaillance· de·la manière·la·plus utile·à· eux—mêmes·et· à·leur·postérité;· ils· s'associèrent, pour· faire· des· conquètes·, qu'ils se·partagèrent ensuite : ainsi· Geoffroy· de·Villehardoüin unit· ses for-ces·à·Guillaume·de·Champlite.·Ces· nobles· aventuriers ·prirent ·Coron·, que ·Champlitet abandonna à Villehardoüin, sous la·condition· de ·lui ·rendre··l'hommage ·féodal.·Ils s'empa-rèrent ensuite de presque toute·la·Morée, dont· Guillaume·de· Champlite· se· qualifia··prince.

Etablis-semens des Fran-çais en Orient.

(a) *Pachymère*, *Hist. de Michel et Andronic* , liv. II, c. XXXII, XXXV. — *Du Cange*, *Hist. de Constantinople* , liv. V, n°. 31.

(b) *De Guignes*, dans·les *Mémoires de·l'Acadé-mie des inscriptions* , tom. XXXVII.

Villehardouin avait déjà tenté une semblable entreprise avec un seigneur grec, dont le fils l'empêcha, par une perfidie, de recueillir le fruit de ses travaux. L'empereur Baudouin donna le duché de Nicée, en Bithynie, à Louis, comte de Blois, et à Renier de Trit, gentilhomme du Haynault, celui de Philippopoli, en Thrace. On vit alors des ducs latins d'Athènes qui prirent le titre de *Grands Sires de Thèbes*, et le premier fut un Bourguignon, nommé Othon de la Roche (*a*). Ces établissemens, quoiqu'ils n'eussent pour objet direct que de satisfaire l'ambition de quelques particuliers, contribuèrent nécessairement à étendre et à multiplier les relations du commerce; ils auraient pu devenir même encore, plus utiles : si ce partage de la Grèce, entre les héros des Croisades, avait été plus stable, la Grèce aurait sans doute repoussé les Turcs, dont bientôt après elle devint la proie.

L'île de Chypre, soustraite à la domination des empereurs d'Orient, par la bouillante valeur du roi Richard, fut unie momenta-

____

(*a*) *Villehardouin*, *Hist. de la conquête de Constantinople*, n°. 173. — *Du Cange*, *Hist. des Empereurs français de Constantinople*, liv. I, n°. 25, 32.

nément à la couronne d'Angleterre. Gui de
Lusignan l'obtint ensuite, en échange de ses
droits au trône de Jérusalem. Les Vénitiens
la possédèrent aussi pendant plus de quatre-
vingts ans. Dans les mains des Latins, cette
île devint un célèbre entrepôt de commerce,
et des ruines d'édifices considérables nous attestent encore l'opulence et la magnificence
de ses négocians (165).

Ce que nous avons exposé montre assez que
par suite des Croisades, fatales aux Grecs et
aux Arabes, tout le trafic entre l'Occident et
l'Orient dut passer presque exclusivement par
les mains des Italiens, connus alors sous le
nom de Lombards ; commerçans actifs et
intelligens ; usuriers impitoyables, qui laissèrent, comme un monument de leur industrie ; leur nom aux rues marchandes de plusieurs grandes villes : ces lieux, où des prêts
sur gage fournissent plus souvent de passa-
gères ressources à la prodigalité, que des secours utiles à la misère, attestent aussi leur
insatiable avidité (*a*). Ils imaginèrent, au
douzième siècle, de créer en plusieurs villes

Le com-
merce de
l'Europe
avec l'O-
rient, en-
tre les
mains des
Lom-
bards.

(*a*) Voyez *Robertson*, *Introduction à l'Hist. de
Charles-Quint*, section première.

des *Consuls des marchands*, pour juger les différends des négocians, et pour conclure des traités avec les étrangers (*a*); première séparation de la jurisprudence commerciale et du droit commun. On nous pardonnera, sans doute, de ne pas nous être livrés à la fastidieuse énumération·des divers établissemens commerciaux des Italiens en Grèce et en Asie : il nous aura suffi de faire remarquer·le mouvement, imprimé par les Croisades au commerce en.général. · · ··

Hanse teutonique. L'état florissant auquel le commerce de l'Orient éleva, au midi de l'Europe, Venise, Gênes et Pise, fut presque égalé dans le nord,. par celui des villes hanséatiques. Les objets nécessaires à la marine, toutes les productions des pays froids, offraient à la Hanse teutonique des profits énormes et assurés : les Lombards,, colportant de tous' côtés dans l'Allemagne, peu riche en argent, les denrées du midi et de l'orient, on se livra enfin à l'échange des marchandises contre des marchandises. L'association hanséatique prit naissance vraisemblablement vers le commencement du treizième siècle (166), et l'on doit penser que l'ac-

(*a*) *Muratori, Antiquitates Italicæ, dissertat. XXX.*

tivité du commerce, accrue par les Croisades,
favorisa la réunion de cette puissante confédération qui ne respirait que l'amour du gain,
et qui voulait attirer toutes les richesses du
midi par les marchandises du nord (167).

Une preuve différente de celles que nous
avons alléguées, atteste iencore les grands
progrès du commerce ; examinez le traité du
Florentin Balducci : cet écrit est un monument
curieux de l'état du négoce dans le moyen
âge. Balducci, agent de la compagnie des
Bardi , de Florence, entreprit en cette qualité
des voyages par toute l'Europe ; il nous a
laissé de longs détails sur les mesures et les
monnaies des différentes nations, sur les marchandises qu'on leur porte avec avantage, sur
celles qu'on doit accepter en retour, sur les
foires et les marchés les plus célèbres (168).

Les essais du Vénitien Sanut, pour rallu-
mer le zèle des Croisades , lui donnèrent
l'occasion de déployer aussi des idées fort
justes sur le commerce, dont il veut détour-
ner le cours , afin d'affaiblir le soudan d'É-
gypte ; il propose un système de prohibition
commerciale , semblable à celui que la France
met en usage de nos jours, pour abaisser la
puissance et l'orgueil de l'Angleterre : Sanut

Ecrits sur
le com-
merce.

exige, non-seulement que l'on n'achète aucune
marchandise en Égypte ; mais il veut défendre d'acquérir, de quelque nation que ce
soit, rien qui puisse être présumé originaire
de l'empire du soudan (a). Les marchandises devaient alors abandonner leur direction
ordinaire vers les ports de l'Egypte, et arriver uniquement par la Tartarie (b). Le
même écrivain indique la possibilité de multiplier davantage les vers à soie en Chypre,
dans la Sicile, dans la Pouille, la Crète, la
Romanie. Il propose de cultiver les cannes à
sucre en Sicile (c); projet exécuté plus tard,
puisque les cannes à sucre passèrent de Sicile dans le royaume de Grenade, de là dans
l'ile de Madère, d'où on les transplanta au
Bresil, et enfin dans le reste de l'Amérique.
Tous ces desseins, inspirés par le désir de re-
nouveler les Croisades, naissent en quelque
façon des expéditions précédentes, qui ou-
vrireut aux Francs le chemin des Indes, et
les accoutumèrent à porter dans les spéculations du commerce des vues plus étendues.

(a) *Sanutus Secreta fidelium crucis,, etc.* lib. I,
part. IV, c. 3, 4, 5, 6.
(b) *Ibid.* lib. I, part. I, c. 1.
(c) *Ibid.* lib. I, part. I, c. 2.

En animant le commerce d'une nouvelle activité, les Croisades perfectionnèrent nécessairement l'art de la navigation. Remarquons d'abord ; que la mer paraissait moins redoutable quand on l'affrontait pour remplir un devoir religieux ; insensiblement ce terrible élément ne fut plus détesté, comme l'inévitable tombeau de tous les humains qui lui confiaient leur vie et leur fortune : aussi, les vaisseaux cessaient d'être guidés par l'instinct aveugle ou l'expérience insuffisante des pilotes. La boussole, dont il est si difficile de constater la première origine, devint d'un usage commun sur les navires qui fréquentaient la Méditerranée, et peut-être cet instrument ne fut-il inventé qu'à l'époque de la première Croisade ( 169 ). On admira l'heureuse et téméraire industrie des Italiens, qui éludaient les caprices et la fureur des flots. Ces navigateurs eux-mêmes se perfectionnèrent encore en transportant sans cesse les pélerins ; on ne crut plus impossible de faire voile pendant l'hiver (170). Venise surpassa toutes les nations par l'éclat de sa gloire maritime ; elle mérita qu'un pape de ce temps, jaloux de témoigner sa reconnaissance envers ses défenseurs, présentât solennellement au

doge cet anneau nuptial, qui fut pendant plusieurs siècles un emblème singulier de la
puissance navale de la république (171).

D'autres flottes que celles des Italiens vo-
guaient aussi vers la Terre sainte : on vit
dans les mers du Midi plusieurs vaisseaux
chargés de ces pirates et de ces aventuriers,
qui sortaient tous les ans, en si grand nombre,
des contrées du Nord ; les Flamands, les
Hollandais, les Suédois, les Danois portèrent quelquefois aux chrétiens d'Orient des
secours considérables ; des Norvégiens aidè-
rent le roi Baudouin à reprendre Sidon (172);
des Flamands enlevèrent Lisbonne aux Sarrasins (173). Ces peuples septentrionaux mon-
taient des bâtimens pontés et massifs, tandis
que les navires en usage sur la Méditerranée
étaient très-légers et d'une forme plus aplatie;
différence de structure, que sans doute on n'a-
perçut pas sans en comparer les avantages et
les inconvéniens réciproques.

Nous datons des Croisades l'établissement
d'une marine française. Philippe Auguste, à
son retour de la Terre sainte, forma une
flotte nationale ; antérieurement les flottes
françaises ne se composaient que de bâtimens
étrangers loués pour un certain temps (174).

La charge d'amiral, dont l'idée et le nom furent empruntés des Grecs ou des Arabes,
devint vers la seconde Croisade un emploi
perpétuel ; auparavant on ne le conférait
qu'au commencement d'une guerre, avec
laquelle son autorité finissait (a).

Bientôt les côtes de l'Océan et de la Méditerranée se couvrirent de vaisseaux, dirigés
par des marins prudens et intrépides ; enfin
l'on abandonna ce roulage de marchandises,
depuis Anvers jusqu'à Gênes, transport dispendieux, lent et difficile (175).

L'architecture navale mit à profit jusqu'à
certains abus ; que les Croisades introdui-si-
rent momentanément dans cet art : on avait
construit à la hâte, pour embarquer les pélerins, des navires d'une capacité démesurée, dépourvus de solidité, et sans proportion entre toutes leurs parties : les marins
qui désiraient rendre leurs voyages plus lucratifs, et les passagers attachés souvent à
voyager de compagnie, firent adopter ces
bâtimens irréguliers. Cependant cet écart des
principes de la construction des vaisseaux,

Architec-
ture na-
vale.

_____

(a). *Morisotus*, *Orbis maritimi Historia*. lib. II,
c. VII, VIII.

qui causa la perte de plusieurs flottes nombreuses, amena une heureuse innovation dans
l'architecture navale : l'expérience apprit qu'un
seul mât n'était pas suffisant dans un bâtiment
d'une grandeur démesurée, et l'on peut
rapporter à ce temps, l'usage de dresser plusieurs mâts dans un même navire; pratique
dont l'ancienneté est bien prouvée, quoique
l'origine en soit incertaine (*a*).

L'augmentation du nombre des voiles devait être une suite nécessaire de ce nouvel
usage ; les navires ne se trouvèrent plus ar-
rêtés au milieu de leur course, par l'absence
d'un vent directement favorable : en dispo-
sant ses voiles avec art, le navigateur intel-
ligent avança presque toujours vers le but de
son voyage. Cette manière de naviguer vers
un point, avec un vent presque contraire,
doit certainement être comptée entre les plus
ingénieuses et les plus importantes découvertes (176).

Jurispru-
dence ma-
ritime.

Qu'on remonte jusqu'aux sources du droit
maritime de l'Europe, et l'on découvrira des
traces non douteuses de l'influence des Croi-

***

(*a*) De *Boismeslé*, *de l'Architecture navale*, ancienne et moderne. Part. II, p. 242.

sades

sades sur cette branche de la législation ; les tables d'Amalphi , les usages nautiques des Vénitiens , des Génois , des Pisans , des Aragonois (177) et des Catalans , furent la base de la jurisprudence navale des modernes , comme les loix de Rhodes le furent chez les anciens.

Le trafic des Amalphitains avec l'Orient florissait long-temps avant les Croisades (a) , et ce peuple , non moins sage qu'industrieux , avait consigné sa jurisprudence maritime, en des tables ou recueil de loix ; mais les Croisades ayant couvert de vaisseaux la Méditerranée , on sentit la nécessité de recourir à des loix plus complètes ; on compila pour lors ces antiques tables d'Amalphi , avec les coutumes incertaines , introduites par les nouvelles navigations. Telle fut l'origine du *Consulat de la mer* , code adopté par tous les peuples navigateurs de l'Italie , approuvé par un comte de Toulouse et par saint Louis , roi de France ; ces deux princes croisés en prirent connaissance en Italie , et le rapportèrent dans leurs états (*b*).

_____

(*a*) *Willermus Tyr.* lib. XVIII , c. IV , V. — *Jacobus de Vitriaco, Hist. orientalis,* lib. I , c. LXIV.

(*b*) Voyez *Giannone , Hist. civile du royaume de Naples ,* liv. XI , c. VI.

Le Consulat de la mer n'est pas l'unique
compilation des loix maritimes, qui fut alors
rédigée. La reine Éléonore de Guienne, à
son retour de la Terre sainte, fit dresser un
code nautique, appelé *Rôles d'Oléron*, du nom
de cette île commerçante, à laquelle il fut
principalement destiné (*a*) ; ces rôles, connus
encore sous le titre de *Jugemens d'Oléron*,
et dont les Anglais attribuent sans fondement
la rédaction à un de leurs rois (178), obtinrent sur les mers de l'Occident, la même
autorité accordée en Orient au livre du Consulat; ils servirent de modèle aux ordonnances
de Wisbuy, composées par les bourgeois de
cette ville, fameuse jadis par l'activité de son
commerce, depuis long-temps ruinée, aujourd'hui presque oubliée (179). Plusieurs nations septentrionales puisèrent dans ces dernières ordonnances les élémens de leur jurisprudence particulière.

Les Croisades contribuèrent donc à la formation du droit maritime, en faisant naître
l'idée de rassembler les principes du Consulat,
en les perfectionnant, et en les répandant dans
une grande partie de l'Europe. Sur le modèle

---

(*a*) *Cleirac, Us et Coutumes de la mer*, p. 2.

du Consulat, et d'après l'expérience rapportée des mers de l'Orient, furent rédigés en France les jugemens d'Oléron, et ces deux codes se confondirent ensuite dans les ordonnances de Wisbuy, qui réprimèrent le penchant des peuples du Nord à la piraterie.

Ainsi prirent naissance, dans l'étroite enceinte de la Méditerranée, les principes de cette jurisprudence qui soumet les espaces de l'Océan à l'empire de ses loix, et régit par de sages réglemens, ces républiques flottantes qui voguent à travers des solitudes immenses.

A l'influence directe des Croisades sur le commerce et la navigation, il faut joindre celle qui résulta indirectement de ces voyages guerriers sur la civilisation. Que l'on se rappelle ici ce que nous avons observé sur l'amélioration du sort des serfs et sur leur affranchissement; que l'on ne perde pas de vue l'adoucissement du droit d'aubaine, l'abolition des péages et des taxes arbitraires, l'érection des Communes, l'affaiblissement du régime féodal, la renaissance de l'autorité monarchique, la pacification des états désolés par la guerre. Tous ces heureux changemens contribuèrent aussi à la prospérité du commerce : le citoyen,

sûr de recueillir lui-même et de transmettre
à ses enfans les fruits de son industrie, re-
doubla d'ardeur pour le travail, porta un esprit inventif dans le commerce et les arts ;
animé par l'espoir du gain, il se livra avec
intrépidité à la merci des vents et des flots.
Toujours la civilisation et le commerce se
prêtent dans leurs progrès un secours mu-
tuel : partout où les mœurs s'adoucissent on
voit aussi le commerce fleurir ; et récipro-
quement, dans les lieux fortunés où le commerce répand l'abondance et le luxe, les
mœurs deviennent moins rudes et moins sauvages (a).

_____

(a) Voyez l'*Esprit des loix*, liv. XX, c. 1.

# SECTION TROISIÈME.

## INDUSTRIE.

Les mêmes causes qui donnèrent au commerce une nouvelle activité, servirent puissamment à développer toutes les ressources de l'industrie.

Ce dernier point serait un de ceux sur lesquels nos recherches paraîtraient peut-être le plus intéressantes, si nous pouvions trouver dans les historiens des renseignemens précis. L'époque de la plupart des inventions utiles se perd dans la nuit des temps. Rarement le siècle qui recueille le premier les fruits d'une heureuse découverte, se montre soigneux d'apprendre aux siècles qui le suivront, quels furent ces hommes dont le génie transcendant, ou le travail opiniâtre, lui ont procuré des jouissances utiles ou agréables. Ainsi se seront effacées les traces des différens bienfaits dont l'Europe fut, sans doute, redevable aux Croisades.

Tout nous porte à présumer que ces branches d'industrie, qui n'existent que par le luxe
des particuliers , devinrent plus florissantes
durant les Croisades. Si l'on en croit les historiens , les seigneurs français n'auraient commencé à connaître la prodigalité qu'à l'époque
des guerres saintes. Le roi de France, Louis-le-
Jeune, fut, dit-on , le premier de sa race qui ,
à l'occasion du voyage de Jérusalem , fit paraître la magnificence convenable à un grand
souverain (a). Entre les braves guerriers qui
se rassemblaient de toutes parts avec tant d'empressement de signaler leur valeur , pouvait-
il s'en trouver beaucoup qui ne fussent pas
jaloux de briller aussi par l'éclat et la recherche de leur équipage militaire ? Il dut s'établir
parmi les chevaliers, une sorte de rivalité nationale et particulière : la gloire de leur pays ,
la haute idée qu'ils avaient chacun de leur noblesse , les excitaient à déployer cette magnificence sur laquelle le peuple règle son estime.
Aussi voyait-on les nobles , au moment de
partir pour la Croisade, rougir de la simplicité
rustique de leurs pères , se vêtir de riches ha-

(a) *Fauchet, Recueil de l'origine de la langue et
poésie française.* liv. I , c. VIII.

bits et des plus précieuses fourrures (180).

Le luxe des pelleteries, auquel s'attachent surtout les peuples dépourvus de manufactures, fut poussé à l'excès; mais il ne faut pas, sans doute, prendre à la lettre ce trait satirique d'un auteur allemand : Nous soupirons, dit-il, après un habit de martre, comme après le souverain bonheur (a). Ce goût dispendieux put cependant s'affaiblir après quelques voyages en Asie : les étoffes de soie des Grecs durent charmer les Occidentaux par la séduisante variété de leurs brillantes couleurs; le luxe des habits prit alors une direction qui tourna au profit de l'art industriel.

*Le luxe des fourrures diminue.*

A l'époque des premières Croisades, il n'y avait d'autres manufactures d'étoffes de soie, que celles des Grecs; genre d'industrie qu'ils avaient enlevé aux Persans : mais bientôt eux-mêmes furent forcés de le céder à la Sicile (181); ensuite des ouvriers, sortis de cette île, apprirent aux Italiens à fabriquer les étoffes de soie : ce travail occupa particulièrement les religieux de l'ordre des *Humi-*

*Manufactures d'étoffes.*

---

(a) « *Ad vestem marturinam anhelamus quasi ad* » *summam beatitudinem* ». — Voyez *Du Cange, Dissertation I^re, sur Joinville.*

*liés*, qui inventèrent, dit-on, les draps d'or
et d'argent (182). On ne saurait douter que
les Croisades, en attirant dans l'Italie une affluence extraordinaire d'étrangers, n'aient ac-
céléré dans cette contrée les progrès de l'industrie. Les historiens déplorent l'arrivée de
Charles d'Anjou à Naples, comme le funeste
moment où les Italiens, auparavant simples
et grossiers, se livrèrent aux dépenses d'un
luxe effréné (183).

Dans les villes d'Orient, les Sarrasins avaient
aussi formé des manufactures d'étoffes, et les
Croisés y achetaient des tissus de poil de cha-
meau (184). Ces manufactures, et celles des
Grecs, soit que ces dernières fussent transpor-
tées à Palerme, soit qu'elles fussent restées
dans l'empire de Constantinople, purent servir de modèle et d'encouragement, en Europe, à plusieurs établissemens où l'on travaillait la laine (185).

Verreries. Tyr renfermait plusieurs verreries fameuses. Le sable qui couvre les environs de cette
ville, est propre à donner une grande trans-
parence à la matière vitrifiée, dont on fa-
çonnait des vases admirables (*a*). Ces manu-

(*a*) *Willerm. Tyr.* lib. XIII, c. III.

factures excitèrent, peut-être l'émulation de
Venise, qui tira un grand profit de ses verreries, particulièrement au quinzième siècle,
quand on abandonna l'usage des miroirs de
métal pour leur substituer ceux de glace (a).

Voici quelques particularités sur les inven- Inven-<br>tions.
tions, les seules que nous ayons pu recueillir.
Les moulins, qui sont mis en mouvement par
la force du vent, furent inventés dans l'Asie
mineure, où l'on trouve peu d'eaux couran-
tes. On a prétendu que les Croisés les firent
connaître en Europe., au douzième siècle ;
conjecture que semblerait confirmer l'application des pièces de ces moulins dans un grand
nombre d'armoiries anciennes, mais que d'autres témoignages ne nous permettent pas d'a-
dopter (186). Quelques auteurs ont aussi présumé que les Croisés ont répandu en Occident l'invention du papier, que les Grecs
leur avaient communiquée (187).

Les Arabes excellaient à travailler les métaux ; ils savaient les ciseler et les incruster :
ils inventèrent l'art de damasquiner, qui trans-

---

(a) Voyez *De Guignes*, *dans les Mémoires de*
*l'Académie des inscriptions*, tome XXXVII. —
Voyez aussi l'*Hist. de la Ligue de Cambray*, liv. V.

porte sur l'acier l'éclat et la magnificence de l'or
et de l'argent. Les antiquaires observent que,
depuis les Croisades, le relief des monnaies
et l'empreinte des sceaux paraissent moins in-
corrects; et plusieurs attribuent cette amélioration aux leçons des Arabes. Les Croisés,
quoique indignés de la profanation du temple
de Jérusalem, ne purent cependant s'empêcher d'admirer les ornemens de métal précieux
dont les colonnes et les murs avaient été ar-
tistement revêtus en l'honneur de Mahomet;
ils enlevèrent plus de cinq cents vases d'argent, destinés au service du faux prophète
(188). Le procédé de fixer l'émail sur les métaux, et d'employer à la peinture la solidité
et la vivacité de ses couleurs, put se perfectionner aussi par la vue des ouvrages arabes (189). On apporta d'Orient quantité de
rubis, d'hyacintes, d'émeraudes, de saphirs,
de diamans; et l'on s'appliqua à enchâsser ces
matières précieuses dans l'or et l'argent, à les
faire paraître sans cesse nouvelles par le goût
de l'entourage et de la monture (190).

Art. de la         Cette science cruelle qui apprend aux hom-
guerre.       mes à s'égorger avec méthode, l'art de la
guerre n'a, comme tous les autres arts, marché que progressivement vers sa perfection;

progrès fatal, et que néanmoins on pourrait considérer comme l'adoucissement d'un
grand fléau·, si la guerre la plus savante était
aussi la plus courte. La guerre des Croisades
était bien différente de toutes ces expéditions, de voisin contre voisin, achevées aussi
promptement qu'elles étaient résolues. En ces
guerres ordinaires , vainement le suzerain
aurait essayé de retenir ses vassaux ; après
l'expiration du terme fatal auquel ils devaient
le laisser tout seul en face de ses ennemis.
Dans les Croisades, au contraire, les vassaux
s'astreignirent volontairement à prolonger leur
service militaire ; effet important, que ·nous
avons ·observé ·en décrivant ·l'affaiblissement
du gouvernement-féodal. 'Cette prolongation
forma, dans les épreuves d'une pratique plus
continue, des guerriers expérimentés (a).

Les expéditions saintes exigèrent des soins
et des préparatifs immenses, jusqu'alors inu-
sités : il fallait s'assurer la fourniture des vi-
vres, ou former des magasins; régler, à travers des contrées presque inconnues, la mar-

---

(a) Quelques manœuvres des armées croisées sont
encore aujourd'hui dignes d'être admirées. Voyez
*Beneton de Morange*, **Hist. de la guerre**, p. 102.

che d'armées innombrables, composées de
diverses nations, embarrassées de femmes,
d'enfans, de vieillards. On avait ensuite à ré-
partir ces troupes sur des vaisseaux, à prévoir
les inconvéniens de l'embarquement, à remédier aux accidens si communs dans une
guerre portée au-delà des mers. Les chefs des
premiers Croisés s'épargnèrent, il est vrai,
ce vaste détail, et cette omission devint funeste à plus d'une armée, dont la majeure partie périt avant même d'avoir aperçu l'ennemi.

*Discipli-
ne mili-
taire.* Mais une cruelle expérience ne fut pas perdue pour les entreprises suivantes : par les
soins d'une police vigilante et sévère, les mar-
ches entraînèrent moins de confusion et de
désordre; on sentit la nécessité de la rigueur
inflexible des loix militaires, seul frein d'une
multitude disposée à la licence, en proportion
de ce qu'elle est plus nombreuse et plus
éloignée de ses foyers; aussi les départs pour
la Terre sainte donnent-ils presque toujours
lieu à des réglemens. Richard, roi d'Angleterre, confia la police de sa flotte à cinq juges,
et fixa des châtimens pour tous les crimes qui
pourraient se commettre (191). Les rois de
France ne négligèrent pas non plus ce soin
important (192). Il ne faut donc pas embras-

ser l'opinion de ces écrivains qui ne voient, dans toutes les armées croisées, que des troupes vagabondes, errantes à l'aventure, sans chef ni subordination.

Pourquoi tirer des désordres de la première expédition une preuve que les expéditions suivantes fussent aussi mal ordonnées ? Un officier de Saladin, annonçant à son maître la marche des Croisés, commandés par Conrad roi d'Allemagne, rendait ce beau témoignage à leur discipline : « Ils sont contenus » par une police si exacte et si dure, qu'elle » tient de la cruauté ; pour les moindres fautes » on les tue comme des victimes, sans que » rien les puisse garantir du châtiment (a) ».

Il est hors de doute que les Croisades furent la cause du premier établissement de la discipline dans les armées d'Occident ; police jusqu'alors bannie par l'insubordination féodale, et rendue moins nécessaire par le peu de durée des guerres, et par la proximité des lieux qui en étaient le théâtre.

Autre cause de perfection pour l'art militaire : les peuples belliqueux qui combat-

Inventions militaires.

(a) *Marin, Hist. de Saladin*, liv. **X**.

taient en Asie, sous les mêmes drapeaux, se
firent part mutuellement de leur expérience
particulière; les Allemands, dont les empereurs s'imaginaient représenter les Césars,
avaient conservé les principes des anciens
Romains pour les campemens (a). En Italie,
le génie rusé de la nation et la rivalité de quarante villes indépendantes, avaient fait fleurir l'art de construire des machines pour défendre ou emporter les places fortes (193).
Les siéges de Nicée, d'Antioche, de Damiète, de Jérusalem, si fameux dans l'histoire
des Croisades, et où s'exercèrent la patience
et l'industrie de tant de chefs, firent naître
sans doute des inventions nouvelles; on adopta aussi des machines de guerre, propres aux
Sarrasins, entre autres les herses de porte, en
forme de grilles, qui ouvrent ou ferment subitement l'entrée des villes. (194).

Les Croisés augmentèrent la pesanteur de
leur armure, et prirent sans doute, dans cette
innovation, les Sarrasins pour modèles : les
cavaliers nommés *Agulans*, qui faisaient la
force principale de l'armée du roi de Mosul,

---

(a) *Radevic*, lib. **II**, c. **11**; cité par *Daniel*, *Hist.
de la milice française.*

couvraient de lames d'acier et leur personne
et leur cheval. Dans le moment, où les Croisés s'équipaient à la manière des infidèles,
ceux-ci trouvant apparemment leur harnois
trop pesant, adoptèrent celui dont les Croisés
se dégoûtaient : on voit, en effet, dans quelques tableaux, de simples *jacques de maille*
vêtir les Sarrasins. Souvent les nations sont
moins attachées à leurs propres coutumes,
qu'envieuses des habitudes étrangères (195).

Les ingénieurs sarrasins excellaient dans Feux d'ar-
la composition des feux d'artifice ; ils lan- tifice.
çaient avec des machines, dans les assauts et
dans les batailles, le feu inextinguible, inventé par les Grecs (196), et si terrible dans
ses effets, que les hommes semblaient rava-
ger la terre par le feu des enfers. Les Croisés ne peuvent cacher la frayeur que leur inspiraient ces feux dévorans (197), dont il ne
semble pas qu'ils aient surpris la préparation
(198). On fabriquait cependant en Occident,
peut-être d'après l'exemple des Sarrasins,
d'autres artifices moins redoutables. Il est
à croire que les guerres des Croisades hâtè-
rent la découverte de la poudre à canon, en
multipliant encore l'usage des matières qui
entrent dans sa composition : ces matières,

que l'on combinait souvent, furent enfin mé-
langées dans cette proportion qui leur donne
une force fulminante ( 199 ).

Infante
rie, Cava-
lerie.

Durant long-temps on n'évalua la force
des armées que par le nombre des cavaliers ;
l'infanterie était un corps faible, auquel on
donnait les noms les plus méprisans (200) ;
aussi ne rendait-elle souvent d'autre service
dans les combats, que de remettre en selle
les cavaliers renversés, qui semblaient écra-
sés sous l'énorme masse de leur armure de
fer. C'eût été pour les nobles un déshonneur
de combattre à pied ; ils s'imaginaient en quittant leurs destriers, perdre une des plus glo-
rieuses distinctions de la chevalerie ( 201 ).
L'infanterie, par le dédain qu'on lui témoi-
gnait, devint une troupe de plus en plus mé-
prisable ; ce qui faisait dire aux Grecs, si ef-
frayés de la valeur des Latins (202) : « qu'un
» Français monté sur un cheval ardent, s'avan-
» cait avec une telle impétuosité, qu'il ren-
» verserait même les murailles de Babylone ;
» mais qu'il pouvait être bravé impunément
» lorsqu'il était à pied ( a ). »
Il est probable que l'embarquement des

---

(a) *Annæ Comnenæ Alexiados*, lib. XIII, c. v.

troupes

troupes pour la Terre-sainte, fit revenir de cette prévention contre l'infanterie, dont le transport était moins embarrassant (203) ; d'ailleurs la chevalerie, à la considérer sous le rapport du service militaire, ne fut pas exempte de plusieurs inconvéniens insépara- bles de sa constitution, et les guerriers les plus expérimentés devaient souhaiter que l'in- fanterie sortît de l'abjection où elle était plon- gée. Avec quel désordre devait combattre une milice impétueuse, qui ne recevait de loix que de son courage, et semblait chercher uniquement le moyen de multiplier les dan- gers ; qui confondait l'ostentation avec la gloire, la témérité avec la valeur, et qui, dans l'ivresse de ses faux préjugés, n'avait jamais pu croire que parmi des peuples plus sages, tels que les Lacédémoniens et les Romains, l'excès du courage était puni comme une lâcheté ; une milice enfin presque incapable de se rallier, par conséquent de réparer ses fautes et ses pertes (a) !

Oublierions-nous ces arts paisibles qui ja- mais ne coûtèrent de larmes à l'humanité, et

Beaux-<br>arts.

---

(a) De Sainte-Palaye, Mémoires sur la cheva- lerie, part. V.

dont l'objet est moins de pourvoir aux né-
cessités de la vie, que d'augmenter les jouissances de l'homme, d'associer la grâce à la
magnificence, d'instruire, de charmer la postérité, par des ouvrages où l'esprit a autant
de part que le travail des mains.

Depuis la décadence la plus sensible des
beaux-arts, jusqu'à l'époque des Croisades,
les faibles idées de goût, qui d'abord repa-
rurent en Italie, émanèrent de Constantinople, antérieurement aux expéditions saintes.
L'abbé Didier réédifiait son monastère du Mont
Cassin, devenu trop humble pour la splendeur croissante de l'ordre de saint Benoît :
cet abbé tira de Constantinople des ouvriers
de toutes les professions qui travaillent à élever, à orner les édifices; craignant même
que ces arts ne conservassent en Italie qu'une
existence passagère, il les fit apprendre à plusieurs serfs de son abbaye; ainsi, vers le milieu
du onzième siècle, les beaux-arts, qui avaient
été transportés de Constantinople en Italie, re-
parurent dans cette contrée désolée, que jadis
ils avaient embellie de tant de chefs-d'œuvre(a).

---

(a) Voyez *Giannone*, *Hist. civile du royaume de*
*Naples.* — *Hist. littéraire de la France*, par les *Bé-*
*nédictins*, tom. VII.

Quoique la ville de Constantinople se dis- tinguât dans l'exercice des beaux-arts, ils s'y trouvaient encore loin de la perfection; à peine en sortait-il des ouvrages supportables. La protection que Constantin, Théodose, Justinien, les princes de la dynastie des Basyles et de celle des Comnènes, avaient accordée aux lettres et aux arts, n'avait pu fixer le bon goût parmi les Grecs. Néanmoins la fureur des iconoclastes, qui s'était tournée contre les artistes, n'avait pas éteint leur zèle, et ils avaient continué à former des élèves : heureux effets d'une longue et profonde culture; mais l'art, en vieillissant, était tombé dans un défaut qui décelait sa faiblesse, celui d'exagérer l'expression des affections de l'ame. Ce vice caractérisait particulièrement les Grecs du treizième siècle; ils représentaient leurs personnages avec les yeux égarés, les mains ouvertes, et se roidissant sur la pointe des pieds (a).

Dans le onzième siècle, Constantinople possédait toutefois des ouvrages antiques, dignes d'être pris pour modèles, et de passer à la postérité la plus reculée; il suffira de nom-

―――――――――

~ (a) *Recherches sur l'art statuaire*, etc. Paris, 1805, in-8°. III°. part.

mer la Pallas de l'île de Lindre, sculptée par
Scyllis et Dipœnus, statuaires qui florissaient
avant le temps de Cyrus ; le Jupiter olym-
pien de Phydias, la belle Vénus de Gnyde,
de la main de Praxitèle ; la statue de l'Occasion par Lysippe, et une Junon, que le
même artiste avait faite pour Samos ; la plupart
de ces chefs-d'œuvre, tous peut-être, furent
détruits à la prise de Constantinople, sous
Baudouin, au treizième siècle ; des statues
de bronze furent alors fondues et converties
en monnaie ; entre plusieurs autres, on cite la
Junon de Samos, qui ne fut pas épargnée (a).

A l'aspect des églises, des monastères, des
palais de Constantinople, l'admiration transporta les Croisés, accoutumés à ne voir dans
leur patrie d'autres édifices que des assembla-
ges irréguliers de tourelles aiguës (b) ; ils ne

(a) *Winckelmann, Hist. de l'art chez les anciens,*
sect. v°. §. XII.

(b) Voyez sur l'admiration que Constantinople inspira aux Croisés, *Willerm. Tyr.* lib. XX, c. xxvi.
— *Fulcherius Carnotensis, Hist. Hierosoly.* lib. J,
c. iv. — *Villehardouin, Hist. de la conqueste de
Constantinople,* n°. 66, 130, 132, etc. — *Odo de
Diogilo, de Ludovici VII, regis, profectione in Orien-
tem, libell. IV, ap. Chiffletium, S^u. Bernardi genus
illustre assertum.*

se bornèrent pas sans doute à témoigner une admiration stérile, ils se sentirent portés à imiter des ouvrages dont la beauté les frappait si vivement; les monumens des arts ne leur semblèrent pas une des dépouilles les moins précieuses, que la prise de Constantinople livrait entre leurs mains (204). Ainsi les fameux chevaux de Corinthe, dont la destinée est singulière, parurent aux Vénitiens dignes de décorer leur capitale; ils placèrent, comme en trophée, devant l'église de saint Marc, ces coursiers de bronze qui ont orné successivement les bords de l'Araxe, du Tibre, du Bosphore, de la mer Adriatique, enfin les rives de la Seine (205).

Transportés sous le beau ciel de l'antique Ausonie, les Croisés s'enrichirent du travail des Italiens, comme du travail des Grecs; ils purent alors faire des comparaisons, et l'on sait combien les rapprochemens de divers ouvrages concourent à former le goût des artistes.

L'Italie a été nommée la moderne patrie des arts, et son zèle pour la religion contribua sans doute à lui mériter ce titre glorieux : chaque ville libre voulut avoir la représentation des saints protecteurs de la cité, et de

ceux que l'on invoquait ordinairement dans
les calamités publiques ; les religieux atta-
chèrent plus de prix encore aux images des
bienheureux, leurs fondateurs, ou formés
dans le sein de leur ordre. La construction
ou l'ornement des églises , des chapelles af-
fectées aux communautés des artisans , des
cloîtres , des salles capitulaires, des réfectoi-
res , permit à une foule d'artistes de développer leurs talens , que les citoyens les plus riches ne songeaient guères à employer pour
l'embellissement de leurs habitations ; les
places publiques, les palais des gouvernemens
furent ornés aussi de sculptures et de pein-
tures. Avant les beaux jours de Léonard de
Vinci et de Michel Ange, les corporations,
les magistrats étaient déjà passionnés pour les
beaux-arts, les familles mêmes élevaient des
monumens (a).

Les ordres
religieux
favorisent
les beaux-
arts.

Il n'est pas douteux que le luxe des congrégations monastiques ne tende naturellement vers la décoration des temples et le faste
des habitations. Aucun ordre religieux ne s'est
livré aux superfluités de la table, jusqu'à dis-

_____

(a) *Recherches sur l'art statuaire* , etc. IIIe. part.
— *Denina* , *Révolutions d'Italie* , liv. XII , c. x.

siper d'immenses revenus par cette seule profusion ; aucun n'a fait de grandes dépenses
pour briller par la magnificence des vêtemens : la simplicité, la pauvreté de l'habit
religieux était le soutien du respect et de
la considération des peuples. Les richesses
des communautés religieuses, quand elles ne
sont pas entièrement absorbées par les aumônes, ne sauraient être mises convenablement
en circulation, que par le luxe des beaux-
arts; aussi voyons-nous, qu'à la renaissance
des arts, les premiers architectes qui paraissent sont des abbés : on en pourrait citer un
très - grand nombre, constructeurs de leur
église et de leur monastère (a).

N'est-ce pas le penchant à ce luxe, qu'a-
percevaient avec tant de chagrin saint Dominique et saint François, ces pères des religieux
mendians, lorsque l'un s'écriait avec l'accent
de la plus vive douleur : « De mon vivant, ils
bâtissent déjà des palais » (b) ! et que l'autre,
peu de temps avant d'expirer, recommandait

_____

(a) Voyez l'*Hist. littéraire de la France*, par les
*Bénédictins*, tom. VII.

(b) « *Adhuc vivente me palatia ædificant* »! De-
*nina, Révolutions d'Italie*, liv. XII, c. x.

à ses religieux éplorés, de fuir à jamais la
somptuosité des édifices, contre laquelle il
avait si souvent exhalé son indignation (206).

Les Croisades contribuèrent donc indirectement au progrès des arts, par la multiplication des ordres religieux et des fondations
pieuses. Le nombre des édifices sacrés, qui
s'élevèrent à cette époque dans toute l'Europe,
est vraiment prodigieux ; les seigneurs, les
moins dévots même, ambitionnaient le titre
de fondateur d'église : tandis qu'ils ruinaient
d'un côté les temples, souvent ils se plaisaient
à en bâtir dans d'autres lieux (*a*).

Circons-
tance fa-
vorable
aux beaux
arts.
Une circonstance extraordinaire favorisa
beaucoup cet empressement de construire des
bâtimens consacrés au culte divin. En France,
en Italie surtout, le bruit s'était répandu que
le monde, arrivé au terme de sa durée, ne
tarderait pas à retomber dans le néant (*b*). On
crut inutile, dans cette attente, de réparer les
églises; on crut encore moins nécessaire d'en
fonder de nouvelles. Mais lorsque enfin le siècle annoncé comme le dernier du monde fut

---

(*a*) *Mezeray, Abrégé de l'Hist. de France, Église
du XI*. *siècle.*

(*b*) Voyez *les Considérations générales*, page 23.

révolu, sans que l'on eût remarqué aucun indice de cette prochaine catastrophe, la frayeur se dissipa. Honteux d'avoir été abusés par une terreur pusillanime, les peuples voulurent réparer la négligence dont ils s'étaient montrés coupables envers les autels et les lieux saints; on s'imagina même ne pas rendre à la religion tout ce qui lui était dû, en rétablissant seulement les églises qui menaçaient ruine : celles dont la solidité ne laissait rien à désirer, furent renversées, sous le spécieux prétexte qu'elles ne se trouvaient plus assez magnifiques (207). Pour exécuter ces reconstructions, il se forma une société d'hommes de tout état, nobles ou pauvres, qui se firent, par dévotion, charpentiers ou maçons; ils allaient offrir de tous côtés leurs services, traînant des chariots comme des bêtes de somme, et s'astreignant à certaines pratiques religieuses; l'église de Chartres est un monument des travaux de ces pieux ouvriers (208). Ces étranges idées ayant été conçues vers le commencement du onzième siècle, les Croisades trouvèrent les esprits passionnés pour les bâtimens, et elles accrurent encore l'émulation générale.

Plusieurs monumens d'architecture, qui    Architecture.

excitent encore notre admiration, sont le
fruit de l'impulsion donnée aux arts·, par
la communication avec des peuples plus
adonnés à leur culture, et par la ferveur
croissante de la dévotion. La vue des monumens grecs et arabes, introduisit en Occident un goût nouveau par lequel cette architecture syrienne, arabesque ou sarrasine,
improprement nommée gothique, fut portée au dernier point de sa perfection (209).
Des ogives élégamment alongées, remplacèrent ces voûtes trop basses que des constructeurs timides craignaient de hausser, et qui
ne présentaient au jour qu'un passage étroit
(*a*); un architecte ne fut réputé habile,
qu'autant qu'il sut étonner par la hardiesse et
même la témérité de ses ouvrages : à l'imita-
tion des mosquées, on suspendit sur des pi-
liers très-minces, des masses énormes qui
semblaient soutenues par l'appui d'un bras
invisible. On découpa la pierre en mille formes différentes, souvent bizarres; on y en-
châssa quelquefois des vitraux peints, dont
les rayons du soleil faisaient ressortir admi-

(*a*) *Lenoir*, *Description du Musée des monumens
français*, p. 113.

rablement les couleurs éclatantes; et, comme si l'on eût prévu l'indifférence de la postérité pour ces ouvrages, on eut l'attention de leur donner une solidité qui leur permît de se passer pendant long-temps de soins et d'entretien.

Alors parurent les plus magnifiques constructions qu'enfanta l'architecture gothique; on éleva la tour de Pise, que l'on a peut-être toujours vue inclinée, où qui est devenue une merveille par les injures du temps (210). Un architecte grec bâtit à Venise l'église de saint Marc, si fortement empreinte du goût dégénéré des Grecs; un Allemand conçut le plan de la tour de Strasbourg, à laquelle la délicatesse de sa forme ne semblait pas permettre de se soutenir si haut dans les airs. Suger ne dédaigna pas de cultiver lui-même l'architecture; il fit reconstruire l'église de son abbaye, et nous a laissé le récit de ses somptueux travaux (a). On jeta les fondemens de la cathédrale d'Amiens, chef-d'œuvre de hardiesse et d'élégance (211); la sainte Chapelle de Paris, moins vaste, et d'une for-

_____

(a) Liber de administratione Sugerii Abbatis, dans la Collection de Bouquet, tom. XII.

me aussi légère, fut le plus bel ouvrage de
l'architecte favori dont saint Louis se fit accompagner dans ses voyages en Asie (212).
Nous serions entraînés trop loin, si nous
voulions faire l'énumération de tous les superbes édifices construits dans cet âge brillant de l'architecture gothique. Barbares dans
les ornemens, les artistes excellaient alors
dans le principal : dans le dessin général,
dans la coupe des pierres, dans la science
des voûtes, dans la majesté de l'ensemble (a).

Sculp-
ture.
La sculpture parut animer ces temples d'une
foule de statues ; elle nous conserva l'image
de plusieurs hommes fameux, dont nous re-
gretterions souvent de ne pouvoir contempler
des portraits, tracés d'après nature. Nous
fixons encore des yeux attendris sur vos traits,
ô grand roi, qui avez prouvé qu'on peut être
à la fois un saint et un héros ! Votre buste
s'offre aussi à nos respects, ministre arraché
de la solitude du cloître pour le bonheur de
la France (213) !

L'usage s'établit de coucher sur les tombeaux des morts illustres, leur représentation

_____

(a) *Le Prince*, *Remarques sur l'état des arts dans
le moyen âge.* Paris, 1772, in-12.

massive, dans l'attitude du sommeil; quelquefois le même chevalier était encore représenté au-dessus du monument, armé de pied en cap, sur un cheval de bataille, tenant d'une main le bouclier, et de l'autre l'épée haute ; double représentation qui rappelait plus vivement le néant des grandeurs humaines, que les plus éloquentes inscriptions. Mais trop souvent ces sculptures grossières ne sont que des copies inexactes, jeux de l'imagination, essais informes d'une main maladroite. On avait moins en vue de représenter les morts, que de garantir à leurs cendres un repos éternel, en désignant à la postérité l'étroite enceinte d'un sépulcre honorable; pieuse précaution, que n'a pas respectée la sacrilège audace de notre siècle.

La peinture fut cultivée avec plus de zèle ; Peinture. Cimabué forma son heureux talent à Florence, d'après les conseils de quelques artistes venus de Constantinople : le premier, il fit voir quels prodiges on pouvait attendre d'un art presque oublié; et c'est avec raison qu'on l'a mis à la tête de tous les peintres qui parurent depuis son temps (a). Suger, en qui le

_____

(a) *Félibien, Entretien I<sup>er</sup>. sur les plus excellens peintres*, p. 108.

génie des affaires politiques n'excluait pas
l'amour des beaux-arts, avait déjà protégé cet
art enchanteur. Entre les embellissemens qu'il
prodigua dans son monastère, on admirait les
principaux événemens de la première Croisade, qu'il fit représenter sur des vitres (214).
Ce genre de peinture, dont la pratique est
devenue moins ordinaire, sans avoir jamais
été perdue (215), n'était que trop propre à
égarer le goût, en faisant rechercher surtout
les grands effets de couleur, auxquels la trans-
parence du verre est si favorable.

La singulière peinture, dans laquelle l'Italie se maintient toujours en possession d'ex-
celler, la mosaïque, exerça aussi la patience
plutôt que le talent des artistes; vers le temps
des Croisades, cet art dont les Grecs de Constantinople renouvelèrent la pratique en Italie (216), fut cultivé en France, et nous con-
servons plusieurs fragmens curieux, arrachés
aux chapelles et aux tombeaux (217).

D'après tout ce que nous avons dit, il
est certain que les Croisades contribuèrent
à faire pénétrer en Occident le goût de la
peinture, de la sculpture et de l'architecture;
le génie des conquêtes a presque toujours
réveillé celui des beaux-arts. Quoique les ar-

tistes fuient le tumulte des armes, cependant
leur ame exaltée par la commotion de ces
grands mouvemens guerriers, par une émulation générale de courage et de valeur, éprou-
ve une noble ambition de gloire. L'aspect du
théâtre de désolation et de carnage sur lequel
les conquérans promènent leurs pas rapides,
anime le génie des artistes d'une ardeur, qui
s'éteint souvent dans la paix et la tranquillité;
à des essais imparfaits, terminés à la hâte,
succèdent bientôt des productions heureusement conçues et mûries par la méditation.
Les peuples aussi veulent célébrer, par des monumens publics, les triomphes arrosés de leurs
larmes et de leur sang. Alors les peintres dé-
ploient sur la tête des héros les ailes de la
victoire, prodiguent les palmes et les cou-
ronnes, disposent de tous côtés les emblêmes
de la renommée ; les villes se remplissent de
superbes édifices, les places publiques se cou-
vrent d'un peuple de bronze et de marbre,
qui semble vivre et respirer (a).

_____

(a) On montre très-bien dans les *Recherches sur
l'art statuaire*, etc., ( p. 129 ), que la guerre a souvent été favorable au développement des arts.

# SECTION QUATRIÈME.

## LUMIÈRES.

Les Grecs
et les Ara
bes, seuls
peuples
éclairés à
l'époque
des Croi-
sades. Vers l'époque des Croisades, les peuples
de l'Occident, occupés de s'endurcir le corps
aux fatigues de la guerre, de se rendre habiles dans les exercices militaires, négligeaient
toutes les connaissances qui sont le résultat de
l'étude et de la réflexion. Les sciences et les
lettres, bannies de presque toute la terre, n'a-
vaient trouvé d'asile que chez les Grecs et les
Arabes (218).

Rome n'était pas toutefois plongée dans
une ignorance aussi ténébreuse que celle qui
couvrait le reste de l'Occident; avantage que
lui procura le séjour des papes dans l'ancienne
capitale du monde; mais les barbares, qui
l'avaient ravagée, avaient détruit ou dispersé
les livres.

Grecs.
Constan-
tinople. Quoique les Grecs fussent alors aussi loin,
peut-être, de ressembler aux Grecs du temps
de Constantin et de Julien, que ceux-ci étaient
éloignés du siècle de Périclès et d'Alexandre,
cependant

cependant ils parlaient toujours la langue d'Homère et de Platon, ils cultivaient les arts ; et ces plantes dégénérées, presque étouffées par un gouvernement faible, féroce, et par une superstition qui resserrait les esprits, portaient encore au bout de quinze cents ans, sur les bords de la mer Noire, des fruits fort supérieurs à tout ce que produisait le reste de l'Europe (*a*).

A Thessalonique, en Grèce et dans les principales villes de l'Asie mineure, quelques hommes studieux consacraient leur vie a l'étude des belles-lettres ; les livres, alors si rares en Occident, se trouvaient communément dans l'empire grec, et l'on s'étonne encore du grand nombre de volumes que renfermait la bibliothèque de Constantinople ( 219 ).

Toutes les connaissances des Arabes venaient originairement des Grecs (220). L'esprit de ces Asiatiques fut spécialement dirigé vers les sciences naturelles et les sciences exactes : ils s'efforcèrent de découvrir les causes secrètes des phénomènes de la nature, de distinguer les maladies et de leur appliquer des remèdes ; ils suivirent par de savans

*Arabes.*

---

(*a*) *Thomas, Essai sur les Eloges.*

11

calculs la marche des astres, et leur compas
mesura le ciel ainsi que la terre. Ce peuple
ingénieux eut des médecins, des astronomes,
des géomètres, des chimistes, des poëtes
même ; il eut tout, excepté des orateurs :
sous un despotisme religieux et militaire ,
on croit, on agit, ou commande, on ne per-
suade pas (a).

De même que Constantinople était le cen-
tre de l'érudition des Grecs, ainsi le monastère du Mont-Cassin, Salerne et l'Espagne,
furent, en Europe le dépôt de la science des
Arabes : nous ne dirons rien de l'Espagne,
qui fut étrangère aux Croisades.

Salerne. Les Orientaux, qui se dirigeaient vers le
midi de l'Italie, débarquaient pour la plupart à Salerne ; les Arabes surtout affluaient
dans cette ville, devenue par les lumières
qu'ils y répandirent, comme le foyer des
sciences physiques (221). Dans tout le royaume de Naples, les ecclésiastiques et les nobles les plus élevés en dignité, ne se croyaient
pas avilis par la profession de médecin : le
fameux Jean de Procida, noble de Salerne,
si éminemment doué du noir génie des cons-

(a) *Thomas, Essai sur les Eloges.*

pirations, celui qui osa concevoir et exécuter le hardi projet d'enlever la Sicile aux Français, pratiquait la médecine avec un grand succès (222). On pensait, sans doute, qu'un art si noble par son but, et si pernicieux lorsqu'il est exercé sans habileté, ne devait pas être abandonné entre les mains du vulgaire.

Mont-Cassin.

Non loin de Salerne, sur un rocher où saint Benoît jeta les fondemens de son ordre, s'élevait le monastère du Mont-Cassin (a); les moines de cette solitude et les savans de Salerne s'empressèrent concurremment de profiter de toutes les connaissances acquises par les Arabes : on veillait dans le monastère du Mont-Cassin à la conservation des anciens manuscrits, qui pouvaient être précieux aux sciences et aux lettres. Par les soins de l'abbé Didier, le même qui fut pape sous le nom de Victor III, on recouvra une partie des livres de Justinien; ses religieux transcrivirent non-seulement beaucoup d'écrits sur la religion, mais encore tous ceux qu'il découvrit sur l'histoire, tels que Jornandès, Grégoire de Tours, Erchempert, Cresconius, le Juif Jo-

---

(a) Voyez *Mabillon*, *Musæum Italicum*, tom. I, part. I, n°. 19.

seph, Tacite. On copia également, au Mont-
Cassin, le Traité de Cicéron sur la nature des
dieux, Homère, Virgile, Térence, Horace,
les Fastes d'Ovide, Senèque, les Églogues de
Théocrite, Donat, et plusieurs autres ouvrages. Pierre le Diacre, qui succéda à Didier
dans la dignité abbatiale, travailla avec la même
ardeur à l'avancement des sciences; il nous
a laissé le catalogue d'un grand nombre de
traités, composés dans son monastère. Albé-
ric écrivit sur la musique et sur la dialectique; Pandolfe de Capoue, sur l'arithmétique
et sur les astres; le plus grand nombre sur
la médecine (*a*). Ces laborieux solitaires
s'étaient comme partagé toutes les sciences,
et ils formaient entre eux une espèce d'académie aussi modeste que savante.

Cause principa-
le de l'ef-
f t des
Croisades
sur les lu-
mières.

Avant que les nations soient assez éclairées
pour se communiquer, au moyen des livres,
leurs idées, leurs préjugés, leurs découvertes,
on ne s'instruit guères que par les voyages;
de là vint autrefois, la célébrité des courses
lointaines de Pythagore et de plusieurs philosophes, dont la Grèce a tant admiré la sa-

_____

(*a*) *Giannone*, *Hist. civile de Naples*, liv. X,
c. XI.

gesse : aussi l'espèce d'entrevue, ménagée en quelque sorte par les Croisades, entre les peuples de l'Occident et ceux de l'Orient, eût-elle des effets importans sur les lumières; de l'Égypte et de Constantinople coulèrent comme deux sources, qui rendirent moins arides des contrées jusqu'alors stériles.

Les Arabes, plus instruits peut-être que les Grecs, firent connaître aux Occidentaux, combien ces Sarrasins, qu'ils méprisaient tant, les surpassaient dans la science de la physique, de la médecine et des mathématiques. A la vue des nombreuses bibliothèques qu'amassaient les princes Arabes, pour les consacrer à l'usage du public, saint Louis résolut de former en France un établissement semblable (a). Indépendamment de toutes les idées que l'on put emprunter des Arabes dans leur propre pays, les Croisés, qui traversaient l'Italie, furent à portée de recueillir, à Salerne et au Mont-Cassin, la meilleure partie des connaissances de ce peuple.

Maîtres de Constantinople, les Latins s'ap-

*Communication avec les Arabes.*

*Communication avec les Grecs.*

(a) Crevier, Hist. de l'Université de Paris, liv. III. §. I. — Deslandes, Hist. critique de la philosophie, c. XLII, n°. 5.

proprièrent le savoir des Grecs, et le transmirent en Occident ; leurs esprits grossiers
se disposèrent insensiblement à recevoir un
jour avec avidité les leçons de ces Grecs ,
qui , chassés de leur patrie , devaient chercher au loin les nations les plus dignes de
conserver des lumières, insupportables aux
Turcs. Éclairer leurs vainqueurs fut donc
toujours le sort des Grecs ; ils ont mérité
de l'Occident la même reconnaissance dont
l'ancienne Rome s'avoua redevable envers
leur nation ; et ce fut seulement lorsqu'ils
étaient poursuivis par l'adversité , qu'ils dai-
guèrent communiquer l'instruction aux autres peuples. A deux époques, célèbres par la
renaissance des lettres , Constantinople suc-
combe sous les efforts des ennemis qui l'as-
siégent ; les désastres de cette ville semblaient
être destinés à faire revivre dans une partie du
monde l'art de polir et d'orner l'esprit humain.

On ne tarda pas à recueillir en Occident de
grands avantages par la communication avec
les peuples de l'Orient ; en vain prétendrait-
on , avec de savans écrivains (a) , que les Croi-

---

(a) Les Bénédictins , dans l'*Hist. littéraire de la
France* , tom. IX , p. 16.

sades nuisirent aux lettres, par le grand nombre d'abbés et de moines arrachés au calme de l'étude, pour être plongés dans le tumulte des armes. L'expérience de tous les siècles a révélé que les sciences et les lettres ne sont pas toujours d'autant plus florissantes, qu'un plus grand nombre d'hommes se passionnent pour leur culture; il semble même que les nobles travaux de l'esprit, lorsqu'ils sont abandonnés à tous les essais de la multitude, ne produisent plus que des fruits sans maturité. Les études se ranimèrent sensiblement en France sous Louis-le-Gros, temps où les Croisades jouissaient encore de la vogue de la nouveauté; sous Louis-le-Jeune, qui prit une part si active à l'une de ces expéditions, et au commencement du règne de Philippe-le-Bel, lorsque le zèle des pélerinages ne se ralentissait que depuis peu. A partir du règne de Charlemagne, voilà les momens où les lettres brillèrent avec le plus d'éclat (a).

---

(a) *Lebeuf*, *Dissertation sur l'état des sciences en France*, *depuis le roi Robert*, *etc.* p. 2. — Les Bénédictins conviennent de ce renouvellement des études au douzième siècle. *Hist. littéraire de la France*, tom. IX, n°. 1.

Il n'est pas douteux que les nouvelles relations entre la France et Constantinople ,
contribuèrent à l'introduction de la métaphysique d'Aristote dans les écoles d'Occident ;
la métaphysique du philosophe grec fut apportée à Paris , de Constantinople , au moment de la prise de cette dernière ville par
les Français (223). Dès que ces écrits se répandirent, ils parurent si contraires à la foi,
qu'il fut enjoint, sous peine d'excommunication , d'en livrer au feu tous les exemplaires ;
et cependant peu d'années après , par une inconstance singulière , on se prosterna devant
ces mêmes livres, révérés comme le sublime
dépôt de toutes les connaissances humaines.
(224).

La morale , la logique , les belles-lettres ,
la physique , avaient occupé tour à tour le
puissant génie du philosophe de Stagyre ; le
travail d'un seul homme représente seul presque une bibliothèque entière, et par cette variété Aristote favorisait le vice général de toutes
les études de ce temps , qui étaient bornées,
dans chaque partie , à l'étude d'un certain
livre : toute la philosophie devait être con-
tenue dans Aristote , toute la théologie dans
le Maître des sentences , tout le droit cano-

nique dans Gratien (*a*). Il semblait que déjà, dans chaque science, sortie à peine de l'enfance, un nouvel Hercule eût'posé des bornes au delà desquelles on ne pouvait plus avancer.

Cependant l'étude d'Aristote exerça utilement des esprits encore incapables de rien produire par eux-mêmes; mais l'excès du zèlé avec lequel ils suivirent aveuglément ce guide; les entraîna dans une habitude funeste. Les défauts qui lui sont propres, et qui parurent des beautés à ses admirateurs, les accoutumèrent, selon le chancelier Bacon, à se passer de l'évidence, et à mettre les mots à la place des choses (*b*).

Cet égarement donna naissance au second âge de la théologie scolastique, qu'il est bon de connaître pour avoir une idée précise de la tournure des esprits du temps (225). Les théologiens adoptèrent une langue particulière, inconnue jusqu'alors. Cet âge différa

Théologie scolastique, logique.

(*a*) *Fleury*, *Discours V sur l'Hist. ecclésiastique*, n°. 8.

(*b*) *Novum Organum scientiæ*, cité par *Deslandes*, *Hist. critique de la philosophie*, liv, IV, c. XXII, n°. 7.

encore du précédent, par une manière de rai-
sonner plus fine et plus déliée; on se fit un jeu
frivole de la dispute et de l'argumentation ;
on s'appliqua à bâtir, avec de vains argumens, des édifices de paroles, que le plus
simple raisonnement, dicté par le bon sens,
eût pu faire écrouler; alternativement on s'attaquait et l'on se défendait avec des passages
de l'Écriture sainte, des subtilités, des faux
fuyans, des distinctions et des restrictions ;
personne n'employait les forces de son esprit
à essayer de saisir quelque vérité; toute l'application était dirigée à éviter le plus grand
malheur qui pût accabler un docteur, celui
d'être réduit au silence, en se laissant enfer-
mer dans un cercle par les raisonnemens d'un
adversaire. Ainsi dégradait-on l'art de la parole et du raisonnement, en s'exerçant à produire des tours de force, semblables à ceux
des maîtres d'escrime (226).

Le génie d'Aristote usurpa aussi un grand
empire sur la jurisprudence. Lorsque les usages féodaux, recueillis avec soin par les pra-
ticiens de Normandie, eurent été commentés
avec toute la subtilité de la dialectique, on
eut peine à démêler les principes du droit
commun, à travers les détours de la juris-

prudence métaphysique et normande (*a*). Par suite de la direction communiquée aux esprits, le blason devint une science mystérieuse, qui appliqua des noms extrordinaires aux choses les plus communes : on se fit un mérite de dire *gueules* et *sinople*, au lieu de rouge et vert. On peut reprocher le même abus de mots au jargon de la chasse (*b*), si riche en locutions barbares, qui s'apprenaient, sans étude et sans peine, au fond des forêts.

. Dans l'étude de la physique, on abusa surtout, d'une manière déplorable, des écrits d'Aristote : on ne voyait que par les yeux de ce philosophe; ce qu'Aristote avait prononcé, tenait lieu de l'expérience, ou plutôt en détruisait l'évidence la plus claire. Était-il donc si difficile de concevoir que l'on ne pouvait pénétrer les secrets de la nature que par la contemplation attentive de toutes les parties de l'Univers, et non par une soumission aveugle aux idées d'un subtil logicien?

---

(*a*) *Blakstone*, *Commentaire sur les loix criminelles d'Angleterre*, c. XXXIII.

(*b*) *Fleury*, *Discours V sur l'Hist. ecclésiastique*, n°. 16.

Sans doute, les Croisades ne furent pas étrangères à ce triomphe ridicule d'Aristote : les Occidentaux apprirent des Sarrasins, qu'Alpharabe se vantait d'avoir lu quarante fois les livres de physique d'Aristote, et que, loin d'en être rassasié, il se disposait à recommencer une lecture dont il ne pouvait se détacher. On leur dit qu'Averroës, le fameux philosophe de Cordoue, soutenait qu'avant Aristote la nature n'était pas achevée, et qu'elle arriva au terme de son parfait développement, seulement à la naissance de ce grand homme.

Religieux mendians.

Après avoir fait remarquer que les communications ouvertes par les Croisades, furent très-utiles aux études en général, jetons les yeux sur les hommes qui cultivaient les lettres et les enseignaient. Les religieux mendians, dont, suivant nos conjectures, les Croisades ont provoqué, ou du moins favorisé l'établissement, chérissaient les lettres par état et par nécessité ; destinés à dispenser la parole de Dieu, ils se vouaient aux longues études, qu'exigeaient des sermons hérissés de subtilités théologiques et surchargés de citations : d'un autre côté, leur pauvreté les excitait sans cesse à un travail, dont dépendait le soutien de leur existence. D'abord leur indigence volontaire commanda le respect de la multitude, insensiblement elle pouvait les exposer au mépris; et quoique le corps entier n'abjurât pas l'humilité qui lui était prescrite, il est à présumer que quelques particuliers se crurent obligés d'attirer. la considération publique par - des talens distingués. Le dénûment des choses les plus utiles à la vie les rendait plus vénérables aux yeux des peuples; et les Frères mineurs et prêcheurs prirent un rang distingué parmi les savans.

Plus d'une fois ces Mendians lettrés firent voir qu'aucun travail n'excède. la vigueur du génie, aiguillonné par la pauvreté et par la crainte de l'abjection. Leur ardeur produisit une rivalité très-favorable aux lettres, entre les Mendians et les anciens ordres religieux, entre les Mendians et l'Université de Páris ; double émulation, dont les effets n'ont pas encore été suffisamment appréciés.

Les nouveaux ordres s'efforcèrent d'acquérir une réputation littéraire égale à celle dont jouissaient, depuis long-temps, quelques anciennes congrégations, et surtout les religieux de Cluny. Les frères mineurs n'oublièrent pas, dans leurs courses évangéliques, de prendre copie des livres qu'ils purent rencontrer, et

Rivalité entre les Mendians et les anciens ordres.

ils en tirèrent plusieurs de la poussière des
bibliothèques, où ils étaient ensevelis dans
l'oubli. Les ordres reconnus depuis long-
temps pour cultiver seuls les sciences, tâchè-
rent de conserver leur prééminence (a). Ils
eurent d'autant plus de moyens de défendre
leur gloire, que le surcroît de richesses que
leur donnèrent les Croisades, rendit la culture des terres moins nécessaire à leur subsistance. L'utilité que la société tira des moines,
changea pour lors d'objet : ils ne défrichèrent
plus des landes, des forêts ; ils consacrèrent
à l'étude un laborieux loisir, trop souvent
décrié par le vulgaire, qui le confondait avec
l'oisiveté (227).

Rivalité
entre les
Mendians
et l'Uni-
versité de
Paris.

A la considérer uniquement sous le rapport
des études, la querelle des Mendians avec
l'Université de Paris ne fut pas moins avantageuse : ces religieux aspiraient à être agré-
gés au corps de l'Université, peu disposée à
partager les honneurs du doctorat avec des
rivaux, qui avaient renoncé au monde et aux
honneurs. Les Mendians, qui, selon la réflexion judicieuse d'un auteur, auraient dû

_____

(a) Voyez Lebeuf, *Dissertation sur l'état des
sciences en France, depuis le roi Robert,* etc. p. 9
suiv.

se contenter d'être doctes (*a*), sans se montrer si jaloux du titre de docteur, étaient ap-
puyés par les papes, dont ils préchaient la
double puissance spirituelle et temporelle. Les
rois soutenaient l'Université, dans laquelle ils
trouvaient un puissant secours pour résister
aux prétentions de Rome.

Cependant les rois redoutaient aussi l'Université ; et la raison en est facile à comprendre : on chargeait les esprits de tant de savoir inutile, et la méthode d'enseigner était si
imparfaite, qu'on restait sur les bancs jusque
dans l'âge mûr. Des révoltes d'étudians pouvaient alors prendre le caractère d'une véritable rebellion contre l'autorité publique, et
l'Université, avec ses suppôts, formait dans
l'état une puissance qui parut quelquefois sé-
ditieuse (228).

Jaloux de manifester l'injustice des dédains
de l'Université, les Mendians redoublèrent
d'application à l'étude ; ils s'opiniâtrèrent à
poursuivre la condamnation du livre mor-
dant que lança contre eux Guillaume de Saint-
Amour, champion zélé de l'Université (229).
L'Université mit autant de chaleur à faire flé-

(*a*) *Fleury*, *Discours V sur l'Hist. ecclésiastique*,
n°. 10.

trir, par réciprocité, les rêveries de Jean de
Parme (230). Cette rivalité entre les Mendians et l'Université, scandaleuse dans son
temps, produisit néanmoins les heureux effets
d'une vive émulation entre des hommes qui
parcourent la même carrière.

Au sein de ces disputes, l'Université s'éleva,
presque soudainement, à un éclatant degré de
splendeur; elle éclipsa les autres écoles, dont
la gloire semblait attachée aux maîtres qui y
brillaient passagèrement. Mais, dans l'école
de Paris, les talens se perpétuaient, et se
transmettaient comme une succession entre
des docteurs célèbres (231); aussi jouissait-
elle d'une réputation prodigieuse, et les étudians y affluaient de toutes les parties de l'Europe. Plusieurs nations trouvaient des collèges
qui leur étaient spécialement destinés : le collège nommé *collège de Constantinople*, fut
fondé après la conquête de cette ville par les
Croisés ; on y rassembla de jeunes Grecs,
que l'on instruisait avec soin, dans l'espérance de les faire travailler à la réunion des
Églises d'Orient et d'Occident (*a*).

N'oublions pas que la France réclame la

_____

(*a*) *Crevier, Hist. de l'Université*, liv. II, §. II.

gloire

gloire d'avoir donné naissance à la plupart des nouvelles. Congrégations religieuses, dont presque tous les souverains de l'Europe appelèrent des colonies dans leurs états. Quelle illustration aux yeux des étrangers! quels avantages réels ont dû résulter, pour la France, de ces émigrations (232)! C'étaient des essaims qui revenaient, de temps en temps, déposer dans le lieu de leur naissance le fruit de leur travail : les assemblées générales, appelées *Chapitres*, réunissaient tous ces membres d'un même corps, tous ces enfans d'une même famille. Cette réunion des seuls savans qui existassent alors, les mettait à portée d'échanger mutuellement leurs connaissances et leurs lumières, non moins utiles aux sciences qu'au commerce, et qu'on n'aurait pu recevoir par une voie différente.

Ces aperçus généraux sur les études seraient insuffisans, si nous ne descendions dans le détail des effets des Croisades sur les différentes parties des connaissances humaines, considérées séparément.

Les opérations militaires des Croisés réclamaient sans cesse le secours de la géographie. Livrées à l'infidélité et à la perfidie des guides du pays, les armées chrétiennes virent sou-

*[marginal note:] Influence des Croisades sur chaque science en particulier.*

*[marginal note:] Géographie.*

12

vent leurs plus braves guerriers périr dans les
montagnes et les passages difficiles où elles
s'étaient engagées témérairement.

La curiosité topographique des Croisés se
bornait aux lieux qui pouvaient offrir des
souvenirs intéressans à la piété; ils recher-
chaient avec ardeur des traces de la passion
de Jésus-Christ, traces depuis long-temps
effacées par le cours des années. Un écrivain qui exposait le plan d'une nouvelle Croisade, dans un temps où presque personne
n'était tenté d'en courir l'aventure, voyait
encore la maison du traître Judas, une portion de la colonne de la flagellation, et sur le
calvaire, la fosse où la croix fut plantée ( *a* ).
C'était les livres saints à la main, que les
Croisés parcouraient l'Asie, et ils s'obstinaient
à retrouver tous les lieux dont il est fait mention dans l'Écriture ; ainsi n'apercevant pas
cette superbe Babylone ruinée depuis tant de
siècles, ils donnèrent ce nom à Bagdad, quelquefois au Caire, villes nouvelles l'une et
l'autre. La moindre ressemblance de nom suf-
fisait pour les entraîner dans des méprises
grossières ; Aleph fut pour eux Alep; Caiphas

( *a* ) *Sanutus*, *Secreta fidelium Crucis*, lib. III,
part. XIV, c. VIII, IX, XI.

devint Hiffa (a). Alors cette science qui nous
rend, pour ainsi dire, habitans de tous les
pays ; compatriotes de tous les peuples, fut
si loin de se perfectionner, qu'elle rétrogra-
dait, en quelque sorte, par les trompeuses lumières émanées de l'Orient.

On ne s'appliqua pas même à connaître
exactement la Méditerranée, sur laquelle flotta
tant de fois l'étendard de la croix ; et cette
ignorance se perpétua si long-temps, que, presque de nos jours, on vit un savant raccourcir
de trois cents lieues, les contours attribués à
cette mer (233).

Néanmoins, sous le règne de saint Louis,
les Croisades antérieures ayant établi de fréquentes relations avec l'Orient, on commença
à prendre des renseignemens positifs sur l'Arménie, sur les Indes, sur la Tartarie. Gau-
thier de Metz versifia en français son *Image
du monde*, livre orné de la représentation du
globe, et de celles de divers peuples barbares,
qu'il place tous dans les Indes ( b.). On put

---

(a) *Fleury*, Discours *V* sur l'*Hist. ecclésiastique* ,
n°. 7.

(b) *Lebeuf*, Dissertation sur l'état des sciences
en France, depuis le roi Robert, etc., p. 175 et
suivantes.

aussi étudier plusieurs descriptions géographiques, composées par les Arabes, et dont la
plupart ne se trouvent plus aujourd'hui qu'à
Maroc, en Égypte, en Syrie et à Constantinople, dans les bibliothèques des Turcs, inac-
cessibles aux chrétiens (234). L'ordre de saint
Dominique, qui annonça l'Evangile jusque
dans les régions les plus éloignées (235), dé-
crédita plusieurs traditions fabuleuses. Saint-
Louis brûlant du désir de 'propager la foi,
favorisa de tous ses moyens les missions, entre autres celles du cordelier Guillaume de Rubruquis, envoyé par ce prince en qualité
d'ambassadeur auprès du grand Khan des Tartares, et dont nous possédons une naïve relation, qui se lit encore avec intérêt (236).
Carpini, Ascelin, et plusieurs autres religieux
prêcheurs ou mineurs, avaient déjà parcouru
la Tartarie par ordre du pape; les relations
de ces missionnaires furent pendant long-
temps d'un très-grand prix, parce que, durant
trois siècles, personne ne put entreprendre
le même voyage. Les guerres qui s'élevèrent
entre les successeurs de Genghiskhan, inter-
rompirent toute communication entre l'Europe et la Tartarie (237).

Que l'on examine les cartes géographiques,

annexées au livre du vénitien Sanut, on trou-
vera la partie de l'Asie qui touche la Méditerranée, et toutes les côtes environnantes, théâtre,
des guerres saintes , indiquées avec assez
d'exactitude, surtout par comparaison avec le
reste de l'Europe (a). Il est à regretter que
nous n'ayons aucune idée de la Mappemonde
que Jacques de Vitry nous dit avoir eue sous
les yeux, en composant son histoire orientale (b).

Pouvait - on perfectionner la géographie, Histoire
sans que l'histoire ne fût aussi plus cultivée ?
ces deux études se touchent de près ; et lorsqu'on s'applique à l'une, il est rare qu'on né-
glige l'autre. Tout le monde sait que pendant
long-temps, les moines furent les seuls écrivains qui prissent soin de sauver les faits historiques de l'oubli ; et sans leurs écrits, nous,
ignorerions les actions, et peut-être jusqu'au
nom de la plupart de nos anciens rois (238).
Dans les grands monastères, les religieux tenaient un registre où ils consignaient la naissance et le décès des personnages importans;.

---

(a) Bongars, Gesta Dei per Francos, tom. II.
(b) Jacobus de Vitriaco, Hist. orientalis , lib. I,
c. XCI.

d'autres compilaient, souvent sans autre dessein que d'accroître la bibliothèque de leur
couvent (239), ces chroniques froides et in-
digestes, dont la lecture est une tâche pénible
qu'il faut s'imposer lorsqu'on veut acquérir
une connaissance exacte des événemens.

Quand les Croisades offrirent au burin de
l'histoire des objets si dignes d'être retracés,
on se crut obligé, par un motif de religion,
d'écrire le récit de tant de faits éclatans, que
l'on regardait comme miraculeux, et qui at-
testeraient aux siècles futurs la puissance de
Dieu (240). On considérait encore que ces
saintes narrations, propres à intéresser et à
toucher les hommes, les encourageraient à
prendre humblement le bourdon de pélerin
(241). Indépendamment de ces pieux motifs,
la vue seule des exploits, de la constance
héroïque des chrétiens, devait faire naître
dans les esprits plus polis le désir d'immor-
taliser la gloire de tant de nations.

Aussi aucune époque du moyen âge ne présente un si grand nombre d'historiens, que
l'espace de temps qui s'écoula pendant les Croisades (242); et les écrivains de ces expéditions
ne furent pas seulement des moines, des cha-
pelains, étrangers à la guerre et aux combats.

Deux des plus nobles et des plus vaillans Parallèle entre Villehaidouin et Joinville. chevaliers français, l'un et l'autre originaires d'une même province, qui fut l'antique berceau de plusieurs illustres familles, craignirent de laisser périr la mémoire des Croisades où ils se signalèrent. Exercés à manier l'épée et la lance plutôt que la plume, ces guerriers, qui n'aspiraient qu'à la gloire des armes, ont cependant éternisé leur nom moins par leurs exploits que par des écrits, comptés entre nos plus précieux monumens historiques. Villehardouin, plein de sens, prudent et circonspect, s'exprimant toujours avec concision et vigueur, fut député en plusieurs circonstances, comme le plus judicieux et le plus éloquent des chevaliers qui portassent la croix. La manière dont il sut écrire l'histoire justifie, à nos yeux, la confiance que sa personne inspira. Il s'applique à raconter l'action mémorable de ces vingt mille Croisés qui enlevèrent d'assaut Constantinople, gardée par quatre cent mille hommes, et qui firent régner un Français sur les débris de l'empire d'Orient.

L'autre, le commensal et l'ami chéri de son roi, nous fait suivre les pas, et nous associe, pour ainsi dire, à la vie privée de saint Louis; tout occupé de représenter les vertus

de son maitre, ce loyal chevalier se fait aimer
lui-même. Sans les récits du sénéchal de
Champagne, la France serait dénuée de la
connaissance intime et complette d'un de ses
plus grands héros, et la religion aurait à regretter l'obscurité qui couvrirait plusieurs actions sublimes, dont elle revendique la gloire.
Plus vif, plus enjoué, plus ouvert que le ma-
réchal de Romanie, le sire de Joinville réussit
mieux à plaire; ni l'un ni l'autre ne s'arrête
à coudre sur les faits des passages de l'Écriture, occupation favorite de tous les historiens
de ce temps; naïfs tous deux en leur vieux
français, ils captivent les lecteurs par les puissans attraits d'une narration intéressante, écrite
sous la simple inspiration de la nature.

Autres
Historiens
des Croi-
sades.

A mesure que les expéditions saintes se
multiplient, l'esprit des historiens semble s'a-
grandir; ils conçoivent mieux et s'expriment
d'une manière moins languissante. L'importance des faits qu'ils veulent décrire, réprime,
en fixant toute leur attention, les écarts d'une
imagination peu réglée; aussi deviennent-ils
moins prodigues de ces ornemens bizarres,
que sème avec profusion l'écrivain légère-
ment affecté du sujet qui doit l'occuper. Les
premiers narrateurs des Croisades, le moine

Robert, Raimond d'Agiles , ll'archevêque Bal-
dric et une foule d'autres , montrent une cré-
dulité sans bornes , et n'envisagent les objets que sous le point de vue, le moins, intéressant. On. dirait que c'est par hasard seulement; par inadvertance; qu'ils laissent échapper de ces traits , qui caractérisent les personnages , font. connaître. les mœurs et. les
temps; leur style barbare est dépourvu dè
grâce ; de noblesse. , de force., et ce n'est
qu'en accumulant les mots que qu'ils pensent se
rendre intelligibles. Ce sont des témoins simples et grossiers , dont il faut suivre péniblement tous les discours ; pour démêler la
vérité, qu'ils déposent devant le tribunal de
la postérité.

Entre ces premiers historiens et ceux qui les
suivirent, la différence est immense. Sans rappeler les deux chevaliers français que nous
avons comparés entre eux ; on ne peut refuser
son estime au cardinal de Vitry, et à Guillaume;
archevêque de Tyr. Ce dernier a été proclamé
le prince de tous les historiens des Croisades (a) : pénétrant , habile à discerner le vrai
du faux , moins crédule que la plupart de ses

Parallèle
entre Jac-
ques de
Vitry et
Guillau-
me de
Tyr.

_____

(a) Gesta Dei per Francos, tom. I, præfat. n°. 11.

contemporains, il débrouille avec facilité l'histoire des successeurs de Godefroy de Bouillon, dont le trône, ébranlé par des guerres continuelles, ne fut défendu que par des femmes ou des régens. On reconnaît, à la précision de ces récits, le chancelier du royaume de Jérusalem, versé dans les affaires publiques, accoutumé à peser les événemens et à étudier les hommes.

Jacques de Vitry s'abandonne plus fréquemment à ses propres réflexions, et paraît s'occuper avec un intérêt plus vif des choses qu'il décrit. L'histoire ancienne lui était familière, et il en tire souvent des rapprochemens heureux, amenés avec art et en peu de mots. Son style ne manque pas d'énergie; souvent c'est celui d'un prélat véhément, dont l'indignation s'allume à la vue des vices de son siècle. Il n'a pas écrit uniquement sur les Croisades, et il s'est même surpassé dans son Histoire occidentale, tableau curieux, tracé avec feu; le discours est rapide, l'intérêt se soutient, et l'on regrète plus d'une fois la brièveté de quelques chapitres. Plus occupé que Guillaume de Tyr, des sciences physiques, il essaie de faire partager son admiration pour les curiosités naturelles de la Terre sainte.

En un mot, Guillaume de Tyr s'attache plus à faire remarquer les changemens politiques; Jacques de Vitry à peindre les personnages, et les divers objets qu'il rencontre. Ces deux prélats, trop savans pour ne pas dédaigner l'usage d'une langue vulgaire, se sont privés du charme inexprimable que les années ont rattaché à la naïveté de notre ancien langage, si aimable dans la bouche de Villehardouin et du sire de Joinville.

Ne nous laissons pas séduire par le plaisir que nous a fait éprouver la lecture de quelques historiens des Croisades, et convenons que plusieurs atteintes à la vérité de l'histoire ne sont peut-être pas étrangères à l'influence de ces expéditions: elles donnèrent cours à beaucoup de fables ridicules sur la vie des saints, sur leurs miracles et leurs reliques; des contes, rapportés par les pélerins, s'accréditaient facilement, comme venant d'une source sacrée. Ce fut dans la plus grande ferveur des Croisades que parut la *Légende dorée* de Jacques de Voragine, si curieuse par les fables pieusement comiques qui s'y trouvent entassées (243). Les reliques recueillies, durant plusieurs siècles à Constantinople, et les traditions mensongères qui s'y étaient comme

Fables historiques, accréditées par les Croisades.

attachées, se répandirent alors dans toute
l'Europe, où quelques-unes se sont accréditées rapidement (244). Cependant la nation
grecque, tombée dans la superstition'la plus
excessive (a), s'était déclarée bien peu capable de faire un choix judicieux parmi tant
d'ossemens, qu'il est si facile d'exhumer et
d'attribuer à des personnages vénérables (245).

Mathé-    La communication, que les Croisades éta--
matiques. blirent avec les Sarrasins, rendit sans doute
plus vif le goût pour les sciences exactes, que
les maures d'Espagne avaient déjà répandu
eu Occident. Les Arabes, qui passent pour
inventeurs de l'Algèbre (246), aimaient à s'en--
foncer' dans. les profondes spéculations des
mathématiques; ils nous transmirent les caractères numériques dont ils faisaient usage,
et l'on n'est pas d'accord sur le temps où nous
les adoptâmes. Quelques savans assignent,
comme date de cet emprunt, l'époque des
Croisades (247).

Astrono-    Les calculs des Arabes appuyèrent sur des
mie. bases solides la science de l'astronomie.
Dans, les premiers âges du monde, sous le

_____

(a) Voyez Montesquieu, *Grandeur et décadence des
Romains*, c. 22.

beau ciel dé l'Asie, l'homme avait'osé s'ouvrir cette carrière, dont il ne pourra jamais
embrasser toute l'immensité; déjà il s'était vu
sur la terre, comme sur un grain de sable ;
suspendu au milieu des airs; mais il fut réservé à l'Europé d'examiner, avec des yeux
plus perçans, la nature, l'ordre, le cours de
ces globes lumineux, qui roulent avec tant de
majesté sur nos têtes (*a*). Les Croisades còn-
tribuèrent, sans doute, à faire passer en Occident, le goût des observations astronomiques
et, en même temps, la faiblesse que mon-
trèrent les Arabes pour l'astrologie judiciaire,
cette fille insensée d'une mère très - sage ;
comme disait un fameux astronome (*b*).
Peut-être que les Arabes accrurent aussi le
penchant de quelques Occidentaux pour les
noirs mystères de la magie, pour ces pratiques
infâmes, le plus souvent puériles, aux-
quelles se sont adonnés des esprits crédules,
qui se flattaient d'appeler à leur secours des
êtres plus puissans que l'homme.

Le préjudice que les Croisades portèrent Physique, Histoire-naturelle.

_____

(*a*) Voyez *Bailly*, *Hist. de l'Astronomie moderne*. liv. VIII, §. I.

(*b*) Keppler, né en 1571.

indirectement aux sciences physiques, en les
assujetissant aux loix d'Aristote, fut en
quelque manière réparé par les mêmes expéditions : des voyages lointains donnèrent lieu
à la comparaison du climat, du sol, des productions, des habitans de diverses contrées,
à des recherches importantes sur l'histoire naturelle. Jacques de Vitry, dont nous avons
déjà loué le zèle à observer la nature, ne
négligea pas de décrire plusieurs animaux,
les plantes et les pierres précieuses de l'Asie ; il
répandait des lumières utiles pour son temps,
quoique rarement il présente quelque vérité,
sans y joindre bientôt quelque erreur : parle-
t-il de l'aimant, devenu si nécessaire aux navigateurs, cet historien attribue une vertu ma-
gnétique plus puissante au diamant, qui, dit-
il, enlève à l'aimant sa proie, par une force
supérieure (*a*). Les contes, dont il a souvent
déparé ses récits, excitent maintenant le rire
du lecteur le moins instruit (248).

Ne reprochons pas aux Croisés de n'avoir
accordé aucune attention aux curiosités natu-

--------

(*a*) *Jacobus de Vitriaco, Hist. orientalis*, lib. III,
cap. LXXXIX.

les
en
pé-
ieu
ro-
es,
na-
ous
ne
x,
;il
ps,
té,
le-
la-
naj
lit-
ce
nt
re

ir
u-

l,

relles de l'Orient, puisqu'ils en transportèrent plusieurs dans leur patrie : un éléphant parut un présent digne d'être envoyé par saint Louis, au roi d'Angleterre (*a*). Les anciens traités sur la chasse célèbrent une race de chiens gris, originaire de Tartarie, et rapportée en France par saint Louis (*b*); race qui subsista long-temps, et qui renforça considérablement les meutes de nos rois, jusqu'alors composées seulement de chiens noirs et blancs. Cette nouvelle espèce, excellente pour forcer le cerf, était d'autant plus précieuse qu'on ne la vit jamais sujette à la rage (249).

Ces voyages ne pouvaient contribuer plus utilement à enrichir l'histoire naturelle, qu'en faisant naître l'étude de la botanique. Les seuls livres qui peuvent nous instruire à fond dans cette science, ont été jetés au hasard sur toute la surface de la terre, et il faut se résoudre à la fatigue et au péril de les chercher et de les ramasser (*c*).

Botanique.

(*a*) *Duchesne*, *Histoire d'Angleterre*, liv. XIII, n°. 9.

(*b*) Voyez *la Chasse royale*, *composée par le roi Charles IX*, citée par Sainte-Palaye, *Mémoires historiques sur la chasse*, I<sup>re</sup> part.

(*c*) *Fontenelle*, *Eloge de Tournefort.*

On n'examina même les plantes, avec une
sorte d'attention, qu'après des excursions
lointaines en des contrées étrangères. Des végétaux, que tous les jours on foule aux pieds
dans son pays natal, n'arrêtent guères les
yeux des hommes, si indifférens et si froids
pour les objets qu'ils rencontrent communément. Ainsi, les Espagnols songèrent seulement à décrire les plantes dont l'Espagne est
ornée, lorsque déjà ils avaient appris à connaître celles de l'Amérique, qui, les premières,
avaient éveillé leur curiosité, par un feuillage
singulier, des fleurs d'un éclat nouveau, et
des fruits qui leur présentaient un aliment
inconnu (250) ; tant il est vrai qu'on n'arrive
souvent aux connaissances les plus simples
que par les voies les plus détournées. Si le
plus hardi des navigateurs ne se fût mis à
la recherche d'une partie du monde, dont
son génie pénétrant lui avait révélé l'existence, il se serait, peut-être, écoulé bien des
années avant qu'on eût déterminé les caractères distinctifs et les vertus des plantes de nos
climats. L'aspect de l'Amérique ayant produit
un effet si avantageux pour la botanique, croira-
t-on que, précédemment, la vue de l'Asie ait
été sans aucun profit sous le même rapport?

Ce

Ce fut peut-être, durant les Croisades, que les Arabes nous firent connaître plusieurs de ces plantes asiatiques, dont la médecine fait un si grand usage ; la casse, le séné, le tamarin. Les Croisés aperçurent, dans les plaines de Tripoli, ce roseau, dont la moëlle, préparée avec art, devient un aliment si doux (a). Ils n'oublièrent pas de transplanter dans leur patrie, quelques espèces de fruits d'une saveur agréable., et des fleurs dont l'émail pare encore nos jardins (251). Pierre Crescentius s'empressa de profiter des nouvelles lumières, en adressant à Charles d'Anjou, roi de Naples, un ouvrage sur la nature des plantes et des animaux (b) ; on ne dédaigna plus de descendre jusqu'à l'origine des productions que la terre nourrit dans son sein. Le sire de Joinville ne découvrant pas, dans les contrées qu'il parcourait, les arbres qui portent les

---

(a) Willerm. Tyr. lib. XIII, c. III. — Jacobus de Vitriaco, Hist. orientalis, lib. I, c. LIII. — Fulcherius Carnotensis, Gesta peregrinantium Francor. c. XX.

(b) Petrus Hotto, Sermo academicus, quo rei herbariæ Historia et fata adumbrantur. Lugd. Batav., 1693, in-8°.

épices et les aromates des Indes, aime mieux
supposer à ces drogues précieuses une origine
absurde, que de s'abstenir de leur en attribuer aucune. Le gingembre, la rhubarbe, le
bois d'aloës, la cannelle croissent, selon ce
guerrier, dans le paradis terrestre, où le vent
les fait tomber des arbres dans le Nil; ces
dons exquis de la nature, entraînés par le
courant du fleuve, sont ensuite pêchés avec
des filets (a). Une telle explication ne peut
sûrement être regardée comme satisfaisante,
mais elle prépare à rechercher la vérité avec
plus d'exactitude. Une science a déjà fait un
grand pas, lorsqu'elle a vaincu l'indifférence
ou le dégoût des hommes.

Médecine.

Les mêmes voyages qui favorisaient ainsi
la culture de la botanique, propageaient l'é-
tude de la médecine. Les deux plus anciennes
sources, où l'on puisât en Europe les sciences
médicales, furent Salerne et Montpellier; l'enseignement se perfectionna en France par les
travaux de quelques disciples d'Avicenne, venus d'Alexandrie, et qui s'établirent à Montpellier dans le temps des Croisades (252).
Cette dernière ville devint bientôt, autant par

(a) *Joinville*, édit. de 1761, p. 41.

l'habileté de ses docteurs, que par la douceur et la salubrité de son climat, la dernière
espérance des infirmes.

Salerne; dont nous avons déjà loué l'application à cultiver la médecine, avait reçu
plus anciennement, des Arabes, les connaissances qui l'illustrèrent; cette ville répandit sa doctrine par toute l'Europe ; à
l'occasion des Croisades (253). Robert; duc
de Normandie, revenant du siége de Jérusalem, où il avait reçu une glorieuse blessure, sollicita de cette fameuse école, un recueil de préceptes généraux pour la conservation de la santé ; telle fut l'origine de cette
lettre *de toute l'école de Salerne,* versifiée avec
plus de précision que d'élégance, et dont les
auteurs s'appliquent, particulièrement, à fixer
les différentes propriétés des alimens. Porté
d'abord en Angleterre par le prince qui l'avait
fait naître, cet ouvrage devint le sujet d'un
grand nombre de commentaires, utiles à l'art
par leurs développemens successifs (254).

Vers le même temps où parurent les maximes de Salerne, une grande révolution s'o-
pérait, en Europe, dans l'étude de la médecine. Jusqu'alors on n'avait lu, en Occident;
qu'un petit nombre de traités sur les moyens

d'entretenir ou de recouvrer la santé, presque
tous composés en latin par des moines (255).
Il est à croire, selon un savant docteur, que
les médecins qui suivirent en Orient les
Croisés, eurent occasion de connaître les
ouvrages arabes (256). Ces écrits furent si
goûtés, que pendant trois ou quatre siècles,
jusqu'à la prise de Constantinople par les
Turcs, les Arabes furent regardés comme
les maîtres suprêmes dans l'enseignement et
la pratique de l'art de guérir. Par l'étude des
auteurs arabes, la médecine fit des progrès
d'autant plus rapides, que ceux-ci, grands
admirateurs d'Hippocrate et de Galien, s'é-
taient approprié une partie de la doctrine
des Grecs (a). Ainsi, quoiqu'on ne prît en
Occident que les Arabes pour guides, on se
pénétrait, comme par anticipation, des principes de la médecine grecque.

Pharma-
cie.

On rapporta d'Asie des purgatifs plus doux
que ceux des Grecs; la pharmacie adopta
l'usage fréquent des aromates de l'Orient.
A l'exemple des Arabes, l'or, l'argent, les
pierres précieuses mêmes, furent transfor-
més en médicamens, moins à cause de leurs

(a) Le Clerc, Hist. de la médecine.

vertus curatives, que par ce préjugé général
qui nous porte à supposer un grand mérite
aux objets rares et dispendieux. Le sucre,
devenu d'un emploi commun en Occident,
fut donné pour base à plusieurs préparations
médicinales; on l'employa à conserver le par-
fum, la saveur des fleurs et des fruits, en leur
communiquant une vertu particulière (a).
Quelques compositions, vantées par les Arabes, furent également en vogue dans l'Occident. La thériaque, celui de tous les médicamens qui a joui de la renommée la plus
universelle, fut apportée en France dès la
première Croisade; et pendant long-temps
on tira ce remède d'Antioche, sans oser entreprendre de composer un antidote, auquel
on accordait une si haute estime (257).

Mais bientôt les laboratoires de l'Occident *Chimie-*
purent fournir des médicamens, qu'autrefois *Alchimie.*
les Orientaux seuls avaient l'art de préparer;
dans les opérations chimiques, on ne se laissa
plus conduire uniquement par le hasard, on
agit d'après des principes et des règles. Nous
voyons encore, en cette occasion, les avanta-

_____

(a) Voyez *Le Clerc, Hist. de la médecine*, p. 772
et suiv. — *Freind, Hist. de la médecine*, II°. part.

ges dont l'Europe fut redevable aux Croisades, se confondre avec ceux que l'on avait
déjà tirés de la fréquentation des Maures établis en Espagne; et il nous est impossible de
déterminer dans quelle proportion il convien-
drait de partager notre reconnaissance entre
les Sarrasins d'Asie et les Maures. Bientôt les
Européens surent extraire, par la distillation,
l'essence des végétaux (a); ces espèces de feux
liquides qui embrasent le corps humain, employés d'abord comme remèdes à certaines
maladies, ne tardèrent pas à tenter l'intem-
pérance du peuple par la modicité de leur
prix. Les Arabes nous communiquèrent aussi
leur passion ardente et obstinée pour l'art
chimérique de changer en métaux précieux,
qu'ils ont appelés parfaits, ceux que l'a-
varice dédaigne, et que néanmoins l'industrie a rendus les plus utiles aux agrémens et
aux douceurs de la vie. Cette chimie mystérieuse, si fière de son obscurité, apprit, tout
en s'égarant dans de fausses routes, à sou-

---

(a) Le Clerc, Hist. de la médecine, p. 773. —
Freind, Hist. de la médecine, II<sup>e</sup>. part. — Le Grand
d'Aussy, Hist. de la vie privée des Français, t. III,
p. 64.

mettre les corps à l'analyse ; mais il aurait
été heureux qu'il se fût rencontré, en Europe, moins d'esprits faciles à séduire, par le but
attrayant que cette science se proposait. Un
des plus grands rois qui aient gouverné l'Espagne, crut devoir chercher dans les creusets
et les fourneaux, des richesses qu'il pouvait
trouver plus sûrement dans une sage administration ; il nous a laissé, sur les opérations
du grand-œuvre, deux livres dont les caractères singuliers sont demeurés indéchiffra-
bles (a).

N'oublions pas que la multiplication des
ordres hospitaliers, contribua efficacement à
seconder les progrès de la médecine. Aucune
institution humaine ne saurait inspirer plus
d'admiration et de gratitude, que ces vœux
solennels qui attachent, par les liens les plus
forts, aux pénibles et rebutantes fonctions de
soigner les malades. Ces Romains, dont on
a si souvent célébré la générosité et l'héroïs-
me, puisaient dans leur religion des sentimens bien différens envers les infirmes; ils
abandonnaient dans une île, consacrée à Escu-

Ordres re-
ligieux
hospita-
liers.

---

(a) *Ferreras*, *Hist. d'Espagne*, *tableau des écrivains du XIII° siècle.*

lape, les esclaves malades (a), comme pour
excuser leur barbarie par la dérision d'une
pieuse confiance en leurs dieux. Sans adopter
les folles prétentions de quelques Hospitaliers sur l'antiquité de leur ordre, on reconnaît cependant des religieux infirmiers, long-
temps avant les Croisades (258); mais depuis
les guerres saintes, à peine peut-on compter le
grand nombre de congrégations hospitalières,
formées soit en Asie, soit en Europe. Aussi
n'avait-on jamais senti si vivement la nécessité de ces pieux asiles, dans lesquels les malades accueillis avec une compassion affec-
tueuse et soulagés avec art, ne craignent plus
d'exciter, autour d'eux, le dégoût ou l'émotion
passagère d'une pitié stérile. Les nombreuses
armées d'Occidentaux, qui se pressaient dans
l'enceinte étroite de la Palestine, souffrirent
beaucoup des influences malignes d'un climat
brûlant et inégal ; nos soldats rapportèrent de
nouvelles maladies, suites du libertinage, de

---

(a) L'empereur Claude chercha à remédier à cette
barbarie. Voyez *Suetonius*, *in vitá Tib. Claudii*, n°.
25. — Voyez *Wilhelmus à Loon*, *Eley theria*, *sive
de manumissione servorum apud Romanos*, lib. IV,
§. II.

la malpropreté, et des fatigues de la guerre.
Dans les Croisades, l'hospitalité orientale
se confondit avec la charité chrétienne, et de
ces deux sentimens réunis, se composa le
dévouement le plus entier à secourir les voyageurs et les infirmes. En ces siècles, appelés
siècles de fer, la charité semblait ne pas connaître de bornes; et si notre âge peut se pré-
valoir d'une piété plus éclairée, de mœurs
plus régulières, du moins en apparence,
combien n'a-t-il pas à rougir de son infério-
rité, sous le rapport d'une compassion active
envers les misérables (259)? Chaque sorte
d'infirmité obtint en particulier une maison
de secours; on recueillit de tous côtés les
orphelins, les aveugles (260), les insensés.

Quoique nous ayons déjà parlé des ordres
religieux militaires, fondés dans la Terre
sainte, nous ne les avons pas encore consi-
dérés sous le rapport des soins qu'ils rendaient aux malades, suivant le principal objet
de leur institution. Le grand-maître de saint
Jean de Jérusalem, qu'un empereur des Turcs
nommait le père d'un très-glorieux empire,
s'honorait de joindre à des titres brillans aux
yeux de la vanité, celui de *Maître de l'hôpital
de saint Jean, et de Gardien des pauvres de*

*Notre Seigneur Jésus-Christ* (a). Le grand-
maître de l'ordre de saint Lazare, devait toujours être un lépreux (261), afin sans doute,
que malade lui-même, ce chef fût plus disposé à compatir aux misères de ses frères.
Ces chevaliers, dit un historien témoin de
leur institution, avares et durs pour eux-mêmes, « se montraient constamment prodigues et pleins de douceur pour les pauvres,
qu'ils appelaient *leurs Seigneurs* (262) ».
Triomphe magnifiqne de la charité chrétienne l de braves guerriers, dont aucune force
humaine n'aurait pu faire fléchir l'honneur
sous des conditions humiliantes, dépouillant
l'éclat de leur gloire militaire et celui de la
naissance, qu'ils tiraient, pour la plupart, des
races les plus anciennes et les plus illustres,
s'assujettissaient au service personnel des
pauvres ; maîtres d'autant plus difficiles à
contenter qu'ils étaient souffrans, infirmes,
et qu'ils appartenaient souvent aux conditions les plus abjectes.

Les Croisés, auxquels la lèpre s'était communiquée en Asie, retournèrent dans leur

_____

(a) *Helyot, Hist. des ordres monastiques,* t, III,
p. 76 et 83.

patrie; couverts de plaies hideuses. L'aspect
de ces infortunés, victimes de leur zèle pour
le service de Dieu, commanda à la pitié des
sacrifices proportionnés au malheur des individus, infectés d'une si horrible contagion,
et les fondations en faveur des malades se
multiplièrent encore. L'intérêt envers les lépreux devint si vif, que saint François, dans
son testament, regarde la tendresse qu'il leur
portait comme le seul mérite, qui, originairement, avait attiré sur lui la miséricorde de
Dieu (263): Saint Louis les servait, les pan-
sait de ses mains, et ce prince; assez grand
pour ne pas craindre de s'abaisser ainsi, a
donné plusieurs fois ce sublime exemple (264).
On vit un nombre prodigieux de maladreries
s'ouvrir dans toutes les parties de l'Europe.
Le roi Louis VIII, par son testament, avait
enrichi deux mille léproseries (265). Mais
quand la cessation des guerres saintes eut,
insensiblement, fait disparaître cette cruelle
contagion, les biens affectés à la soulager,
dotèrent les hôpitaux où l'on traitait toutes
les maladies.

Tant de soins empressés pour les infirmes Hôpitaux.
nous engagent à embrasser l'opinion d'un médecin, qui rapporte aux premières Croi-

sades l'origine des hôpitaux, tels que nous les avons vus se multiplier depuis pour le soulagement de l'humanité (a).

Que la vue touchante d'institutions si utiles à la société, ne nous rende pas indifférens à d'autres effets des Croisades, moins précieux, mais importans à suivre pour embrasser, dans toute leur étendue, les résultats qu'ont eus les guerres saintes.

Les langues perfectionnées. . On ne peut guères douter que les Croisades n'aient influé sur la perfection des langues : on sait que dans ces grandes émigrations, tous les peuples, et par conséquent toutes les langues se mêlèrent; Français, Italiens, Anglais et Allemands, tout se rapprocha : l'habitant des bords de la Tamise et celui du Tibre, furent obligés de converser et de traiter avec celui qui était né sur les bords de la Loire ou du Danube. Il est impossible que dans un espace de deux cents ans, tous ces idiomes n'aient beaucoup emprunté les uns des autres, et ne se soient mutuellement enrichis ; la douceur même du climat de l'Asie, l'établissement dans ces beaux lieux, de nouvelles idées et des sensations nouvelles, le

_____

(a) Peyrilhe, Hist. de la chirurgie, liv. V, p. 421.

commerce',avec les Sarrasins qui avaient
alors des connaissances : et des lumières, devaient nécessairement ajouter aux trésors des
langues (*a*).

On contracta aussi, par une relation suivie
avec plusieurs peuples, cette facilité d'apprendre les langues qui s'acquiert dans les voyages et dans la fréquentation des étrangers :
une foule de Croisés parlèrent la langue
des Arabes et celle des Grecs (266). Les ordres mendians s'appliquèrent à former des
interprètes habiles pour les princes qui visi-
taient l'Orient, et des prédicateurs qui annonçassent l'Évangile à tous les peuples (*b*).

Sans la langue latine, assez connue des Langue
ecclésiastiques, les nations diverses assem- latine.
blées sous l'étendard de la croix, auraient
d'abord éprouvé de grands obstacles pour
correspondre entre elles : rappelée en quelque façon à la vie, cette langue des conquérans du monde sembla redevenir, pendant

_____

(*a*) Nous avons emprunté à Thomas ce paragra-
phe, qui rend très-bien l'effet des Croisades sur les
langues. *Essai sur les Éloges*, c. XXVIII.

(*b*) *Lebeuf*, *Dissertation sur l'état des sciences*,
depuis le roi Robert, etc. p. 34 et suiv.

quelques instans, ce qu'elle avait été aux jours
de la puissance romaine, un idiome commun
à plusieurs grands peuples ; mais alors elle
passa par tant de bouches barbares, qu'elle
acheva de se corrompre ; les ouvrages de ce
temps, presque tous écrits en latin, sont un
témoignage irrécusable de cette altération.

Langue<br>française.    Les Croisades procurèrent à la langue française des avantages particuliers ; le commerce
avec Constantinople et la fondation du nouvel empire, qui subsista près de soixante
ans, contribuèrent à la perfectionner et à la
polir : dans toute cette époque, l'empire
grec fut presque une province de la France ;
alors la langue des vaincus enrichit de ses
dépouilles celle des vainqueurs. C'est peut-
être, parmi nous, l'époque de cette foule
de mots grecs que nous avons adoptés ( a ) ;
c'est pour cette raison, peut-être, que notre
langue, qui, dans son origine a été formée
en partie des débris de la langue romaine,
a cependant, pour les mouvemens, pour les
tours, et quelquefois par sa syntaxe, beaucoup plus d'analogie avec la langue de Dé-

_____

(a) On peut voir dans les *Origines de Ménage*,
plusieurs de ces mots.

mosthène et de Sophocle, qu'avec celle de
Cicéron et de Térence ; cette analogie ou ce
rapport dut augmenter au quinzième siècle,
à la renaissance des lettres. Plusieurs savans dans tous les genres , qui, dans Paris,
avaient l'ambition de passer pour des citoyens
d'Athènes, nous donnèrent encore un grand
nombre de mots empruntés de là langue qu'ils
admiraient ; seulement ces mots se déguisè-
rent sous une terminaison française, comme
des étrangers qui prennent l'habit du pays
qu'ils viennent habiter ( 267 ).

La langue française, familière maintenant
à tous les peuples polis , et que les plus sublimes productions du génie semblent peut-
être appeler , un jour, à la brillante destinée de remplacer le latin , dont l'universa-
lité décroît sensiblement, ne fut jamais plus
répandue qu'à l'époque des Croisades. Guillaume l'avait portée en Angleterre , et les
conquêtes d'un autre Normand dans la Pouille
et dans la Sicile ; les Croisades l'introduisirent à Jérusalem et à Constantinople, sous
un roi et un empereur français ; elle fut par-
lée à Antioche , en Chypre , dans la Grèce,
et dans tous les lieux de l'Asie où s'établirent plusieurs seigneurs qui avaient suivi Bau-

douin. Charles d'Anjou, frère de saint Louis,
fit fleurir à Naples une langue avec laquelle
il aimait, en quelque sorte, à se jouer, en
composant des chansons légères, qui sont par-
venues jusqu'à nous (268).

Étendues, enrichies, perfectionnées, les
langues permettent à la poésie de prendre un
essor rapide. Les préparatifs de la guerre
sainte, une certaine joie que font naître les
nouvelles entreprises, le mouvement et le
tumulte qui les accompagnent, animèrent nos
poètes d'une nouvelle ardeur (a).

Poésie.
Musique.
Quels objets plus capables d'échauffer l'i-
magination que les expéditions d'outre-mer ?
héroïques par leur but, elles présentent encore un enchaînement de situations intéressantes, susceptibles d'être embellies de toutes
les couleurs de la poésie : on avait à peindre d'abord, le saint et courageux dévouement des Croisés, soutenu par les inspirations du ciel, et combattu par le regret de
quitter les douceurs de la patrie ; on célébrait
la sublime victoire remportée sur tous les at-
tachemens humains (269). Les mères, les
épouses délaissées, les vieillards, les enfans

───────────────

(a) *Massieu*, *Hist. de la poésie française*, liv. I.

qui

qui perdaient leur appui, faisaient entendre leurs voix plaintives. On n'oubliait pas les apprêts du départ, les adieux et la généreuse réparation des torts et des injures, avant de commencer un voyage, dont les longueurs, dont les dangers ne permettaient d'espérer qu'un retour incertain (270). Les aventures variées d'une si pénible route, les exploits enfantés par l'intrépidité religieuse et par l'honneur chevaleresque, offraient un vaste champ aux narrations les plus brillantes. Les yeux se fixaient ensuite avec joie sur le retour triomphant des chevaliers, rapportant de l'Orient les riches dépouilles des infidèles, et les palmes qu'ils avaient cueillies sur la montagne de Sion (271). On montrait enfin ces guerriers, chéris de Dieu et des hommes, jouissant après tant de travaux d'un glorieux loisir, dans les tours d'un antique château ; leur repos n'était plus troublé que par le concours d'une belliqueuse jeunesse, avide d'entendre des récits qui l'enflammaient d'une noble émulation.

Le souvenir même des expéditions d'outremer a plusieurs fois inspiré la poésie, et le génie du Tasse ne fut jamais plus brillant que lorsqu'il peignit la conquête de Jérusalem, dans un des poëmes épiques les plus accom-

14

plis qui aient illustré la littérature des modernes. Il était donc naturel que les Croisades fussent aussi l'époque où parut le plus grand
nombre de ces poètes, appelés *Trouvères* et
*Chantères*, parce qu'ils rencontraient, imaginaient des choses agréables, et se présentaient pour les chanter dans les fêtes et les
festins (272).

Bientôt l'estime et les avantages accordés
aux poètes et aux musiciens, encouragèrent la
culture des arts divins qu'ils professaient : on
emprunta des Arabes l'usage de récompenser
avec des vêtemens précieux, les accens de ces
chantres des héros et des belles ; usage si
commun vers le temps des Croisades, que les
ecclésiastiques croyaient devoir en réprimer
par leurs sermons l'abus excessif (273). On
donna aussi aux ménestriers le droit de se
partager, avec les hérauts d'armes, les éclats
des armes brisées dans les tournois, et les
paillettes d'or et d'argent qui jonchaient lé
champ de bataille.

Le goût de la poésie parut se répandre
encore davantage, lorsqu'on la vit cultivée
par les plus puissans seigneurs. Sans parler encore de Charles d'Anjou, Thibaut,
comte de Champagne, ornait, à Provins, les

murs de son palais des vers qu'il soupirait pour une reine insensible. Pierre Maucler, comte de Bretagne, composait des chansons qui n'apaisaient pas cependant son humeur inquiète. Henri, comte de Soissons, prisonnier à la Massoure, charmait sa captivité par des vers que le temps n'a pu effacer. Richard roi d'Angleterre, ce Croisé fougueux, accusait par des chants plaintifs, ses barons, trop lents à le racheter des mains de son ennemi.

Toute stérile qu'elle fût, la littérature de ce temps porte encore, dans ses faibles productions, des traces du vif intérêt excité par les expéditions d'outre-mer. Les romans, seuls ouvrages d'imagination que l'on vit paraître, et dont la vogue augmenta dès-lors, changèrent de sujet : les faits d'armes fabuleux des chevaliers de-la Table ronde, d'un Roland, d'un Renaud de Montauban, du roi Artus, n'offrirent plus que des narrations surannées et sans attraits. Les langueurs amoureuses de Tristan, de Lancelot, d'André de France, qui mourut pour avoir trop aimé la belle qu'il n'avait jamais vue, cédèrent aussi à des récits plus nouveaux sur Godefroi de Bouillon, sur les califes, les soudans, et sur les prodiges des enchanteurs d'Egypte et de Syrie (274).

Change-
ment dans
lesesprits. Insensiblement les esprits se polissaient et s'ornaient, l'imagination devenait plus mesurée, plus raisonnable dans son essor et même dans ses écarts. Arrachés à leur cruelle habitude de la guerre, des combats et des duels, les peuples se livrèrent à des inclinations plus douces. Sciences, beaux-arts, ouvrez vos trésors aux nations qui s'efforcent de dissiper l'engourdissement d'un trop long sommeil : on attend de 'vos charmes puissans un nouveau prodige, qui renouvelle la mémoire de ces chantres divins, dont la lyre faisait mouvoir les pierres en cadence, pour bâtir des villes, et attirait, du haut des montagnes, les rochers attendris.

Déjà, dans le lointain, on découvre ces magistrats qui se feront craindre par l'empire des loix, et chérir par celui de la vertu; ces orateurs, oracles révérés de la justice, défenseurs intrépides de l'innocence ; ou ceux dont la bouche, réservée aux plus sublimes discours, tonnera contre les vices et les vanités du monde ; ces vrais philosophes, qui, par leurs doctes écrits, sembleront reculer les limites assignées à l'esprit humain; ces

enfans des arts, qui graveront leurs noms
sur le bronze et sur l'airain, qu'ils animeront.
Déjà l'on aperçoit l'aurore des jours les plus
brillans. Un pontife romain va donner son
nom à un siècle entier, comme s'il avait été
le créateur des grands génies que ses encou-
ragemens ont fait marcher avec tant de gloire
dans la carrière des sciences et des arts. La
nature semble attendre le signal de Léon X,
pour répandre avec profusion tous les dons
de l'esprit. Sous la plume des Politien, des
Sannazar, on verra renaître toute la grâce et
l'énergie du langage de l'ancienne Rome. Les
Grecs échappés de Constantinople, en proie
aux musulmans, reprendront leurs doctes
travaux dans une nouvelle patrie; la lyre du
Dante et de l'Arioste enchantera l'Italie; un
prince sera la merveille de son temps, Pic
de la Mirande, qui aurait été bien plus savant aux yeux de la postérité, s'il n'avait cru
tout savoir. Machiavel, ce sombre Florentin,
nourri dans les conspirations, et qui ne voulait rien confier à la vertu, puise dans l'histoire d'utiles et profondes maximes, mais,
trop souvent aussi, des principes faux et pernicieux. L'invention de l'imprimerie s'étend
de tous côtés, et restitue aux écrits des an-

*Marginal note:* Gloire du siècle de Léon X, préparée par les Croisades.

ciens, l'immortalité qu'ils étaient menacés
de perdre. Michel Ange élève un temple digne de la religion à laquelle cet édifice est
consacré. A la vue des tableaux de Raphaël,
on conteste aux anciens la même supériorité
dans la peinture que dans la sculpture. Léonard de Vinci se montre à la fois peintre,
sculpteur, poëte, musicien, architecte, géo-
mètre. Les hommes s'animent, s'encoura-
gent à l'envi ; l'émulation ne connaît plus
d'obstacles ; tous veulent monter au temple
de la gloire.

# CONCLUSION.

Avant de terminer cet ouvrage, résumons Trois cau- ses prin- cipales , en peu de mots , ce que nous avons pu aper- des effets des Croi- cevoir de l'influence des Croisades. sades.

C'est en France, en Angleterre, en Alle- magne, en Italie , qu'il faut surtout chercher les traces de cette influence, qui dérive de trois causes principales : de l'émigration d'un grand nombre d'hommes, de la communica- tion de plusieurs peuples entre eux, de l'im- pulsion donnée aux esprits par une dévotion particulière.

Assignons à chacune de ces causes leurs effets les plus remarquables :

Les serfs, soumis à la servitude par la terre 1re. Cau- se, l'émi- gration d'hom- mes. qu'ils possédaient, brisent leurs liens en quit- tant la glèbe ; ceux dont la servitude était per- sonnelle, trouvent la franchise dans le privi- lége des soldats. Les affranchissemens, accor- dés par dévotion ou par intérêt, s'obtiennent plus facilement. Les serfs saisissent l'occasion de recouvrer la liberté, en se jetant dans les villes qui la communiquaient à leurs habitans. Le droit d'aubaine, cruelle entrave aux communications mutuelles des peuples, s'adoucit; pendant l'absence des seigneurs la paix et la tranquillité publique réparent les manx des guerres privées et préviennent leur retour. La trêve de Dieu, que l'Allemagne connaît enfin, devient perpétuelle. L'autorité royale s'affermit; les Communes achètent des priviléges, qu'on s'empresse de leur vendre; et souvent elles usurpent ces priviléges sur les seigneurs absens. Les rois constituent des Communes dans les terres des seigneurs, occupés outre-mer. Les cours judiciaires seigneuriales perdent leur considération, et leur nombre est réduit. Dans les Communes, il se forme des cours judiciaires, où le droit romain prend faveur; dès-lors les guerriers abandonnent l'exercice de la justice, et l'on défère plus rarement le duel. Le nombre des fiefs diminue, et diverses atteintes affaiblissent le système féodal; on voit paraître l'époque, à jamais célèbre, du règne de saint Louis.

De l'Egypte et de Constantinople, la science se repand dans toute l'Europe; la prise de cette ville accrédite en Occident l'étude du droit de Justinien et celle des écrits d'Aristote. La communication avec les Arabes et avec les habitans de Salerne, accélère les progrès de la médecine. De longs voyages étendent le domaine de la physique, de l'histoire naturelle, de la botanique, de la pharmacie, de la chimie. Les mathématiques, la géographie, l'astronomie, abandonnent d'heureux climats pour fleurir en Occident. Les historiens se multiplient, leur caractère s'élève; les langues perfectionnées s'empruntent mutuellement différentes expressions; la poésie prend un nouvel essor. Les Francs, maîtres des deux *étapes* ou lieux de rendez-vous entre les vendeurs et les acheteurs, s'emparent du commerce de l'Asie et de la navigation de la Méditerranée. Venise, Gênes et Pise, élevées à une haute splendeur, forment des établissemens lointains, et offrent un puissant motif d'émulation à la société hanséatique; l'art de la marine fait de grands progrès. Des princes croisés portent dans toute l'Europe les loix nautiques en vigueur dans le midi, et récemment accrues par de fréquentes navigations. Le luxe augmente, et les étoffes de soie sont recherchées comme le plus précieux vêtement; les manufactures grecques et arabes offrent des modèles utiles à l'é-

mulation de l'Europe; plusieurs inventions
passent de l'Orient en Occident. L'aspect de
Constantinople éveille le goût des beaux-arts;
l'architecture gothique parvient à sa plus
haute splendeur. L'art militaire se perfec-
tionne, et ces fiers Sarrasins, qui aspiraient à
la conquête de l'Europe, sont repoussés dans
les sables de l'Arabie. On voit paraître les
armoiries, aiguillon du courage et soutien de
la vertu. Une police sévère s'établit dans les
armées; l'infanterie reprend insensiblement,
parmi les guerriers, la considération qu'elle
n'aurait jamais dû perdre.

3°. Cau-
se, l'im-
pulsion
donnée
aux es-
prits.

La chevalerie imprime aux héros un caractère religieux et politique; elle devient une
dignité éminente, rehaussée de sublimes honneurs, qui font envier par des rois mêmes le
titre de chevalier. On ne peut plus compter
les fondations pieuses, tant elles se multiplient ; une nouvelle règle monastique éclipse
les trois règles anciennes ; de nouveaux ordres
réforment les mœurs, pacifient les villes et
les états, enseignent la morale jusque dans
les campagnes les plus reculées. Une surabon-
dance de richesse tire les religieux de la culture des terres, et les porte à s'appliquer aux
lettres; leur luxe encourage les beaux-arts;

les moines excitent, surtout en France, une, double rivalité favorable aux études. La charité envers les pauvres s'accroît, et les établissemens les plus généreux immortalisent ses sacrifices ; les ordres hospitaliers se propagent, ainsi que les hôpitaux; la profession de soigner les malades s'ennoblit par l'adjonction des honneurs militaires, et une nouvelle milice s'oppose, de tous côtés, aux invasions des infidèles.

A ces heureuses conséquences des Croisades, opposons les funestes effets qu'on leur attribue, et qui les ont fait nommer, souvent, le fléau des nations du moyen âge.

Les décimes levées, sous prétexte de la guerre sainte, excitent les souverains à charger les peuples d'impôts; les rois, arrachés de leurs états, les laissent en proie à des troubles intérieurs, ils les épuisent d'hommes et d'argent. La licence, poussée à son comble dans ces guerres, augmente la corruption des mœurs; l'étude des loix civiles est presque étouffée par celle du droit ecclésiastique ; les rigueurs de l'inquisition paraissent la conséquence naturelle de la guerre entreprise contre les Sarrasins.

Tels ont été, d'un côté, les heureux effets

Maux produits par les Croisades.

des Croisades, et de l'autre, leurs suites fâcheuses.

Grande
question
résolue. Si l'on nous somme de peser, dans une balance exacte, ces deux conséquences opposées, afin de résoudre une question depuis long-temps vainement agitée : « Les Croisades furent-elles plus utiles que nuisibles au genre humain ? » Nous répondrons : « Le bien » permanent produit par ces expéditions, » l'emporte sur les maux qu'elles firent éprou- » ver aux peuples qui s'y dévouèrent, maux, » dont les plus fâcheux, sont communs à toute » guerre en général ».

Les peuples, au milieu desquels les éruptions des volcans sèment quelquefois l'épouvante et la désolation, ne recueillent-ils pas de riches moissons dans les campagnes fertilisées par ces tourbillons de cendres, qui réparent des maux passagers par une fécondité durable ?

Si l'on se représente les hostilités, les brigandages qui désolaient l'Europe, avant que la trompette des Croisades se fit entendre, si l'on se rappelle les justes alarmes de la chrétienté prête à subir le joug des Turcs, on nous permettra, sans doute, de répéter ces paroles d'un écrivain, qui vivait du temps

des Croisades, et qui semble avoir devancé
le jugement de la postérité sur les guerres
saintes : « Ceux-là sont téméraires, qui
» condamnent une nouveauté, néces-
» saire au monde accablé d'années et
» prêt a périr de vétusté (a) ».

----

(a) « Hic de militiæ vel expeditionis ejusdem causâ,
non tam humanitùs quam divinitùs ordinatâ, fert ani-
mus æstuans aliqua præscriptis adjicere, maximè
ob imprudentium quorumdam redargutionem, qui ve-
tusto semper errore contenti, novitatem hanc jam se-
nescenti et propè intereunti mundo pernecessariam,
ore temerario præsumunt reprehendere, etc. » Conradus à Liechtnenaw, Abbas Urspergensis, chronicon,
ad ann. 1099. Ces mêmes paroles, à quelques mots
près, se trouvent dans l'histoire-composée par Ekkéhard, abbé de Saint Laurent, dans le diocèse de
Wurtzbourg ; l'abbé d'Ursperg ne s'est pas fait scru-
pule de s'approprier l'écrit d'Ekkéhard, en le faisant
passer sous son nom, sous lequel il est plus généralement connu. Voyez sur ce plagiat, D. Martène,
Veterum scriptorum, etc., amplissima collectio, t. V,
p. 511.

FIN.

# PREUVES
## ET ÉCLAIRCISSEMENS.

(1) Les fiefs n'ont commencé à passer du père aux enfans que sur le declin de la seconde race. Quand les ducs et les comtes eurent rendu leurs gouvernemens héréditaires dans leur famille, ces nouveaux souverains voulurent en tout suivre l'exemple des rois. Afin d'intéresser beaucoup de personnes à maintenir leurs usurpations, ils donnèrent à leurs officiers, pour eux et pour leurs descendans, une partie des biens royaux qui se trouvèrent dans les provinces dont ils venaient de se rendre maitres; c'est là l'origine des arrière-fiefs. Hugues Capet confirma cette double usurpation, pour affermir la sienne bien plus considérable. Voyez *Le Gendre*, *Mœurs des Français*. *Du Cange*, *Glossarium latinitatis*, verbo *Feudum*.

(2) Non-seulement tous les châteaux étaient des forteresses, mais un grand nombre d'abbayes même étaient fortifiées. Suger dit, dans le livre où il rend compte de son gouvernement abbatial : « Turrim etiam et superiora frontis propugnacula, » tam ad ecclesiæ decorem, quam ad utilitatem, si op- » portunitas exigeret, variari condiximus ». *Sugerii Abbatis S. Dionysii liber de rebus in administratione sua gestis*, tome XII des *Historiens de la France*, p. 97. — On pour- rait citer plusieurs exemples d'abbayes qui ont soutenu des sièges fort longs ; ces abbayes étaient un lieu de refuge très-utile pour les habitans des campagnes, pendant la guerre.

(3) Le duel était un privilége tellement essentiel à la liberté, que les serfs sollicitaient, comme une grande grâce, le droit de combattre. Voyez l'exemple des serfs de l'église de Chai- tres. *D'Achery*, *Spicilegium aliquot veterum scriptor.* tom. III, p. 481, édit. in-fol. La faveur de combattre fut aussi accordée, vers le même temps, aux serfs de l'église de

Paris. *Du Cange*, *Glossarium latinitatis*, *etc.*, verbo *Servus.*

(4) Tant que le mariage fut prohibé jusqu'au septième degré, la part que l'on devait prendre dans les guerres privées, était déterminée par les bornes de cette prohibition ; mais lorsque l'Eglise n'étendit la défense que jusqu'au quatrième degré, la même restriction s'introduisit dans l'usage des guerres privées.

(5) La peinture que Jacques de Vitry fait dans son Histoire occidentale, des violences exercées par les seigneurs, présente l'affreux tableau des malheurs de l'anarchie. *Jacobus de Vitriaco*, *Historia occidentalis*, cap. iii. Voyez *Guibertus Abbas*, *Histor. Hierosoly.*, lib. ii, n°. 7. — M. de Boullainvilliers, lui-même, n'a pu se dissimuler combien les violences qu'exerçaient les seigneurs étaient odieuses. Voyez *Dissertation sur la noblesse de France*, p. 132.

(6) On verra dans les historiens contemporains, que nous ne disons rien ici qui soit exagéré. Nous ne citerons que le témoignage d'un écrivain de poids ; voici comme s'exprime Guillaume de Tyr : « Videbatur sanè mundus declinasse ad » vesperam, et Filii Hominis secundus adventus fore vicinior... » et in chaos pristinum mundus videbatur redire velle, etc.». *Willermus Tyr.*, *Hist. Hierosoly.*, lib. I, cap. viii.

(7) Voyez *Forster*, *Hist. des découvertes, dans le nord*, tom. I, p. 78. — Les Danois étaient poussés à la piraterie, comme par un penchant inné. Le roi Canut IV, qui fut massacré dans une sédition, et ensuite canonisé, voulut interdire ces brigandages à son peuple, et ce ne fut pas une des moindres raisons qui contribuèrent à le faire assassiner. Voyez *Des Roches*, *Hist. de Danemarck*, *règne de Canut IV.*

(8) C'était bien la crainte de l'empereur des Grecs ; il écrivit même à Robert, comte de Flandres, pour l'engager à lui donner du secours. Voyez *Guibertus Abbas*, *Hist. Hierosoly.*, lib. I, cap. iv.

(9) On a beaucoup disputé sur la noblesse de Pierre l'Hermite, dont la famille, noblement alliée en Asie et en France, s'est enfin éteinte dans les Pays-Bas. Où trouve ce point lort éclairci dans les *Antiquités d'Amiens*, par *De la Morlière*, liv. I, p. 114. Accolti, qui écrivait dans le quinzième siècle, fait naître Pierre l'Hermite *ex urbe Morind*, sans nommer Amiens, qui est située dans le pays des anciens Morins. *Accolti, de bello à christianis contra barbaros gesto, pro Christi sepulchro, et Judæa recuperandis*, lib. I. Il est certain que Pierre l'Hermite naquit à Amiens, ou près de cette ville ; il était *ex nobilitate Ambianensi*. Quelques auteurs l'ont cru né sur les frontières de l'Espagne. Voyez *le Commentaire de Dempsterus sur l'Histoire d'Accolti.*

(10) Tous les historiens des Croisades assurent que Pierre fut hermite : *Re et nomine cognominabatur Heremita*, dit Guill. de Tyr, lib. I, cap. xi. C'est l'avis de De la Morlière dans les *Antiquités d'Amiens*. Il embrassa la vie herémitique après le décès de sa femme, Beatrice de Roussy, avec laquelle il ne vécut que trois ans, et dont il eut un fils et une fille.

(11) *Willermus Tyr.*, lib. I, cap. x. — Les chrétiens éprouvaient toute sorte de vexations de la part des califes. Motavakel déclara les chrétiens et les Juifs incapables de posséder aucune charge de justice, et même de police ; il leur ordonna ensuite de porter de larges ceintures de cuir, pour les distinguer des musulmans; enfin il leur défendit encore, en 853, de se servir de chevaux ; il leur permit seulement de posséder des mulets ou des ânes ; et il ajouta la condition, qu'ils n'auraient jamais d'étriers de fer à leur monture. *Marigny, Hist. des Arabes*, tom. III.

(12) Il y a des auteurs qui ne comptent que sept Croisades, ne faisant pas mention de celle d'André II, roi de Hongrie; d'autres en comptent huit :

15.

. ʳ⁰. ˙ Croisade en 1095 ; elle ne fut autorisée par la présence d'aucun souverain.

2e. L'empereur Conrad III, et Louis VII, roi de France, l'entreprirent en 1147, à l'occasion de la prise d'Edesse.

3e. Cette expédition eut pour chefs l'empereur Fréderic Iᵉʳ., dit Barberousse, Philippe Auguste, roi de France, et Richard Cœur-de-Lion, roi d'Angleterre. La prise de Jérusalem par Saladin, en 1187, donna lieu à cette guerre, en 1189.

4e. En 1202 on se croisa, sur les fortes instances du pape Innocent III. Plusieurs seigneurs français et allemands, réunis aux Vénitiens, sous la conduite de Boniface, marquis de Monferrat, s'emparèrent de Constantinople.

5e. André, roi de Hongrie, prit la croix en 1217, d'après les décrets du concile de Latran, tenu en 1215.

6e. Fréderic II se croisa en 1228, et par un traité qu'il fit, l'année suivante, avec le sultan d'Egypte, il obtint la restitution de Jérusalem, et de plusieurs autres villes de la Palestine.

7e. En 1248 saint Louis passe en Asie ; il est fait prisonnier avec toute son armée en 1250.

8e. et dernière Croisade, qui se termine par la mort de saint Louis.

(13) Les Sarrasins connaissaient bien ce but des Croisés : Richard, roi d'Angleterre, ayant fait demander à Saladin d'interdire l'entrée de Jérusalem aux chrétiens, qui n'étaient pas munis de ses passeports, Saladin assembla son conseil, pour pénétrer les motifs de la demande du roi. Les conseillers du sultan l'engagèrent à refuser le roi d'Angleterre, parce que, disaient-ils : « Les Francs n'ont d'autre puissante raison » de quitter leur patrie, que de venir prier à Jérusalem, et » qu'après avoir satisfait leur devotion, ils retournent chez » eux, et ne sont plus disposés à en sortir». Saladin se garda bien de concourir aux vues de Richard, et Jérusalem fut ou-

terre à tous les chrétiens. *De rebus gestis Richardi Angliæ regis in Palestind, excerpta ex Abulpharagii Chronico Syriaco*, p. 11.

(14) « L'ancienne Eglise avait vu Jérusalem et le Calvaire sous la puissance des empereurs païens, qui y avaient bâti des temples aux idoles, dont l'un était consacré à Venus, la déesse de l'impureté ; mais elle ne s'en était pas émue ». *J. Basnage, Hist. de l'Eglise*, liv. XXIV, chap. viii. — L'usage d'imposer pour pénitence quelque pélerinage fameux, fut le fondement des Croisades. *Fleury, Disc.* III, n°. 5. — Tous les peuples septentrionaux avaient une grande dévotion pour visiter Jérusalem ; en allant ou en revenant, ils allaient prier sur le mont Gargan, appelé aujourd'hui mont Saint-Ange, et célèbre à cause d'une apparition de saint Michel. Ils s'arrêtaient aussi au mont Cassin, révéré par la sainteté et les miracles de saint Benoît, qui avait habité sur cette montagne. Les Normands étaient surtout zélés pour ces pélerinages, qui furent cause de leur établissement en Italie vers l'an 1016. *Giannone, Hist. civile de Naples*, liv. IX. — On venait de tous les pays du monde à Jérusalem pour voir le miracle du feu sacré : à l'entrée de la nuit le feu descendait sur sept lampes suspendues dans l'église du Saint-Sépulcre. On voulait aussi être baptisé dans le Jourdain.

(15) Ce que dit Jacques de Vitry sur Foulques est très-intéressant. *Hist. occidentalis*, cap. vi, viii, x. — Voyez encore sur Foulques, *Villehardouin, Hist. de la conquête de Constantinople*. — *Radulphus Coggeshalensis Abbas, Chronicon anglicanum*, ap. *Martène*, tom. V. Foulques est appelé par un auteur du temps : « la Trompette de la Terre sainte ». *Le Bœuf, Hist. du diocèse de Paris*, tom. VI, p. 21.

(16) On faisait des reliques des poils du mulet qui portait Pierre l'Hermite : « Quidquid agebat namque, seu loqueba-

» tur, quasi quiddam subdivinum videbatui, præsèrtim cum
» etiam de ejus mulo pili pro reliquiis rapeientui : quod non
» nos ad veritatem, sed vulgo referimus amanti novitatem ».
*Guibertus Abbas, Hist. Hierosoly.*, lib. II, n°. 8. — L'abbé
d'Ursperg reproche à plusieurs prédicateurs de la Croisade
d'avoir avancé, sans discrétion, des maximes dont on abusa.
Il attribue à ces discouis le meurtre d'Engelbert, archevêque
de Cologne, tué par le comte d'Isemberg en 1225. Souvent les
hommes ne faisaient pas difficulté de commettre les plus grands
crimes, étant assurés de les expier facilement par la Croisade. *Conradus à Liecththenaw, Abbas Urspergensis Chronicon, ad ann.* 1221.

(17) Louis le Jeune assembla quelques-uns des plus puissans seigneurs de son royaume, pour leur faire part de la
résolution où il était d'aller à Jérusalem. La réponse des seigneurs à la proposition du roi fut qu'il fallait consultei saint
Bernard. Le saint répondit qu'on ne pouvait mieux faire que
de s'adresser au pape, et de soumettre à son jugement une
entreprise si importante. L'avis fut suivi ; on députa au pape.
Le pape applaudit à la résolution du roi, et nomma l'abbé
de Clervaux pour exciter à cette expédition les peuples de
France et de Germanie. Mais il est à remarquer que, quoique rien ne se fasse sans consulter saint Bernard, ce n'est
pas lui qui conseille cette entreprise ; il attend la décision ; il est chargé de tiavailler à l'exécution ; il obéit,
et s'y prête même avec zèle. L'abbé Suger n'approuvait pas
cette entreprise, et son avis ne prévalut pas. Voyez l'*Hist.
littéraire de saint Bernard*, p. 36.

(18) Nous avons une relation des miracles attribués à saint
Bernard, dressée par Philippe, archidiacre de Liége, qui
l'accompagnait. Dans cet écrit on fait faire au saint trente-
six miracles en un seul jour. Voyez *Fleury, Hist. ecclésiastique*, liv. LXIX, n°. 16. Otton de Frisingen dit que
Bernard était regardé par les peuples de la France et de l'Al-

lemagne comme un prophète et un apôtre. *De gestis Friderici imperator.*, lib. I, cap. xxxiv.

(19) Voici ce que porte le deuxième canon du concile de
Clermont : « Quicumque pro solâ devotione, non pro honoris
» vel pecuniæ adeptione, ad liberandam ecclesiam Dei Jeru-
» salem profectus fuerit, iter illud pro omni penitentiâ ci re-
» putetur ». *Labbe, Collectio magna Conciliorum,* tom. X,
col. 507. — Non-seulement le voyage d'outre-mer était considéré comme pénitence ecclésiastique, mais on l'ordonnait
quelquefois par jugement séculier, comme réparation. On
trouve dans le cartulaire de l'abbaye de Saint-Maur-des-
Fossés une sentence rendue en 1278, par les chevaliers, les
écuyers et le prévôt des Fossés, qui condamne le maire de
Melli à se rendre outre-mer, pour n'avoir pas empêché une
rixe dans laquelle trois hommes furent tués : « Et quant il
» aura demoré un an au delà de la mer, porte la sentence,
» il s'en revendra se il veut et apportera temoignage qu'il
» aura aempli son an outre-mer, c'est à savoir en lettres
» scellées du scel du patriarche ou de l'ospital, ou scel au-
» thentique. Et toutes ces choses jura le dit Meires en plaine
» assise, présens les dits chevaliers et grant multitude d'au-
» tres gens, et fist le voyage. Mes parcequ'il ne revint pas
» si soffisamment comme il lui fut enjoint, il fut envoyé de
» rechef en pelerinage à Saint-Thomas de Cantorbire ». D'autres hommes qui avaient été présens à la rixe furent condamnés en pleine assise à se rendre à Saint-Jacques. *Le Beuf,
Hist. du diocèse de Paris,* tom. V, p. 142. — Il arrivait souvent que des hommes condamnés à mort obtenaient que leur
peine fût transmuée en un bannissement perpétuel dans la
Terre sainte. Jacques de Vitry se plaint beaucoup de cet
usage..... « Viri sanguinem et filii mortis, in patriâ suâ de-
» prehensi in iniquitatibus et maleficiis suis, mutilationibus
» membrorum, vel suspendio adjudicati, prece vel pretio
» plerumque obtinebant, ut in terram promissionis sine spe
» revertendi perpetuo condemnati exilio ; remanerent. Hi au-

» tem non penitentiâ compuncti,.etc.». *Hist. orientalis ,* lib. I, cap. LXXXII.

(20) Les Croisés dèvenaiènt tellement inviòlables qu'ils n'étaient pas compris dans les *asseuremens* que se donnaient deux partis en guerre, ou au moment d'y entrer. Voyez *Du Cange, Dissert.* 29 *sur Joinville.*

(21) *Philippi II, Stabilimentum Cruce Signatorum , ap. D'Achery, Spicilegium aliquot veterum scriptor.,* tom. III, p. 577, in-fol. — *De Laurière, ordonnances dès rois de France,* tom. I, pag. 31. — Les priviléges des Croisés furent rédigés par écrit et dans la même forme que les coutumes des villes, en 1214, par ordre de Philippe II, roi de France. Voici le commencement de ces statuts des Croisés; c'est le roi qui parle : «.Noveritis quod nos per dilectos et fideles nostros,.. » Petrum Parisiensem, et Guarinum Sylvanectensem, episco- » pos, ex assensu domini legati , facimus diligenter inquiri , ».qualiter sancta Ecclesia consuevit defendere Cruce Signatos ,.. » et ipsorum Cruce Signatorum libertates ; qui factâ inquisi- ».tione , pro bono pacis inter regnum et sacerdotium , usque- » ad instans concilium romanum ista volunt observari ».

(22) Cette ordonnance fut faite dans l'assemblée de Paris en 1188. Voyez *Rigord. de gestis Philippi Augusti,* ap. *Chesnium,* tom. III. Dans l'assemblée du Mans, de la même année , il ne fut question que des dettes contractées depuis la prise de la croix. *Rogerus de Hoveden,* Annal. part. II , pag. 366. Plusieurs Croisés furent forcés, pour trouver de l'argent à emprunter , de renoncer à tous ces priviléges; c'est ce que dit, d'après Du Cange, *Datt, de pace imperii pu-, blicâ ,* lib. I , cap. 11.

(23) Ce n'est pas seulement à l'éloquence des prédicateurs des Croisades qu'il faut attribuer le succès prodigieux de leurs discours. Otton de Frisingen parle d'un abbé Adam qui prêcha la Croisade en Allemagne, à la place de saint Bernard ,. et il dit de cet abbé : « Neque enim persuasibilibus humanæ

» sapientiæ verbis, vel artificiosæ juxtà præcepta rhetorum
» orationis circuitus insinuatione egebat : cunctis qui aderant ;
» ex priori rumore excitatis , ad accipiendæm crucem ultro
» accurrentibus ». *Otto Frisingensis episcopus, de gestis Fri-*
*derici imperator.*, lib. I, cap. XL.

(24) *Chronicon Willermi Godelli ap. Bouquet , Recueil
des Historiens de la France*, tom. **X**, p. 262. — *Vita Ab-
bonis , ibid* , p. 332. — *Annalista Saxo , ibid.*, pag. 576. —
Un grand nombre d'actes de ce temps commencent par la formule : *Appropinquante mundi termino.*

(25) *Chronica regia sancti Pantaleonis Coloniensis , ap.
Eccard. Corpus historicum medii ævi*, tom. I , p. 910. —
En 1814, on disait encore que l'on voyait paraître de ces
croix miraculeuses sur les vêtemens de lin des hommes , sur
les voiles des femmes , sur les linges de table et autres , non-
seulement sur ceux qui étaient en usage , mais encore lorsqu'ils étaient enfermés dans les coffres : ces croix ne pouvaient
s'effacer en les lavant. Après le neuvième ou le dixième jour ,
elle disparaissaient naturellement , etc. etc. *Hist. de saint
Martial , apôtre des Gaules , par le père Bonaventure de
Saint-Amable*, part. III , pag. 739.

(26) Hildegarde , abbesse du mont Saint-Rupert, Elisabeth
de Schonaw , dont les révélations furent imprimées à Cologne
en 1628, l'abbé Joachim. On en pourrait citer plusieurs autres. Henri , archevêque de Mayence , consulta en 1148, le
pape Eugène III , sur les révélations d'Hildegarde. Le pape
écrivit à Hildegarde, pour lui recommander de conserver par
l'humilité, la grâce qu'elle avait reçue , et de déclarer avec
prudence ce qu'elle connaîtrait en esprit. Ses lettres et ses vi-
sions se trouvent dans la bibliothèque des pères. *Fleury, Hist.
eccles.* liv. LXIX , n°. 38. Elisabeth , religieuse de Schonaw
dans le diocèse de Trèves , crut aussi avoir des révélations
que son frère Ecbert mit par écrit. Cette pieuse fille n'était
guères savante dans l'histoire ; elle parle de papes et de rois qui

n'ont jamais existé , *ibid.* liv. LXX, n°. 17. Joachim , abbé de, Curace en Calabre, que Richard , roi d'Angletarre, consulta dans son voyage en Terre sainte , avait aussi, dit-on, des révélations; il fit au roi d'Angleterre des prédictions que l'évènement ne justifia pas. C'est Roger Hoveden , auteur exact, qui rapporte sa conversation avec le roi. Il commenta l'Apocalypse qu'il prétendit expliquer , *ibid.* liv. LXXIV, n°. 27. En Calabre , il est honoré comme saint, mais son culte n'a pas encore été approuvé par l'Eglise romaine, *ibid.* liv. LXXV, n°. 41.

(27) Vers l'an 1212, plusieurs enfans de toute la France et de l'Allemagne, tant des villes que des campagnes , s'assemblèrent pour aller dans la Terre sainte, mais sans chefs et sans conducteurs. Quand on leur demandait où ils allaient , ils répondaient que c'était à Jérusalem , par ordre de Dieu. Plusieurs furent enfermés par leurs parens, et quelques-uns trouvèrent moyen de s'évader et de continuer leur chemin. Plusieurs furent dépouillés par des voleurs ; d'autres s'égarèrent dans les forêts et les déserts où ils périrent de faim , de soif et de chaud. Une partie de cette troupe passa les Alpes ; mais sitôt qu'ils furent entrés en Italie , les Lombards les dépouillèrent et les chassèrent. Ils revinrent couverts de honte ; et quand on leur demandait pourquoi ils étaient partis, ils répondaient qu'ils ne le savaient pas. Le pape ayant appris ces neuvelles, dit en soupirant : « Ces enfans nous font un reproche » de nous endormir , tandis qu'ils courent au secours de la » Terre sainte ». *Fleury, Hist. eccles.* liv. LXXVII, n°. 14. Cette Croisade d'enfans fut excitée par un Hongrois nommé *Jacob*, le même qui excita quarante ans après, en Fiance , le mouvement des Pâtoureaux, *ibid.* liv. LXXXIII , n°. 19.

(28) Croisade des Pâtoureaux : « En l'an de grâce de N. S. » 1251, commença la Cioiserie de Pâtouriaus et de mont » d'enfans, desquels aucuns faignoient que il avoient veu » plusieurs avisions, et faignoient souvent que il fesoient mi-

» racles , et que Dieux les avoit envoiés pour vengier e roy
» Loys de France , des Sarrazins qui pris l'avoient. Entre ces
» Pâtourians avoit aucuns qui se fesoient apeler mestres, et
» firent en la cité de Paris Yauo benoyte en la manière de
» evesque , et fesoient mariages et depeçoient à leur volenté :
» moult de homicides et de enormytés firent aus clers , aus
» religieus et lays , pour ce qu'il n'estoit nuz qui leur alat
» a l'encontre, et croisoient et décroisoient moult de gens a
» leur volenté ; et si estoient apeles cils qui les menoit , li
» granz mestres de Hongrie , liquels comme il eut trespassé
» à grant peuple parmi la cité d'Orliens et eut occis aucuns
» clers , s'en vint à Bourges, et il fit moult de maus ; il entra
» sur les Yuis (Juifs) et puis les destruisi touz leur livres
» et leur osta touz leurs biens : mais quant il se fu partis do
» Bourges, et il vint entre la ville que l'on nommo Mortemer ,
» et la Neuville dessus un Queve, aucuns des bourgeois qui
» le suirent l'occirent iluec. Quant li maîtres de Hongrie fut
» ainsi occis , li autres mestres des bergiers se éparpillièrent
» en divers lieus , et furent occis ou pendus par leur mauvetié ,
» et lors tous les autres s'enfuirent et esvanuirent comme
» fumée. » *Guill. de Nangis, Annal. du règne de saint
Louis*, p. 221, du Joinville de 1761.

(29) Ce fut en Italie que le nombre des flagellans fut le
plus considérable. Voici ce qu'en dit un historien contemporain : « Quum tota Italia multis esset flagitiis et sceleribus
» inquinata, quædam subitanea compunctio , et à sæculo
» inaudita, invasit primitùs Perusinos, Romanos postmodum ,
» deindè ferè Italiæ populos universos. In tantum itaque ti-
» mor Domini irruit super eos, quod nobiles pariter et igno-
» biles , senes et juvenes , infantes etiam quinque annorum ,
» nudi per plateas civitatis, opertis tantummodo pudendis ,
» depositâ verecundiâ bini et bini processionaliter incedebant.
» Singuli flagellum in manibus de corrigiis continentes ; et
» cum gemitu et ploratu se acriter super scapulis usque ad

ET ÉCLAIRCISSEMENS. 233

» effusionem·sanguinis verberantes, etc., etc., centèui, mil-
» leni decem millia quoque per civitates ecclesias circui-
» bant, etc. Tunc ferè omnes discordes ad concordiam re-
» dierunt. Usuraii et raptores malè ablata restituere festina-
» bant». *Monachi Patavini Chronic.* lib. III, ap. *Muratori,*
*rer. Italicar. scriptor.* t. VIII. Les flagellans devinrent
suspects à Mainfroi, roi de Sicile, qui défendit cette peni-
tence publique, sous peine de mort. Ubert Palavicin ne leur
fut pas plus favorable. Le moine de Padoue taxe ces princes
d'impiété, à causé de leur conduite envers les flagellans.
Lorsque les flagéllans voulurent entrer à Milan on prépara,
pour eux six cents potences; à cette vue ils rebroussèrent
chemin. *Muratori, Antiquitates Italicæ, Dissert.* 75.

(30) La *Gacie* répondait chez les mahométans à la Croisade-
Lorsque l'on prenait les armes, d'après la publication de la
Gacie, on obtenait le paradis si l'on périssait. Les Maures
d'Afrique la publiaient contre les chrétiens d'Espagne. Voyez
*Ferreras, Histoire générale d'Espagne,* part. V, siècle XII. — Jérusalem n'était peut-être pas un objet moins
cher à la piété des musulmans qu'à celle des chrétiens. Saladin
disait au roi Richard : « Quod vero de Hierosolymis dicitis :
» Domus adorationis nostræ est, et magis eam quam vos,
» magnificamus honoramusque, prout Deus nobis præcepit
» in korano suo ». *De rebus gestis Richardi regis in Pales-*
*tina, excerpta ex Abulpharagii Chronico Syriaco,* p. 8. —
Les mahométans s'imaginent que ce fut de Jérusalem que
Mahomet monta au ciel ; ils regardent cette ville comme le
lieu où leur nation doit s'assembler au jour du jugement, et
ils montrent, encore aujourd'hui, dans la mosquée de Salomon,
bâtie par Omar, une roche sur laquelle doit venir se placer
leur prophète, pour faire la séparation des bons et des mé-
chans. Sur cette roche était placé Mahomet lorsqu'il monta
au ciel ; elle s'attacha à ses pieds, dont on montre encore l'empreinte, et s'éleva avec lui. Voyez *Gagnier, Vie de Mahomet.*

La vénération des chrétiens pour Jérusalem était bien profondément gravée dans leurs cœurs. Voici comment Jacques de Vitry parle de la ville sainte : « Est autem Jerusalem civitas civitatum , sancta sanctarum , domina gentium , princeps provinciarum , speciali prærogativâ civitas regis magni dicta , et quasi in centro mundi , in medio terræ sita , ut ad eam confluerent omnes gentes ; possessio patriarcharum , alumna prophetarum , doctrix apostolorum , salutis nostræ cunabula , Domini patria , mater fidei , sicut Roma mater est fidelium ; à Deo prælecta et sanctificata , in quâ steterunt pedes ejus ; ab angelis honorata , et ab omni natione quæ sub cœlo est frequentata ». *Hist. orientalis* , lib. I , cap. LIV. — Sanut dit que la Terre sainte doit attirer les fidèles comme l'aimant attire le fer , comme la brebis attire son agneau par l'attrait de ses mamelles , comme la mer attire les fleuves auxquels elle a donné naissance , etc. *Secreta fidelium Crucis , Epist. ad Papam* , p. 8.

(31) « Non erat in regnis occidentalibus qui aut ætatis aut sexus , aut conditionis , aut status vellet esse memor ; aut aliquibus persuasionibus deterritus ab incepto desisteret ; sed omnes indifferenter manus dabant , omnes unanimiter corde et ore votum profitebantur ». *Willerm. Tyr.* , lib. I , cap. XVI. — *Guibertus Abbas* , lib. II , n°. 6.

(32) Bongars a donné au commencement du *Gesta Dei per Francos* une liste des femmes illustres qui passèrent en Asie dans la première Croisade. On remarque la comtesse de Blois , la comtesse de Flandre , la fille du duc de Bourgogne , etc.

(33) « Videres mirum quiddam et plane joco aptissimum , pauperes videlicet quosdam bobus birato applicitis , eisdem in modum equorum ferratis , substantiolas cum parvulis in carruca convehere ; et ipsos infantulos , dum obviam habent quælibet castella vel urbes , si hæc esset Jerusalem ad quam tenderent rogitare ». *Guibertus Abbas , Hist. Hierosoly.* , lib. II , n°. 6.

(34) « Plerique colum et pensa sibi mutuo transmittebant ,
:» innuéntes occultius ut ad muliebres operas turpiter demigra-
» ret, quisquis hujus militiæ inveniretur immunis ». *Gaufridus
Vinisauf, Itinerarium regis Richardi in Terram sanctam*,
lib. I , cap. xvii. — *Radulphus Coggeshalensis Abbas, Chronic. Terræ sanctæ.*, cap. xxxiii; *ap Martène.* — Le Troubadour Lanfranc Cigala disait dans ses chansons . « Je ne
regarde point comme chevalier quiconque ne va pas de bon
cœur et de tout son pouvoir au secours de Dieu, qui en
a si grand besoin ». *Hist. littéraire des Troubadours*,
tome II. — Vincent de Bauvais, lui - même, le plus su-
perstitieux , peut-être , et le plus crédule des écrivains du
moyen âge, convient que le zèle des Croisades ne fut pas
modéré par la prudence : « Adonc surmonta la medecine sa
» maniere ; car en aucuns la voulente de aller en Hierusalem si
» crut plus qu'elle ne devait , car plusieurs hermites et moines
» reclus laissèrent leurs maisonnette, et non pas assez sagement
» et s'en allerent au voyage ». *Miroir historial*, liv. XXVI.
— « Hac militandi gloriâ vagante, licentiùs de claustris quam
» plures emigiabant ad castia ; et abjectis cucullis loricas in-
» duti, jam verò Christi milites, non armariis , sed armis stu-
» dere gandebant ». *Gaufridus Vinisauf, Itinerarium regis
Richardi in Terram sanctam*, ibid.

(35) *Willerm. Tyr.*, lih. I , n°. 16. — « Li uns s'enhar-
» dient par l'autre , premierement li duc et li conte, et tuit
» li puissant et tuit li noble, tuit franc , tuit serf, povres ,
» riches , evesques, archevesques , moines abbez, vieil et
» juenes, garçon et pucelete, dames, damoiselles, valet et
» puceles ». *Extrait d'un Abrégé de l'Histoire de France*,
composé en latin sous Philippe-Auguste , et traduit en français
par l'ordre d'Alphonse , comte de Toulouse , fière de saint
Louis, liv. III , c. vi; dans les *Hist. des Gaules et de la
France*, tome XII, p. 222.

(36) « Nec illud minus ridiculum, quod ii plerumque quos

» nulla adhuc eundi voluntas attigerat, dum hodie super omni -
» moda aliorum venditione cachinnaut; dum eos miserè ituros
» miseriusque redituros affirmant, in crastinum repentino in-
» tinctu pro paucis nummulis sua tota tradentes, cum eis pro-
» ficiscebantur quos riserant ». *Guibertus Abbas , Hist.
Hierosoly*., lib. II, no. 6.

(??) *Fulcherius Carnotensis, Gesta peregrinantium Francorum*, etc., n°. 4. — Un autre historien assure , en parlant de cette première expédition, que Dieu seul peut connaître le nombre des Croisés , tant il fut grand. *Hist. belli sacri
ab aut. incert. ap. Mabillon ; Musæum italicum*, tome I,
p. 137. — Dans une lettre au gouverneur de Damas, le sultan
dit, de même, que Dieu seul peut savoir le nombre des soldats
croisés. *Deguignes, Hist. générale des Huns, des Turcs, etc.*,
liv. XXI. — On peut soupçonner d'exagération les calculs des historiens ; mais il n'en est pas moins vrai que le nombre des Croisés fut prodigieux. Les papes craignaient toujours
qu'il ne fût pas assez grand. Grégoire IX défendit d'examiner,
avant d'admettre au vœu de la Croisade, ceux qui se présentaient; il ordonne de recevoir le vœu de tous indistinctement,
sauf à examiner ensuite ceux qui sont incapables de l'accomplir. « Quia verò subsidium Terræ sanctæ multum impediri ,
» vel retardari contingeret , si antè susceptionem Crucis quem-
» libet examinare opporteret an esset idoneus et sufficiens ad
» hujus votum personaliter prosequendum ; concedimus ut
» ( regularibus personis exceptis ) suscipiant quicumque vo-
» luerint signum Crucis. Ità quod si urgens necessitas aut
» evidens utilitas postulaverit , votum ipsum de mandato apos-
« tolico possit commutari , aut redimi , aut differri ». Le pape
ordonne ensuite aux prélats d'avoir soin que ceux qui ont
fait le vœu s'apprêtent à exécuter leur promesse, et de faire
reprendre la Croix à ceux qui l'ont quittée. Cette bulle est
rapportée par Matthieu Paris, ad annum 1234, 1235. — Cependant les chefs de la Croisade étaient souvent embarrassés de

l'affluence d'une grande multitude de Croisés. Dans la troisième expédition, Frédéric Barberousse défendit à ceux qui ne pouvaient pas faire la dépense de trois marcs d'argent, de suivre son armée. *Barre, Hist. générale d'Allemagne, règne de Frédéric I.*

(38) «.... In locis multis, millibus multis occisis, et no-
» biscum multi eundo infirmati, vitam finierant defuncti.
» Multa cymiteria videretis in callibus et in campis, in lu-
» cis de peregrinis nostris sic sepultis ». *Fulcherius Carnotensis, Gesta peregrinantium Francor, etc.* n°. 4.

(39) En 1104, Eric III, roi de Danemarck, partit pour la Terre sainte avec sa femme la reine Batilde. Comme ce prince était d'une taille démésurément grande, il choisit pour l'accompagner les personnes les plus grandes qu'il put trouver, afin que sa stature parût moins extraordinaire. Il passa en Russie, et se rendit par terre à Constantinople. En allant en Palestine, il fut saisi d'une maladie violente dont il mourut dans l'île de Chypre. *Des Roches, Hist. de Danemarck, règne d'Eric III.*— En 1096, déjà des Danois s'étaient croisés. Suenon, évêque de Roschild, après avoir représenté au peuple l'énormité du crime qu'il avait commis en tuant Canut IV, son roi, entreprit le voyage de la Terre sainte. Il mourut dans l'île de Rhodes; *ibid. règne d'Olaüs IV.* — Les Danois purent profiter de toutes les indulgences de la Croisade, sans aller combattre les Sarrasins : on publia plusieurs Croisades contre les idolâtres et les pirates du nord. La plus célèbre de ces expéditions eut lieu vers 1147; les chefs étaient Frédéric, archevêque de Magdebourg, les évêques d'Halberstadt et de Munster, l'abbé de Corbie, et plusieurs autres prélats. L'armée monta à soixante mille hommes ; l'entreprise eut peu de succès. *Ibid. règne de Suenon III.*

(40) Matthieu Paris, auteur qui vivait sous la domination d'un prince très-puissant, ennemi de la France, parle ainsi du roi saint Louis. « Dominus rex francorum ,fregum terreno-

» rum altissimus·et ditissimus ». ( Ad. ann. 1251 ). Il enchérit
encore sur cette pensée : « Dominus rex Francorum , qui ter-
» restrium .rex regum est , tum propter cœlestem ejus inunc-
» tionem , cum propter suam potestatem et militiœ eminen-
» tiam ». ( Ad ann. 1254). Dans un autre endroit il appelle
le royaume de France : « Regnum regnorum ».

(41) L'Angleterre ne prit une part très-active aux Croisades, que sous le règne de Richard I, qui mérita , en Orient,
le glorieux surnom de Cœur-de-Lion. En 1096 , Robert, duc
de Normandie , engagea son duché à son frère Guillaume II ,
roi d'Angleterre , pour aller en Palestine. Ce voyage fit perdre à Robert la couronne d'Angleterre; car Guillaume II étant
mort, Guillaume, cadet de Robert , usurpa le royaume au
préjudice de son ainé.

En 1188 , Henri II se croisa avec le roi de France ; mais
la mort l'empêcha d'accomplir son vœu.

En 1189 , Richard I alla en Palestine. Sous le roi Jean et
sous Henri III , les dissensions, entre le roi et les barons, ne
permirent pas de songer aux Croisades.

En 1240 , le comte Richard , frère du roi d'Angleterre
Henri III , se croisa ; mais il ne resta guères qu'une année
en Terre sainte. Les frères d'Henri III , Edouard et Edmond ,
partirent aussi en 1270 , et se trouvèrent avec saint Louis devant Tunis.

(42) Richard, Cœur-de-Lion, outré des insultes qu'Isaac
Comnène, qui régnait en Chypre, avait faites à une partie de
sa flotte, échouée sur les côtes de l'île, s'empara de l'île de
Chypre , et fit prisonnier Comnène; il érigea sa conquête en
royaume , qu'il unit à l'Angleterre , et il prit le titre de roi
de Chypre ; il donna la vice-royauté à Robert Truhan, sénéchal d'Anjou. Richard céda ensuite le royaume de Chypre à
Gui de Lusignan, qui avait conservé le titre de roi de Jérusalem, avec la possession de la ville de Ptolemaïde. Gui accorda
en échange , à Richard, son titre de roi de Jérusalem, et toutes

, ses prétentions sur ce royaume. Voyez *Jauna*, *Hist. de Chy*
*pre*, liv. II, chap. III. — liv. VIII, chap. I.

(43) Les rois d'Angleterre étaient plus maîtres de leurs sujets que les rois de France, et leur supériorité était bien marquée sur les vassaux, même les plus puissans ; leur domaine
était aussi plus vaste, comparativement avec la grandeur de
leurs états ; ils étaient accoutumés à lever des taxes arbitraires
sur leurs sujets ; les cours de judicature exerçaient dans toutes
les parties du royaume l'autorité du roi, qui pouvait accabler, par son pouvoir ou par ses sentences, bien ou mal fon-
dées, un baron coupable. Quoiqu'en Angleterre les institutions féodales tendissent, ainsi que dans les autres états, à
favoriser l'aristocratie, et par conséquent à restreindre la monarchie, elles exigeaient une trop grande combinaison de vassaux pour que ceux-ci fussent en état de résister à leur seigneur suzerain. Jusque vers le temps des Croisades, il ne
s'était encore élevé aucun baron assez puissant pour faire
seul la guerre au roi, et pour protéger des barons inférieurs.
*Hume*, *Hist. d'Angleterre*, ch. VIII.

, (44) « Verùm orientales Francos, Saxones, Thuringos,
» Boioarios et Alemanos, propter schisma, quod eo tempore
». inter regnum et sacerdotium fuit, hæc expeditio minus per-
» movit. Fuere quidam tamen ex eis qui falsâ specie reli-
» gionis, eamdem militiam aggrederentur. » *Otto Frisingensis*
*Chronic.* lib. VII, cap. II. *ap. Urstisium* — « Francigenis oc-
» cidentalibus facilè persuaderi poterat sua rura relinquere ;
» nam Gallias per annos aliquot, nunc seditio civilis, nunc
» fames, nunc mortalitas nimis adflixerat..... orientalibus au-
» tem Francis, Saxonibus et Thuringis Boioariis et Alemanis
» hæc buccina minimè insonuit, propter illud maximè schisma,
» quod inter regnum et sacerdotium à tempore Alexandri
» papæ usque hodiè, tam nos Romanis, quam Romanos no-
» bis invisos et infestos jam heu confirmavit. Indè est, quod
» omnis penè populus Teutonicus in principio profectionis

» hujus causam ignorantes, per terram suam transeuntes,
» tot legiones equitum, tot turmas peditum, totque catervas
» ruricolarum fæminarum, ac parvulorum, quasi inauditâ
» stultitiâ delirantes subsannabant, utpote qui pro certis in-
» certa captantes, terram nativitatis vanè relinquerent, ter-
» ram repromissionis incertam, certo discrimine appeterent,
» renunciarent facultatibus propriis, inhiarent alienis. Sed
» quamvis nostra gens cæteris multo sit insolentior, respectu
» tamen miserationis divinæ, inclinatur tandem ad verbum
» ejusdem renunciationis furor Teutonicus, à commeantium sci-
» licet turbis rem ad integrum edoctus ; præterèa signum in
» sole, quod præscriptum est, visum, multaque quæ tam in aere
» quam in terris apparuerunt portenta, ad hujusmodi exercitia
» non paucos antea torpidos excitaverunt ». *Conradus à Liechthenaw*, *Chron. ad ann.* 1099.

(45) Jacques de Vitry fait un grand éloge des Italiens sous
le rapport de leur utilité pour la Terre sainte : « Homines
» siquidem Italici Terræ sanctæ sunt valde necessarii, non
» solum in præliando, sed in navali exercitio, in mercimo-
» nium, et peregrinis, et victualibus deportandis, etc. » *Hist.
orientalis*, lib. I, cap. LXVII. Plus loin, le même historien
dit des Italiens : « Negotiationibus vero et mercimoniis plus-
» quam Christi præliis implicantur ». Ibid. cap. LXXII.

(46) C'est dans le même sens que le maître des Templiers,
exhortant les frères à se comporter vaillamment dans un combat contre Saladin, leur disait : « Vos estis æterni, quia cum
» Christo regnaturi ». *Radulphus Coggeshalensis Abbas*,
*Chronic. Terræ sanctæ*, cap. III, *ap. Martem*, tom. V.

(47) « Nulla virtus est humana quæ nobis ullo modo terro-
» rem incutiat, quia cum morimur nascimur, cum vitam amit-
» timus temporalem, recuperamus sempiternam ... De vultu
» enim Domini hoc judicium prodiit, quia Jerusalem nostra
» erit ». *Robertus Monachus*, *Hist. Hierosoly.*, lib. V. —

Co

Ces séntimens. exaltaient 'au plus haut: degré la,valeur des'
Croisés. Foucher de Chartres raconte que les chrétiens 、 au
nombre de deux cent soixante cavaliers et de neuf cents fan-'
tassins, attaquèrent. une, armée de Sarrasins , composée de,
onze mille cavaliers , et de vingt-un mille fantassins. Nous
savions bien, dit.Foucher, la disproportion de nos forces, mais,
nous ne balançâmes, pas à attaquer les ennemis : « Quia no-
» biscum Deum habebamus.... Magna audacitas : sed non,
» erat audacitas ; immò fides et caritas, quoniam pro amore
» illius mori parati éramus, qui pro nobis misericorditer mori
» dignatus est ». cap. xxvi.

(48) Basnage fait cette réflexion dans son *Hist. de l'Eglise*,
liv. XXIV, ch. viii: On pourrait la confirmer par le témoignage
de tous les historiens des Croisades. Jérusalem est souvent appelée l'Héritage du crucifié , *Hereditas crucifixi.* Voyez
*Radulphus Coggeshalensis Abbas, Chronic. Terræ sanctæ*,
cap. xii. — Les chrétiens avaient une telle dévotion pour le sol
de la Terre sainte, qu'ils chargèrent plusieurs vaisseaux de
terre, enlevée de Jérusalem. A Pise, le cimetière appelé
*Campo Santo* , contient, dit-on , cinq brasses de terre sainte,
apportée en 1218 , de Jérusalem, par les Pisans, qui étaient
allé secourir Frédéric I. Voyez *de Lalande, Voyage en Italie* , tom. II.

(49) L'abbé Guibert voit les Croisades annoncées par le
prophète Zacharie. *Hist. Hierosoly.*, lib. VIII, n°. 18.—C'est
ainsi que commence une histoire anonyme intitulée : *Gesta
Francorum et aliorum Hierosolymitanorum*, ap. *Bongars*,
*Gesta Dei* , tom. I. « Cum jam appropinquasset ille termi-
» nus, quem Dominus Jesus quotidie suis demonstrat fideli-
» bus, specialiter in Evangelio, dicens: Si quis vult post me
» venire , abneget semetipsum et tollat crucem suam et se-.
» quatur me ». — On voit, d'après l'explication donnée par
Otton de Frisingen, d'un écrit qui se lisait en beaucoup
d'endroits de la France , qu'on croyait les Croisades annon-

céés même par les livres sibyllins. *Otto Frisingensis episcop.*
*de gest. Friderici imp.*, lib. I, prolog.

'(50)'*Robertus Monachus*, *Hist. Hierosoly.*, lib. I. Selon'
le même historien, le pape Urbain dit encore : « Qui amat
» patrem aut matrem super me, non est me dignus. Omnis
»'qui reliquerit domum, aut patrem, aut matrem, aut uxo-
» rem, aut filiós, aut agros propter nomen meum, centuplum
» accipiet, et vitam æternam possidebit ».

(51) Tous les historiens annoncent la mort des chrétiens
qui avaient succombé au fer des Sarrasins, en disant qu'ils
ont cueilli la palme immortelle. Saint Louis était dans la
même confiance, lorsqu'il croyait ses mains royales trop honorées d'ensevelir les guerriers tués pour la religion. Un historien le peint occupé à cet œuvre de charité : « Et commé'
» les boiax d'un mort fussent ilecques: espandus deles le'
» cors, li benoîts rois ruist hors sés gans de sa main , et
» s'euclina à recueillir les boiaus devant diz à ses mains nues
» et à metre en sac.... 'et quant il li sembloit que aucuns ne'
» fussent pas volontiers de ce fere, il disoit : ceus ont sou-'
» fert la mort, nous poons donc bien ceste chose soufrir. Et
» à ceus qui estoïent présenz el lieu où les mors estoient ,'
» il' disoit : naïés pas abominacion por ces cors , car ils sont
» martirs et en paradis ». *Vie de saint Louis*, par le confesseur de la reine Marguerite, p. 355 , *édit. de Joinville*,
de 1761.

(52) *Sancti Bernardi Liber de consideratione*, *ad Euge-
nium Papam*, lib. II , cap. 1. — Guillaume de Tyr exprime
ainsi son étounement. « Quid est, benedicte Domine Jesu, quod
» populus iste, tibi tam devotus, pedum tuorum volens ado-
» rare vestigia, loca venerabilia, quæ tuâ corporali conse-
» crasti præsentiâ, deosculari cupiens , per manus corum qui
» te oderunt, ruinam passus est ? Verè judicia tua abyssus
» multa, et non est qui possit ad 'en. Tu enim solus es ,
» Domine, qui cancta potes, et non est qui possit resisteré

» voluntati tuæ ». *Willer. Tyr.*, lib. XVI, cáp. xxv. —. Les
historiens sont remplis des lamentations les plus douloureuses
sur le mauvais succès de la guerre sainte , et sur la mort des
guerriers chrétiens. Ces lamentations tombent fréquemment
dans un pathétique ridicule ; voyez entre autres , *Radulphus*
*Abbas Coggeshalensis, Chronic.Térræ sanctæ, ap.Marténe.*
— Selon un historien, mille fántassins ou cavaliers tués dans
un combat ( martyrizati ) , entrèreht dans le ciel , en disant
ensemble ( concordabili voce ) . « Domine , quare non defendis
» sanguinem nostrum , qui hodie pro tuo nomine effusus est ».
*Gesta Franco'r. et alior. Hierosolymitanor. ab aut. incerto*,
lib. IV. *Gestǔ Dei*, tom. I. —On trouve aussi dans les poésies des Troubadours, des traces de l'étonnement qu'inspirait
aux fidèles le mauvais succès des guerres saintes. Un chevalier du temple, entre autres , a épanché sa douleur dans un
*sirvente*, où il ne parle pas de 'Dieu en termes fort respec-
tueux : « Dieu , dit-il , a donc juré de ne laisser vivre aucun
» chrétien , et de faire une mosquée de l'église de Sainte Marie
» ( église des Templiers à Jérusalem ); et puisque son fils qui
» devroit s'y opposer le trouve bon , il y auroit de la folie à s'y
» opposer... Dieu dort , tandis que Mahomet fait éclater son
» pouvoir.... etc. ». *Hist. des Troubadours ,* tom. II , p. 467.

(53) Guillaume de Tyr , trace un beau portrait de Godefroi de Bouillon : « Dominus Godéfridus , vir religiosus ; cle-
» mens , pius , ac timens Deum , justus , recedens ab omni
» malo, serius et stabilis ín verbo ; seculi vanitates contem-
» nens , quod in illâ ætate , et militari præsertim professione
» rarum est; in orationibus jugis , in operibus pietatis assi-
» duus ; liberalitate insignis, affabilitate gratiosus, mansuetus
» et misericors ; in omni viâ suâ commendabilis , et Deo pla-
» cens. Fuit autem et corpore procerus , ità ut et maximis
» minor , et mediocribus major haberetur ; robustus sine exem-
» plo , membris solidioribus , thorace virili , facie venustâ ,
» capillo et barbâ flavus mediocriter ; in usu armorum et exer-

» citio militari, omnium judicio, quasi singularis ». Lib. IX,
cap. v.

(54) Les Sarrasins avaient une grande idée de la valeur du
roi Richard. Ecoutons ce que raconte Joinville : « Et le roy
» Richart demoura en la sainte Terre, et fist tant de grans
» faiz que les Sarrazins le doutoient trop, si comme il est
» escript au livre de la Terre sainte, que quant les enfans aux
» Sarrazins braioient, les femmes les escrioient et leur disoient:
» taisiez vous, vez ci le roy Richart, et pour eulz faire taire.
» Et quant les chevaus aus Sarrazins et aus Beduins avoient
» poour d'un hysson, ils disoient à leur chevaus : cuides tu
» que ce soit le roy Richart »? Joinville, p. 17, édit. 1761.

(55) Les Sarrasins disaient que le roi de France était le plus
ferme chrétien que l'on pût trouver. . . . « Et disoient que se
» Mahommet leur eust tant de meschief soufert à faire, il ne
» le creusseut james ». Joinville, p. 78, édit. 1761.

(56) C'est à la guerre qu'on attribue généralement l'établissement de la servitude parmi les hommes. Voyez *Puffen-
dorf, Droit de la nature et des gens*, liv. VI, chap. iii;
et *Devoirs de l'homme et du citoyen*, liv. II, chap. iv.
Voyez aussi les *Principes de Bossuet* et de *Fénélon* sur la
souveraineté du peuple, p. 7.

(57) Cette espèce de servitude est bien définie et distinguée
de l'autre, dans la *Coutume de Troyes*, chap. i, art. iii;
dans celle de *Chaumont en Bassigny*, art. iii; et surtout
dans la *Coutume de Nivernais*, chap. viii. Voyez *Et. Pasquier, les Recherches de la France*, liv. IV, chap. v.

(58) Le for-mariage existait en quelque sorte pour les filles
héritières de fiefs : elles ne pouvaient être mariées sans le consentement des seigneurs, qui pouvaient aussi les obliger de se
marier quand elles avaient douze ans accomplis. Voyez *les
Etablissemens de saint Louis*, liv. I, chap. ii. Cet usage fut
porté dans le royaume de Jérusalem. *De la Thaumassière*,

*Observations sur les assises et bons usages de Jérusalem,*
p. 247.

(59) Un historien anglais paile ainsi de la conquête de
l'Angleterre par Guillaume le Conquérant : « Il serait difficile
de trouver dans toute l'histoire une révolution plus destruc-
tive, et suivie d'un asservissement plus complet des anciens
habitans; une raillerie insultante semble même avoir été
jointe à l'oppression. Ces peuples furent avilis à un tel excès, que le nom anglais devint un reproche ; plusieurs gé-
nérations se succédèrent avant qu'aucune famille d'origine
Saxone parvînt à quelques honneurs, pas même au rang des
Barons du royaume. Ces faits sont prouvés si évidemment par
l'histoire, que personne ne peut les révoquer en doute ».
*Hume, Hist. d'Angleterre,* chap. iv. — Guillaume partagea
l'Angleterre en soixante mille deux cent quinze fiefs simples,
tous relevant de la couronne. *De Lolme, Constitution de
l'Angleterre,* chap. 1. — Les loix de Guillaume le Conquérant sur la chasse étaient surtout odieuses à la nation par leur
cruauté; ce qui fait dire à Matthieu Paris : « Amabat enim
» feras rex feras, quasi pater ferarum ». *Hist. Major Angliæ,*
ad ann. 1085.

(60) Les tréfonciers étaient appelés aussi gens de *Poëte* ou
de *Poste, quasi de potestate,* disent les jurisconsultes. Voyez
*Argou, Institution au droit français,* liv. I, chap. 1. *Du
Cange, Gloss., verbo servus, potestas.*

(61) Pasquier; si savant dans les anciennes coutumes, con-
firme notre opinion. « Ceux, dit-il, qui sont réputés serfs et
main-mortables, c'est à cause des terres et héritages baillés
sous cette condition ; tellement que je veux croire qu'abandonnant leurs biens et leurs domiciles, et s'offrant d'habiter
en lieu où il n'y a telle servitude, ils en demeurent francs et
quittes, sont réduits, comme les roturiers, en pleine franchise et liberté ». *Les Recherches de la France,* liv. IV,
chap. v.

(62) « Si quis servus, sciente domino, mercatur militiam,
» aut quamlibet dignitatem adipiscatur, repentè ab imperio
» liberetur, et in ipsam rapiatur ingenuitatem ». Novella 81,
tit. X, *de Emancipatione*. — Justinien avait déjà ordonné
dans le Code, liv. VI, Tit. *qui militiam possunt vel non
possunt*, que les esclaves qui seraient élevés par leur mérite
à quelque charge publique, avec la connaissance de leur
maître, deviendraient libres; *ipso jure*. Voyez Ferriere,
*Jurisprudence des Novelles*, tit. X, Nov. 81.

(63) Lorsque les victoires d'Annibal mirent Rome dans un
si grand danger, on en agit ainsi envers les esclaves que
l'on arma; les maîtres furent dédommagés. Dans une occasion semblable, les Spartiates ne furent pas si généreux, ils
n'accordèrent aucune indemnité aux maîtres pour compenser
la perte de leurs esclaves.

(64) *Muratori*, *Antiquitates Italicæ*, dissertatio XIV.
Quoiqu'à parler en général, les serfs fussent exclus de la
milice, cependant il y avait en Italie une espèce de serfs qui
servaient à la guerre; on les appelait *homines de masnada*.
Ensuite on donna ce nom de *la masnada* à toute l'infau-
terie, comme on appelait les troupes qui combattaient à cheval, *la cavalleria*, ibid.

(65) « Burgenses verò et rustici qui sine licentia domino-
» rum suorum crucem acceperint, nihilominus decimas da-
» bunt ». *Rogerus de Hoveden*, *Annales*, part. II, *inter
scriptores Angliæ*. Lond. 1596, p. 365.

(66) Presque tous les serfs que les églises affranchissaient
ne l'étaient que pour être élevés aux ordres sacrés; on se
conformait par cet affranchissement au quatrième canon du
Concile de Chalcédoine qui porte, *cum suffragio sacerdotii
non bene componitur servilis vilitas*. Si un serf avait été
ordonné prêtre malgré son maître, il était déposé de son rang;

à la réclamation du maître, et forcé de rentrer dans l'esclavage. Par cette raison le droit canon défend d'ordonner des
esclaves. Ensuite on se relâcha et on régla que celui qui avait
été ordonné, *se sachant* serf, mais son maître ayant connaissance de l'ordination, était légitimement consacré. Tant
de serfs s'empressaient d'être admis au service des autels,
qu'on fut obligé de modérer leur zèle par plusieurs réglemens. Charlemagne ordonna, *lege 138, inter Longobardi-
cas* : « Ut servum alteriûs nemo sollicitet ad clericalem vel
» monachalem ascendere ordinem, sine licentiâ et voluntate
» domini sui ». D'autres princes rendirent des ordonnances
semblables. *Muratori, Antiquitates Italicæ,* dissertatio XV.
En France, tant de serfs furent élevés à la prêtrise, que dans
la ligue des barons de France contre le clergé, en 1246 ; les
clercs sont nommés *les enfans des serfs; Fleury, Hist. ecclés.,* liv. LXXXII, no. 55. — Il ne faut pas croire, cependant, que les églises n'affranchissaient jamais leurs serfs que
pour les élever à la prêtrise ; nous avons encore plusieurs lettres de manumission, qui n'énoncent pas ce motif. Le Spicilège de D'Achery en contient beaucoup, entre autres plusieurs
données par le monastère de Marcignac dans le Forèz ; ces
lettres sont datées de 1253. *D'Achery Spicilegium,* tom. III,
p. 630, édit. in-fol.

(67) Cette donation de sa personne se faisait avec certaines
cérémonies. Celui qui se rendait serf d'un monastère liait autour de son cou, lors de la passation du contrat, une corde
des cloches du monastère. *Pasquier, les Recherches de la
France,* liv. III, chap. xLI, *Du Cange, Glossarium latinitatis,* verbo *oblati.* On lit dans le Spicilège de D'Achery
plusieurs chartres de semblables oblations.

(68) Les plus fameuses de ces villes étaient Francfort,
Spire, Ratisbonne ; le privilége de Spire interdisait toute
question d'état lorsque l'homme réclamé par un maître, faisait preuve de résidence, pendant une année, dans la ville.
*Datt, de pace imperii publicâ,* lib. I, cap. xiv.—En France,

la ville d'Arras jouissait d'un privilége semblable; accordé par le roi en 1211, et confirmé par Robert, comte d'Artois. Voyez l'article 38 de la *Coutume. ap. d'Achery Spicileg.*, tom. III, p. 573, édit. in-fol.

(69) Voici comment s'exprime le roi Louis X, dans une lettre datée deux jours après celle qui accordait la liberté aux serfs : « Et pourroit estre que aucuns par mauvès con- » seils et par défaute de bons avis charrait ou desconnaissance » d'un si grant bénéfice ; et de si grant grace, que il vou- » droit mieus demourer eu la chetiveté de servitute, que re- » nir à estat de franchise. Nous vous mandons et commettons » que vous de telés personnes, pour l'aide de nostre presente » guerre, considérée la quantité de leurs biens et les condi- » cions de la servitute de chascun, vous en leviés si souffi- » samment et si grandement, comme la condicion et la ri- » chesse des personnes pourront bonnement souffrir et, la né- » cessité de nostre guerre le requiert ». *D'Achery, Spicileg.*, tom. III, p. 707, in-fol.

(70) M. de Boullainvilliers prétend que si, pendant le dou- zième siècle, les pélerinages d'outre mer n'eussent enfraine en Orient des millions de serfs affranchis, on aurait été obligé d'exterminer ces nouveaux affranchis comme des bêtes féroces. *Hist. de l'ancien gouvernement de la France ; lettre V.*

(71) Le roi de France possédait plus de cent soixante terres, dans la plupart desquelles il y avait un palais. Un domestique ou intendant avait l'autorité sur les esclaves. Le droit de gite (*gistum*) était aussi un revenu important pour les rois, qui le perçurent en argent lorsqu'ils se furent dégoûtés d'une vie errante. *Le Gendre, Mœurs et Coutumes des Français.* — Les rois d'Angleterre tiraient de grandes richesses des présens qu'il était d'usage de leur offrir ; semblables aux souverains orien- taux, ils se laissaient approcher seulement lorsqu'on avait des présens à leur offrir. Les registres de l'Echiquier sont remplis des dons faits aux rois pour les affaires qu'on avait

à traiter auprès d'eux, et souvent pour en acheter des grâces injustes ; ils recevaient tout ce qu'on leur offrait. *Hunie, Hist. d'Angleterre,* appendice II. 〔 ɩ ! Ↄ〕

(72) Tous ces revenus des rois étaient compris en France, sous ces deux désignations, *prévôté, baillie :* dans la prévôté d'une seigneurie entrait le revenu des métairies, fours, moulins, pressoirs, prés, rivières, étangs ; et comme dans la suite du temps ces objets, à l'exception des vignes et des bois, furent donnés à ferme au prévôt de la seigneurie, on les comprit, avec l'exercice de la justice et les émolumens qui en provenaient, sous le nom de *prévôté, præpositura.* Ce qu'on appelait *recette de baillie* était non-seulement la recette des exploits, amendes ; confiscations, forfaitures ; etc., mais aussi le produit de toutes les impositions extraordinaires que le haut seigneur levait sur ses sujets. *Brussel, Usage des fiefs,* liv. II , chap. xxxiv.

(73) Voici le texte du testament de Philippe Auguste : « .....⟩.....⟩.. prohibemus etiam universis prælatis ecclesia-
» rum et hominibus nostris, ne talliam, vel tultam donent
» quandiu in servitio Dei erimus.
» Si verò Dominus Deus de nobis suam faceret voluntatem,
» et nos mori contingeret, prohibemus districtissimè omni-
» bus hominibus terræ nostræ ; tam clericis quam laïcis, me
» talliam vel tultam donent donec filius noster, quem Deus
» servitio suo sanum et incolumem conservare dignetur , ve-
» niat ad ætatem in quâ, grathâ Sancti Spiritûs possit regere
» regnum ». Nous avons donné à ces dispositions du testament
de Philippe Auguste, le même sens que De Laurière, leur attribue, *Ordonn. des rois de France,* tom. I, p. 18. M. Brial, dans le tom. XIV. *des Histor. de la France,* préf., p. 38 , voit dans ces dispositions, que le roi défend de payer la taille, pendant son absençe et après sa mort, tandis que d'après de Laurière ; le roi, exige au contraire qu'on paie la taille sans aucune diminution. Malgré tout le respect dû au senti-

ment du savant M. Brial, nous avons cru le sens de De Lau-
rière-plus naturel.                                    •  •

(74) L'empereur Frédéric II, fils de l'empereur Henri VI,
commença son règne par la diète d'Egra, en 1219 : ce fut
dans cette diète qu'il fit jurer aux grands seigneurs de l'empire de ne plus rançonner les voyageurs qui passeraient sur
leur territoire, et de ne pas frapper de fausse monnaie.

(75) *Fleury, Hist. ecclésiast.*, liv. LXXXVIII, n°. 37.—
Dans le concile de Latran, tenu en 1179, on défendit, sous
peine d'excommunication, d'établir de nouveaux péages sans
l'autorité des souverains. Le concile d'Avignon, tenu en 1209,
s'exprime à ce sujet de la manière la plus précise ; il ordonne
que l'excommunication ne soit pas levée avant que le coupable
n'ait restitué tout ce qu'il a extorqué depuis la sentence. *Concilium Avenionense,* cap. V ; *ap. D'Achery, Spicil.*, tom. I,
p. 703, édit. in-fol.

(76) Voyez entre autres, la *Coutume de Tournay*, rédigée en 1187 ; *Usus et Consuetudines Tornacenses, ap. D'A-
chery, Spicileg.*, tom. III, édit. in-fol., p. 550. — Saint
Louis s'occupa aussi beaucoup de cet objet. Voyez *De Laurière, Ordonnances des rois de France,* tom. I, p. 291.

(77) Ce point d'histoire a été éclairci autant que possible
par Robertson, dans l'*Introduction à l'histoire de Charles-
Quint.* — Tous nos anciens historiens n'ont parlé que très-
confusément des communes, dit *Daniel, Hist. de France,*
règne de Louis VII.

(78) Yves de Chartres, dans sa lettre 253, appelle l'établissement des communes *Pactum pacis.* L'acte de la commune de
Laon, rapporté dans le tome XI°. des *Ordonnances des rois
de France*, a pour titre : *Institutio pacis.* Voyez le t. XIV
des *Hist. de la France,* préface, pag. 72. — La plupart des
chartres qui établissent les Communes, motivent la concession
des princes ou des rois, sur l'avantage des peuples. Louis VI
accorde le droit de Commune aux habitans de Mantes, pro-

nimid oppressione pauperum.  Philippe Auguste favorise de même la ville de Sens, intuitu pietatis et pacis in posterum conservandæ. Les mêmes motifs sont exprimés dans beaucoup d'autres chartres : habeant Communiam pro pace conservandá. Une autre chartre porte encore : suá propria jura melius defendere possint, et magis integrè custodire, etc. Voyez le tome XI des Ordonnances des rois de France.

Dans les chartres des Communes, on aperçoit deux parties absolument distinctes : 1°. l'acte ou l'obligation de la confédération et du serment ; 2°. la rédaction des coutumes, c'est-à-dire, les loix municipales anciennes ou nouvelles, confirmées ou adoptées. De Brequigny, Recherches sur les Communes, dans la préface du tome XI du Recueil des Ordonnances des rois de France, art. V. — Les caractères distinctifs de ce que nous nommons Communes, peuvent se réduire à trois ; l'association jurée et autorisée par un titre authentique ; la rédaction et la confirmation des usages et coutumes ; l'attribution des droits et privilèges, du nombre desquels était toujours une juridiction plus ou moins étendue, confiée à des magistrats de la Commune, et choisis par elle. De Brequigny, ibid. — Les rois puisèrent ensuite dans toutes ces chartres des Communes pour composer leurs ordonnances. Les Etablissemens de saint Louis en sont la preuve ; on y rencontre plusieurs réglemens déjà établis par les réglemens des Communes. — Il ne faut pas confondre ces chartres de privilèges et de coutumes, si fréquentes dans le 12e. et le 13e. siècles, avec les Coutumes redigées par ordre de Charles VII, et de ses successeurs. Cette rédaction se fit par province, et de chaque seigneurie on venait déposer dans l'assemblée générale de la province, les usages écrits ou non écrits de chaque lieu. Voyez l'Esprit des Loix, liv. XXVIII, chap. xlv.

(79) Voici ce que l'abbé Guibert dit des Communes : « Communio novum ac pessimum nomen sic se habet, ut capite » censi omnes solitum servitutis debitum dominis semel in

» anno solvant ; et si quid contra jura deliquerint pensione
» legali emendent , cæterm censuum exactiones quæ servis in-
» Digi solent omni modis vacent ». *Guibertus , de vilâ suâ*,
lib. III , cap. vii. Guibert cite plusieurs exemples qui montrent
combien les Communes étaient jalouses de leurs droits. L'évêque de Laon fut tué, parce qu'il voulait faire révoquer la
chartre de Commune qui avait été donnée aux bourgeois de
cette ville ; ibid. lib. III, cap. xxiii. Dans la ville d'Amiens, le
comte prit les armes contre ses sujets , et le roi fut obligé de
venir au secours du peuple de cette ville ; ibid. cap. xii.

(80) *Guibertus Abbas , Hist. Hierosoly.* — Humbert II ,
Dauphin de Viennois, se dépouilla presqu'entièrement de tous
ses biens pour passer dans la Terre sainte avec une suite nombreuse. Comme il se destinait à un service sacré , il obtint ,
pour aliéner ses terres , le consentement du roi de France ,
duquel il relevait. Le comte de Foix suivit cet exemple. Baudouin , comte de Hénault , hypothéqua , ou vendit une partie
de ses terres à l'évêque de Liège , en 1096. Baudouin , comte
de Namur , vendit, pour la même raison, une partie de ses
états à un monastère. *Robertson , Introduct. à l'Hist. de
Charles V.* On pourrait citer un nombre prodigieux de ventes
semblables. Richard , roi d'Angleterre , vendit jusqu'aux char-
ges de son état, les plus importantes même , celle de Fores-
tier et celle de Schérif ; la dignité de grand Justicier, des fonctions de laquelle dépendait l'exécution des lois , fut vendue
à Hugues de Picax , évêque de Durham , pour mille marcx ;
le même prélat acheta à vie le comté de Northumberland.
*Hume, Hist. d'Angleterre,* chap. xi. — A leur retour, plusieurs
Croisés voulurent recouvrer leurs terres aliénées , mais tous
n'y réussirent pas, entre autres Guillaume, seigneur de Montpellier, en 1104. Voyez *d'Aigrefeuille , Hist. de Montpellier,* I{ere} part. liv. 1, chap. iv.

(81) Humbert II, dauphin des Viennois, fit publier, avant
de partir pour la Terre sainte , une ordonnance par laquelle

ài promettait de nouveaux priviléges à la noblesse, et de nouvelles indemnités aux villés et aux bourgs de ses dumàines;
en considération de certaines sommes qu'on lui payerait sur
le champ pour son expédition. *Robertson, Introduct, à l'hist,
de Charles V.* — On voit une grande preuve du relâchement
des seigneurs en faveur des bourgeois, dans les permissions
de chasse accordées à quelques habitans des villes. Les premières permissions de ce genre peuvent se rapporter au temps
de saint Louis; on ne les obtenait qu'à la charge de donner
au seigneur, sur les terres duquel on chassait, un *cuissot* de
la bête prise. *Sainte-Palaye, Mémoires historiques sur la
chasse,* Iere part., note 13.

(82) Il est certain que presque tous les affranchissemens
des serfs eurent la religion pour motif; ou faisait entrer dans
l'acte la formule *pro redemptione animœ,* usitée dans les donations faites à l'Eglise. Saint Grégoire-le-Grand représente,
dans ses écrits, l'affranchissement des serfs, fait en vue de
Dieu, comme une œuvre très-méritoire. L'affranchissement
n'était censé accompli qu'après une cérémonie religieuse :
on conduisait l'affranchi dans l'église, on lui faisait faire trois
fois le tour de l'autel, en tenant dans la main un cierge. L'autorité civile s'opposait, au contraire, aux affranchissemens;
plusieurs loix sévères mirent des bornes aux affranchissemens
comme nuisibles à la société. *Robertson, Introduct. à l'Hist.
de Charles V,* tome II, preuves. — Les affranchissemens par
testament étaient les plus ordinaires : on trouve plusieurs de
ces actes dans le *Spicilège de D'Achery.*—Voici comme s'exprime Philippe, comte de Flandre et de Vermandois, dans les
coutumes accordées aux habitans d'Aire en Artois : « Ego
» Philippus... peregrinaturi ob Terram sanctam, in quâ nos
» Filius Dei pretio sanguinis sui de potestate diaboli libera-
» vit, ministerio nostro si dignabitur, sed virtute suâ ab im-
» mundâ gente liberandam; dignum duximus hominibus terræ
» nostræ libertatem et immunitatem, quam eis antecessores
» nostri retrò principes indulserunt, conservare et confirmare.

» Consuetudines amicitiæ Ariensium in Artesiá ». Ap. D'A-
chery, Spicileg. tome III, p. 553, édit. in-fol.

(83) Les rois, en érigeant des Communes, usaient du droit
de leur souveraineté dans les villes occupées par les seigneurs, et se prétendaient, ensuite, maîtres de ces villes,
comme le dit l'historien des évêques d'Auxerre, en parlant de
Louis VIII. (*Histor. Episcopor. Altissiodorensium*, tom. I.
*Biblioth. M. S. Labbæi*, tom. I, p. 466). *Reputabat civitates suas esse in quibus Communiæ essent*. Nos rois établissaient, de préférence, des Communes dans les villes dont
ils n'étaient que les seigneurs médiats et suzerains ; ils avaient
moins d'intérêt à conserver leur faible autorité sur ces villes,
que leur pouvoir direct sur celles qui leur étaient soumises
sans aucun intermédiaire. Un autre avantage que les rois tiraient des Communes, était de gagner, par ce moyen, le
peuple des grandes villes ; ensuite ils se donnaient des soldats,
les habitans des villes étant affranchis. Ces Communes, toujours armées contre les entreprises des seigneurs, formaient
comme plusieurs camps, au milieu du royaume. Les terres
des seigneurs étaient aussi dépeuplées par les Communes, qui
offraient un lieu de franchise à tous les fugitifs.

De tous ces avantages il en résulta un autre, qui était probablement le principal objet des rois : les seigneurs qui virent
leurs terres abandonnées par les habitans, furent obligés d'af-
franchir leurs sujets pour les conserver ; ce qui n'empêcha pas
que les privilèges des Communes ne fussent bien plus recherchés que les franchises accordées par les seigneurs, les Communes étant sous la protection du roi, ayant leurs maires,
leurs échevins et des juges particuliers, tirés de leur corps.
*Conjectures sur l'origine du droit français, par Berroyer*,
dans l'ouvrage intitulé : *Bibliothèque des Coutumes*.

(84) L'absence de plusieurs seigneurs croisés fut, sans doute,
un grand bonheur pour leur patrie ; il suffirait, pour en être
convaincu, de considérer les maux que firent quelques-uns

d'entre eux à leur retour. Saint Bernard se plaint beaucoup
de ces Croisés, que leur pélerinage n'avait pas rendus plus
pacifiques. Lorsque Robeit, comte de Dreux, et Henrj,
comte de Champagne, revinrent de la Croisadé, ils firent
rentrer avec eux dans l'état, le désordre et le mépris des loix ;
la paix et la tranquillité publique, que l'abbé Suger avait
établie avec tant de peine; fut troublée. Voyez *Sancti Bernardi* epist. 376 ; 563.

(85) « Tanta etiam ( mirum dictu ) prædonum et latronum
» advolabat multitudo, ut nullus sani capitis hanc tam subi-
» tam, quam insolitam mutationem ex dexterâ excelsi pro-
» veniie non cognosceret ; cognoscendo, attonitâ mente non
» obstupesceret ». *Otto Frisingensis de gest. Friderici im-
perai.* lib. I, cap. xi.

(86) Les brigands qui passèrent dans la Terre sainte, y
devinrent même plus scélérats, selon Jacques de Vitry.....
« Hujusmodi monstruosi homines in partibus occidentis mare
» Mediterraneum transeuntes, et ad Terram sanctam confu-
» gientes, quia cœlum non animum permutabant, innume-
» ris flagitiis et sceleribus ipsam commaculantes, tantò au-
» daciùs consueta mala perpetiabant, quantò à notis et pro-
» pinquis suis magis remoti, sine verecundiâ peccabant, non
» Dominum timentes nec hominem reverentes. Facilitas autem
» evadendi et impunitas delinquendi, impietatis eorum habe-
» nas relaxabant, eo quod post facinora perpetrata vel ad Sa-
» racenos vicinos curis tum abnegantes fugiebant; vel ad in-
» sulas maritimas remeabant, etc. ». *Hist. orientalis,* lib. I,
cap. LXXXII. Plusieurs criminels condamnés à mort, obtenaient,
dit Jacques de Vitry, ( ibid. ), que leur peine fût transmuée
en un bannissement perpétuel dans la Terre sainte ( voyez
la note 19 ). Cette affluence des brigands de l'Europe nous
explique pourquoi les habitans du royaume de Jérusalem furent si corrompus. Jacques de Vitry, et tous les historiens les
peignent avec les plus noires couleurs. « Generatio enim prava

» atque perversa, filii scelerati et degeneres p' homines cor-
» rupti et legis divinæ prævaricatores, ex suprà dictis pere-
» grinis, viris religiosis Deo acceptis, et hominibus gratiosis,
» tanquam fæx ex vino, et amurca ex olea, quasi lolium ex
» frumento, et rubigo ex argento procedentes, paternis pos-
» sessionibus, sed non moribus successerunt; bonis tempora-
» libus abutentes, quæ parentes eorum ad honorem Dei con-
» tra impios strenuè dimicantes, proprii sanguinis effusione'
» adepti sunt..... Undo cum coram prædictis eorum patri-
» bus, licet admodum paucis, Saracinorum multitudo tan-
» quam à facie tonitrui formidaret, istorum inertiam, nisi
» Francos et occidentales populos secum haberent, plusquam
» sexum femineum non formidareut ».

La grande variété d'habitans fixés dans la Terre sainte,
contribua aussi à augmenter la corruption générale. Jacques
de Vitry a consacré un chapitre de son ouvrage à chaque
espèce d'habitans que contenait le royaume de Jérusalem :
— Chap. LXXII. *Pullani*, les Poulains ; on nommait ainsi les
descendans des chrétiens établis à Jérusalem, *nation*, dit
l'auteur, *adonnée à l'impureté, à un luxe efféminé, et qui
tremble comme des femmes devant les Sarrasins.* — Chap.
LXXIII. Les Génois, Pisans, Vénitiens, et autres Italiens
établis à Jérusalem, *qui seraient formidables aux Sarrasins,
s'ils n'étaient divisés par des querelles continuelles, et
s'ils n'étaient plus occupés du négoce que de la défense
de la religion.* — Chap. LXXIV. *Les Syriens qui ont habité
la Palestine sous ses différens maîtres, les Romains, les
Grecs, les Latins, les Sarrasins et les chrétiens, et qui
sont une espèce d'esclaves réservés pour les travaux de l'a-
griculture, et pour les autres emplois pénibles; hommes aussi
inhabiles aux combats que les femmes, et qui servent d'es-
pions aux Sarrasins.* — Chap. LXXV. Les Jacobites. — Chap.
LXXVI. Les Nestoriens.—Chap. LXXVII. Les Maronites.—Chap.
LXXVIII. Les Arméniens; — Chap. LXXIX. Les Géorgiens. —
Chap. LXXX. Les Mozarabes, ou les chrétiens qui habitent parmi
les

les Sarrasins. — Sanut donne une raison géographique d'une si grande variété d'habitans : « Terram sanctam promissionis » omnigenæ incoluêre gentes ; communiter autem eam cunc- » tis expositam , situs prima ostendit ipsius. In terræ enim ha- » bitabilis medio posita est , et quasi punctus circumferentiæ. » Respondet Africæ , Asiæ et Europæ ». *Secreta fidelium Crucis,* pais. I , cap. I.

(87) Le nom de *Compagnie* était usité, dans ce temps-là, pour désigner les troupes qui , durant une trève ou après une paix ne voulaient pas quitter les armes , couraient, pillaient, volaient, et vivaient sans aucune discipline militaire ; gens ramassés de tous côtés, aventuriers sans foi, sans loi et sans chef. *Du Cange, Hist. de Constantinople sous les empereurs français* , liv. VI, n°. 38. — Un passage du moine du Vigeois réunit tous les noms de ces bandits : « Primo Basculi post modum Theuto- » nici , Flandrenses , et ut rusticè loquar , Brabansons , Han-ʼ » nuyers , Asperes , Pailler , Nadar , Turlau , Vaies , Roma , » Catarel , Catalan , Aragones quorum dentes et arma om- » nem penè Aquitaniam corioserunt ». *Gaufridus Vosien- sis, Chronicon. Ap. Labbe , Bibliotheca M. S.,* tom. II , pag 339. — Les Cotteraux , *Coterelli,* étaient ainsi appelés parce qu'ils portaient de grands couteaux qu'on nomme en- core à Toulouse *coterels. Daniel , Hist. de la milice fran- çaise,* liv. III , c. VIII. — Le mot de *Triaverdins* doit être un sobriquet, dont on ignore l'origine. *Mezeray , Abrégé de l'Hist. de France,* Eglise du 12e. siècle. — En 1179 , un concile de Latran excommunie tous ces brigands , défend de les inhumer en terre sainte, exhorte les catholiques à leur courir sus, à se saisir de leurs liens , à réduire leur per- sonne en servitude. Ceux qui prendront les armes pour une si bonne cause jouiront des indulgences ou relaxations de pénitence, à proportion de leurs services , selon la discrétion des évêques. *Mezeray,* ibid.

(88) *Denina , Révolutions d'Italie ,* liv. XV , chap. v. —

17

Ces *sociétés* passaient alternativement au service des différentes villes d'Italie, et des tyrans. Un historien du temps
s'écrie, en parlant de leurs ravages : « Proh dolor ! in hæc
» tempora infelicitas mea me deduxit ut viderem hodie mise-
» ram Italiam plenam barbaris et socialibus omnium natio-
» num. Hæc enim sunt Anglici, Alomanni furiosi, Britones
» bruti, Vascones rapaces, Hungari immondi, qui omnes
» currunt in perniciem Italiæ, non tam viribus quam frau-
» dibus et proditionibus, provincias vastando, et urbes no-
» bilissimas spoliando ». *Beneventus de Imola commentar.*
*ad poema Dantis*, cant. XII, vers. 74. — Muratori pense
que ces *sociétés* passèrent en France ; Du Cange, dans le
*Glossaire de la latinité*, prétend que les *sociétés* avaient
déjà commis des ravages en France, avant que l'Italie eût
appris à les craindre : ces *sociétés* prenaient différens noms :
*Societas alba, Societas fortunæ, Societas della Stella,
Societas sancti Georgii*, etc. Voyez *Muratori, Antiquitates Italicæ*, dissert. XVI.

(89) Les Catalans firent de grandes conquêtes sur l'empire de Constantinople ; leurs troupes se composaient, principalement, de Siciliens, de Catalans, d'Arragonais et d'Al-
mogavares ; ces derniers formaient l'infanterie. Les Almoga-
vares étaient des espèces de demi-sauvages, que l'on croit
avoir été les restes de ces nations barbares qui détruisirent,
en Espagne, la domination des Romains, et qui s'y soutinrent, avec éclat, jusqu'à l'invasion des Sarrasins. Ecrasés par
la puissance de ces nouveaux conquérans, ceux qui purent
échapper à la mort se retirèrent dans les montagnes, où ils
menèrent une vie errante, en conservant toujours leur ancienne valeur. Des Turcopules se joignirent aussi aux Catalans, qui reçurent des soldats de presque toutes les nations
de l'Europe. Voilà pourquoi ils prirent pour légende du sceau
de leur armée : *Sceau de l'armée des Francs en Thrace et
en Macédoine.* Voyez *Ameilhon, Hist. du Bas-Empire*,
liv. CIV, CV, et suiv. — L'histoire de ces braves Catalans a

été écrite par Remond Montaner, chevalier catalan; après lui par Surita, et par le marquis d'Aïtone, gouverneur des Pays-Bas. *Du Cange*, *Hist. de Constantinople sous les empereurs français*, liv. **VI**, nᵒ. 23 et suiv.; liv. **VII**.

(90) Il ne faut pas croire que, malgré la crainte de l'ex‑communication, la trève de Dieu s'établit sans difficulté; on la violait souvent. Le *Spicilège de D'Achery*, tom. III, p. 427, contient plusieurs lettres d'évêques concernant l'ex‑communication des coupables. Les fréquentes infractions de la tiève donnèrent lieu aux piédications du charpentier Du‑rand, vers 1180 : cet artisan assura que Jésus-Christ et la sainte Vierge lui étaient apparus, dans la ville du Puy en Vélay; qu'ils lui avaient commandé de prêcher la paix, et lui avaient donné pour preuve de sa mission, une image qu'il montrait : cette image représentait la Vierge tenant son, enfant, et portait pour inscription : *Agnus Dei qui tollis peccata mundi, dona nobis pacem.* D'après les exhortations de Durand, les prélats les grands seigneurs et les gentilshommes s'assem‑blèrent au Puy le jour de l'Assomption, jurèrent sur les Evangiles de poser les armes, d'oublier les injures reçues, et ils formèrent une confrérie pour assurer le maintien de la tranquillité, et réunir tous les cœurs; ils nommèrent l'asso‑ciation, *la Confrérie de Dieu.* Cet événement singulier est rapporté par *Rigord*, dans la *Vie de Philippe Auguste*, *ad ann.* 1183. — Quoique les Croisés fussent compris dans la trève de Dieu, encore plus particulièrement que les autres personnes, ils se plaignaient souvent qu'on ne l'observait pas à leur-égard. Voyez *Epistolæ Regum et Principum, in gesta Dei,* tom. I, epist. 2, 11, et aliæ. — Les auteurs contem‑porains gémissent presque tous de voir la trève de Dieu mé‑prisée.

(91) «Igitur non solum ex romano imperio, sed etiam ex
» vicinis regnis, id est occidentali Francia, Anglia, Panno‑
» nia, innumeris populis ac nationibus, hæc expeditionis

» fama ad sumendam crucem commotis, repentè sic totus
» penè occideus siluit, ut non solum bella movere, sed et
» arma quempiam in publico portare uefas haberetur ». *Otto
Frisingensis, de gestis Friderici imperat.* lib. I, cap. xlii.

(92) Ce chapitre est le xxxix*. du livre Ier.; il est intitulé:
*De diversis præliis per expeditionem Hierosolymitanam
sopitis.*

(93) « Erat eo tempore antequam gentium fieret tanta pro-
» fectio, maximis ad invicem hostilitatibus totius Francorum
» regni factu turbatio; crebra ubique latrocinia, viarum ob-
» sessio; passim audiebantur, immo fiebant incendia infinita;
» nullis præter sola et indomita cupiditate existentibus causis
» exstruebantur prælia. Et ut brevi totum claudam, quicquid
» oblutibus cupidorum subjacebat, nusquam attendendo cujus
» esset prædæ patebat. Mox ergo et mira et incredibili ob ins-
» perabilitatem, animorum immutatione commoti, signum
» pontificis prædicti præceptione indictum, Cruces videlicet,
» ab episcopis, et presbiteris sibi precantur imponi. Et sicuti
» rapidissimi venti impetus solet, non magna pluviæ unda
» restringi; ita ilico contigit invicem simultates universorum
» et bella sopiri, per inditam sibi aspirationem, haud du-
» bium quin Christi » *Guibertus Abbas, Hist. Hierosoly.,*
lib. II, nº. 7.

(94) « Papa secundus Urbanus..... videns autem christiani-
» tatis fidem enormiter ab omnibus, tam clero quam populo,
» pessundari; et terrarum principibus incessanter certamine
» bellico, nunc istis, nunc illis inter se dissidentibus, pacem
» omnino postponi; bona terræ alternatim diripi, multos in-
» juriosè vinctos captivari, et in carceres teterrimos trucu-
» lentissimè subrui, supra modum redimi; vel intùs trifariam
» angariatos scilicet inediâ, siti, algore, obitu clandestino
» extingui; loca sancta violari, monasteria, villasque igni
» cremari, nulli mortalium parci, divina et humana ludi-
» briis haberi, etc...... in Gallias descendit, atque in Ar-

» vernia concilium legationibus competenter undique præmo-
» nitum , apud Claromontem, quæ sic vocatur civitas, fecit
» coadunari ». Le pape parle dans le même sens devant le
concile : « His verò ut dictum est iniquitatibus, Karissimi,
» mundum vidistis gravissimè diù confusum fuisse ; adeo ut
» nullus in aliquibus provinciarum vestraum , sicut nobis
» à referentibus patefactum est, per imbecillitatem forsitan
» justificationis vestiæ , vix tutè per viam gredi audeat, quin
» vel die à prædonibus, vel nocte à latronibus , aut vi aut
» ingenio maligno, in domo vel extrà subripiatur ». *Fulcherius Carnotensis , Gesta peregrinantium Francor., etc.,*
nº. I.

(95) « Terra hæc quam inhabitatis..... numerositate ves-
» tra coangustatur ; nec copiâ divitiarum exuberat, et vix
» sola alimenta suis cultoribus administrat. Inde est quod vos
» invicem mordetis et comeditis ; bella movetis et plérumque
» mutuis vulneribus occiditis. Cessent igitur inter vos odia ,
» conticescant jurgia, bella quiescant, et totius controversiæ
» dissentiones sopiantur. Viam sancti sepulchri incipite ; terram
» illam nefariæ genti auferte , eamque vobis subjicite. Terra
» illa filiis Israël à Deo in potestate data fuit, sicut Scriptura
» dicit, quæ lacte et melle fluit. Hierusalèm umbilicus est
» terrarum, terra præ cæteris fructifera, quasi alter paradisus
» deliciarum, etc..... ». *Robertus Monachus, Hist. Hierosoly,* lib. I.

(96) L'institution de la trève de Dieu est fixée par les
meilleurs auteurs, dit Datt, à l'année 1032 ou 1034. *Datt,
de pace imperii publicâ,* lib. I , cap. II.

(97) Chaque église avait sa *trève* particulière, dont les dispositions n'étaient pas uniformes partout. Voyez la préface
du XIV^e. vol. des *Historiens de la France,* p. 24 : dans le
même tome XIV^e. nous trouvons : *Leges pacis pro ecclæ-
sia Morinensi, Leges pro ecclesia Turonensi,* etc. Voyez
p. 387.

(98) Voyez *Du Cange, Glossarium latinitatis*, verbo *Treuga*, et dans la *Dissertation XXIX, sur Joinville.* — « Nos amplius hic annotamus, sacris his expeditiouibus primas » velut treugæ Dei in Germaniâ origines deberi, illas autem, » et prolata in Italiâ bella, ut altera Dei pacis velut spe- » cies, pax nempè publica et civilis imperio coalesceret ef- » fecisse ». *Datt, de pace imperii publicâ*, lib. I, cap. III. — Les Espagnols connurent l'usage de la trêve de Dieu, en 1045 : les Anglais ne l'adoptèrent qu'en 1080, ibid. cap. II. Il ne faut pas confondre la trêve de Dieu avec plusieurs espèces de trèves qui prenaient différens noms, selon la ma- nière dont on les avait jurées, et selon les obligations qu'elles imposaient. Datt cite plusieurs de ces trèves usitées en Alle- magne. On élevait, en signe de paix publique, dans les villes et dans les campagnes, des croix, ou des enseignes en forme de main, *signa in modum et figuram manûs constituta*, afin que l'on sût que la paix avait été jurée dans ce lieu ; pour cette raison la paix s'appelle souvent *der handfriden oder handschuch*. *Datt*, ibid. cap. XVI.

En Allemagne, les *Confraternités héréditaires* furent très- avantageuses pour rétablir la tranquillité publique. Voici les conditions de cette société : lorsque deux princes allemands s'unissaient de *Confraternité héréditaire*, ils affectaient mu- tuellement, tant à eux qu'à leurs descendans mâles et légitimes, la succession de celui dont la race finirait la première, ou ne se continuerait que par les filles ; les propriétaires actuels se réservant seulement la liberté de disposer par testament de leurs meubles, jusqu'à la concurrence d'une somme déterminée. Ce contrat, qui est une donation réciproque entre deux maisons, devient une convention irrévocable qui concerne l'avenir, et rend la propriété et la possession civile communes aux deux maisons ; car un prince, en vertu du droit de confraternité, peut recevoir l'hommage et le serment des vassaux du prince avec lequel il contracte, et il les met au nombre de ses vé- ritables sujets : cependant l'effet principal de cette société demeure en suspens ; et n'a lieu qu'après l'extinction des mâles d'une des deux familles. Pour rendre cette confraternité valable , il fallait y faire intervenir les trois ordres de la province où les fiefs sont situés, et obtenir la confirmation de l'empereur et des états de l'empire. La plus remarquable et la plus ancienne de ces confédérations , est celle de Saxe et de Hesse , contractée sous le règne de Frédéric II, autorisée par Rodolphe I<sup>er</sup>., confirmée par Charles IV, par Sigismond et par Mathias; ce dernier accorda son consentement à la maison de Brandébourg pour entrer dans cette association. *Barre , Hist. d'Allemagne*, tom. VI , p. 134.

(99) De Laurière attribue l'ordonnance de *la Quarantaine le roi* à Philippe Auguste. *Ordonn.*, tom. I , préf., n°. 166. Du Cange pense qu'elle fut établie par saint Louis ou par Philippe le Hardi. *Dissert. XXIX sur Joinville.* Celui qui attaquait, avant l'expiration de quarante jours, était considéré comme traître ; il était pendu, et ses biens étaient confisqués.

(100) L'une des deux parties qui ne voulait pas entrer en guerre, ou qui voulait faire la paix, s'adressait, soit à son seigneur, soit à sa justice, et requérait que l'ennemi qui faisait la guerre ou qui s'y préparait, fût tenu de donner *asseurement*, c'est-à-dire , assurance qu'il ne ferait tort à son adversaire, ni en sa personne , ni en ses biens : le sujet du différend se trouvait alors soumis au jugement du seigneur ou de sa justice , arbitrage que le seigneur et la justice ne pouvaient refuser ; il était alors ordonné aux adversaires d'accorder *asseurement* à la partie plaignante, et ils étaient obligés de le faire observer par toute leur parenté ; en sorte que si l'*asseurement* venait à être enfreint , celui qui l'avait enfreint , et celui qui l'avait donné, quoiqu'il fût constant que ce dernier n'avait pas été présent au fait, pouvaient être traduits en justice pour *bris.* Cette disposition n'existait pas dans la trève, celui-là seul qui l'avait enfreinte étant responsable de sa violation. Aussi Beaumanoir dit-il que, si le lien de la

paix traitée par les amis communs, ou faite par autorité de
justice est fort, néanmoins le lien d'*asseurement* est encore
plus solide et le plus sûr. Le roi saint Louis ordonna que tous
ceux qui tenaient des terres en baronnie pourraient, quand
ils auraient avis des défiances et des divisions, obliger les parties à donner trève ou *asseurement*.

L'*asseurement* se demandait au parent au-dessus de quinze
ans, qui était le plus proche du mort. S'il n'y avait pas eu
meurtre ou assassinat, mais seulement quelque blessure,
l'*asseurement* se demandait à celui qui avait été blessé ou
frappé ; si les adversaires s'absentaient, pour ne pas consentir à
la trève ou à l'*asseurement*, le seigneur devait les faire citer
par quinzaine ; et comme le délai pouvait se trouver préju-
diciable, il devait envoyer des gardes chez celui de qui on
requérait l'*asseurement*. Si après les délais expirés les parties
ne voulaient pas comparaître en la cour du seigneur, elles
étaient condamnées au bannissement; et alors on s'adressait
au parent le plus proche pour demander la trève ou l'*asseurement;* si enfin ce dernier s'y refusait, le seigneur s'attri-
buait le jugement de la querelle, et faisait défense aux uns
et aux autres de se nuire, sous peine de confiscation de corps
et de biens. Celui qui enfreignait l'*asseurement* devait être
pendu ; car, disent les Etablissemens, *ce est appelé trève
enfreinte, qui est une des grans trahisons qui soit, et
cette justice si est au baron.* Etablissemens, liv. I, chap.
xxviii. Voyez *Du Cange, dissert.* XXIX *sur Joinville.*
La matière des *asseuremens* est traitée fort au long par *Bou-
teiller*, dans sa *Somme rurale*.

(101) Les Coutumes des villes ne contribuèrent pas moins
que l'autorité royale à rétablir le bon ordre et la tranquillité. Le port des armes cachées fut défendu ; témoins l'art. 10
de la *Coutume d'Arras :* «Quicumque cultellum cum cus-
» pide, vel curtam spatulam, vel *misericordiam*, vel aliqua
» arma multritoria portaverit, sexaginta libras perdet; et si

. » inde aliquem vulneraverit, in misericordiâ nostrâ erit per-
. » dendi pugnum : et hoc de manentibus citià Oysam ». *D'A-
chery , Spicilèg.*, tom. III, p. 573, édit. in-fol. — Les
voies de fait sont réprimées par la *Coutume de Tournay* ;
il est dit, art. 10, que celui qui en jetera un autre dans la
boue payeia cinq livres d'or, ou sera banni de la ville. Ibid.,
p. 552. Nous serions entraînés trop loin si nous voulions multiplier les exemples.

(102) Datt déplore ce malheur : « Infelicior Germania nostra
» olim , quæ cum fædera , ut diximus in publicæ securitatis
» subsidium adhiberet , his ipsis mediis , quibus evitare bel-
» lum volebat , in civile et intestinum bellum circa sæculi
» XIV finem prolapsa est , etc. ». *De pace imperii publicâ,*
lib. I, cap. VI. — Les empereurs ordonnaient quelquefois une
paix générale pour un certain nombre d'années ; celle de
Rodolphe Ier, en 1287, fut d'abord limitée à trois années ;
elle fut ensuite prolongée successivement. Ibid. cap. v.

(103) *Machiavel, Hist. de Florence*, liv. II.—Les autres
villes d'Italie n'étaient pas moins puissantes, à proportion.
Gênes envoya quatre mille arbalêtriers, comme troupes
auxiliaires, et compta dans les dissentions civiles jusqu'à
seize mille combattans dans chaque faction. Asti mit sur pied
des armées assez nombreuses pour se mesurer avec les forces
d'un grand monarque, tel que Charles Ier, roi de Naples.
Milan offrit à Frédéric II, pour son expédition de la Terre
sainte, dix mille hommes, qui ne composaient, certainement,
que la moindre partie des troupes de cette république. Les
Bolonais armèrent quarante mille soldats coutre les Vénitiens.
La seule ville de Padoue réunit douze mille hommes à l'armée d'Eccelin. *Denina, Révolutions d'Italie*, liv. XII,
chap. VIII. On raconte que cent mille habitans chassés par
le parti contraire, sortirent de Crémone avec leur famille,
ce qui suppose nécessairement une ville immensément peuplée. Ibid., liv. XIV, chap. IX.

(104) Le Code Théodosien ne fut en vigueur dans l'Orient que pendant quatre-vingt-dix ans, c'est-à-dire, jusqu'au règne de Justinien, qui substitua le sien à la place. Il n'en fut pas de même en Occident. Les nations que l'on a pendant si long-temps nommées *barbares*, le respectèrent. Les Ostrogoths en Italie, les Wisigoths dans les Gaules et les Espagnes, les Bour-guignons, les Francs et les Lombards en firent tant d'estime, qu'ils le prirent pour règle du gouvernement des peuples qu'ils subjuguèrent, et se soumirent eux-mêmes à ses loix. — Voici la raison principale pour laquelle le Code de Justinien ne fut pas adopté en Occident : lorsque ce Code fut publié, vers l'an 530, deux provinces seulement obéissaient, en Europe, à Justinien, la Grèce et la plus grande partie des pays qui dépendaient du préfet du prétoire d'Illyrie. Les Espagnes et les Gaules étaient retranchées de l'empire romain depuis un siècle; la Germanie n'en avait jamais fait partie. Quant à l'Italie, les Goths s'y dé-fendaient encore contre Bélisaire; et les Lombards y entrè-rent peu de temps après que les Goths en furent chassés. Le droit de Justinien ne fut donc observé qu'en Grèce, en Illy-rie, et dans la portion de l'Italie qui obéissait aux Romains. Cette étendue formait ce qu'on appelle aujourd'hui la Ro-magne, avec le reste des terres de l'Eglise, le royaume de Naples et la Sicile. *Fleury, Hist. du droit français.*

(105) Irnerius commença en 1128 à enseigner les loix de Justinien à Bologne, en Lombardie : ces loix étaient incon-nues, ou du moins leur existence n'était sue que des savans. Irnerius fut surnommé *Lucerna juris.* Voyez *Terrasson, Hist. de la jurisprudence romaine,* part. IV, §. IV.

(106) Le pape Honorius III écrivit à la reine Blanche pour la prier d'engager son mari à secourir l'empire de Cons-tantinople : il était, disait-il, de l'honneur des Français de ne pas laisser cette *nouvelle France* exposée à la fureur des infidèles. *Honorii papæ, epistola* 442, lib. VIII, cité par

*Du Cange, Hist. des empereurs français de Constantinople,*
liv. III, n°. 8.

(107) Bologne, préférant son intérêt particulier au bien général, faisait jurer à tous les étudians de ses écoles de n'enseigner les loix en aucun autre lieu qu'à Bologne. Ce serment, dont voici la formule, se faisait en touchant les Evangiles : « Ego juro...... quod ab hoc die in antea non regam
» scholas legum in aliquo loco, nisi Bononiæ; nec ero in
» consilio, ut studium hujus civitatis minuatur; et si scivero,
» aliquem ipsum minuere velle, Consulibus vel Potestati, qui
» pro tempore erunt, bona fide consilium, quam citiùs potero,
» nuntiabo, et bona fide destruam. Consulibus vel Potestati
» qui pro tempore erunt, bona fide consilium et adjutorium
» dabo de omnibus quæ à me petierint, et credentiam eis te-
» nebo ». *Muratori, Antiquitates Italicæ,* dissert. XLIV.

(108) C'est ce qu'assure Duck, dans son excellent ouvrage
*de usu et autoritate juris civilis Romanorum.* Nous en
voyons la preuve en France. Les pays du droit écrit étaient
la Guienne, le Languedoc, le Lyonnais avec le pays de Mâ-
con, celui de Forêts, et généralement, toutes les provinces qui
relevaient du parlement de Toulouse, de Bordeaux et de Gre-
noble. Dans ces provinces, tous les procès se jugeaient d'a-
près les loix romaines, parce que ces contrées sont voisines
de l'Italie. Lib. II, cap. v, §. XII. Les peuples du nord ont
reçu la force du corps en partage, comme les autres celle de
l'esprit; ils se gouvernent par leurs loix et par leurs coutumes,
plutôt que par les loix romaines. Plus ils approchent du sep-
tentrion, plus aussi leur jurisprudence s'écarte du droit romain. Ibid., cap. x, §. XIX.

(109) *Brussel, Usage général des fiefs en France,* pen-
*dant les* 11ᵉ., 12ᵉ., 13ᵉ. *et* 14ᵉ. *siècles,* liv. I, chap. 1, §. XI.
On voit dans le même auteur combien l'usage d'inféoder était
commun aux 11ᵉ. et 12ᵉ. siècles. Tout se donnait en fief, la
*Gruerie* des forêts, le droit d'y chasser, une part dans le

péage ou dans le *roage* d'un lieu, la conduite ou l'escorte
des marchands venant aux foires, la justice dans le palais du
prince ou haut seigneur, les places du change dans les villes
où l'on battait monnaie, les maisons et loges des foires, les
maisons destinées aux étuves publiques, les fours banaux des
villes, et enfin jusqu'aux essaims d'abeilles qui pourraient
être trouvés dans les forêts. On voit le détail de ces fiefs,
principalement, dans les registres de Champagne des 12ᵉ. et
13ᵉ. siècles. Le but de toutes ces inféodations était d'obtenir
des feudataires obligés au service militaire. — En Italie, on
donnait un fief pour avoir un boulanger, un maçon, etc. Ces
fiefs se nommaient *fiefs ministériels*. « Feudum autem di-
» versa sumpsit nomina, pro qualitate ministerii, ut Pistorii,
» Scutellarum, Saccigerulorum, Tabellariorum, Sarctorum,
» Murariorum, et alia quæ servientium ministeriis conveni-
» rent ». *Muratori, Antiquitates Italicæ*, dissert. XI.

(110) « Liceat eis etiam terras, sive cæteras possessiones
» suas, postquam commoniti propinqui sive domini, ad quo-
» rum feudum pertinent, pecuniam commodare aut noluerint,
» aut non valuerint, ecclesiis vel personis ecclesiasticis, vel
» aliis quoque fidelibus, liberè sine ullâ reclamatione impig-
» norare ». *Epistola Eugenii papæ III ad Ludovicum regem
Galliarum*, ap. *Labbe, Collectio Conciliorum*, tom. X,
pag. 1046. — *Alexandri III Epist.* 59, 60. — *Fleury, Hist.
ecclésiast.*, liv. LXIX, n°. 11. — Liv. LXXIII, n°. 33.

(111) La noblesse hésita long-temps à se fixer dans les villes,
tant parce que la plus grande partie des fiefs étaient situés dans
les campagnes, que pour être à l'abri du soupçon de trafiquer
dans les villes. Hugues de Bercy, qui vivait du temps de
saint Louis, se plaint de ce que les princes et les grands seigneurs, de son temps, abandonnaient les villes pour faire leur
résidence à la campagne. *Pasquier, les Recherches de la
France*, liv. II, c. xvi. — Au 13ᵉ. siècle, les nobles d'Italie
habitaient plus volontiers les villes; ils mettaient leur gloire,

dit un historien, à posséder des tours dans les villes, aux-
quelles ces édifices donnaient une apparence superbe et me-
naçante. *Ricobaldus Ferrariensis*, *Historia imperatorum*,
*romanor. germanicor. ap. Eccard. Corpus hist. medii œvi*,
tom. I, pag. 1171.

(112) *De la Roque*, *Traité du ban et de l'arrière-ban*,
chap. IV. Nos rois rendirent plusieurs ordonnances semblables,
entre autres, celle de Philippe le Hardi, vérifiée au parlement de la Toussaint 1275; de Philippe le Bel, en 1291 et
1302 ; de Charles IV, en 1325 ; de Charles V, datée du 15
novembre 1370. Selon le Père Daniel, « les Croisades son
» cause qu'il y a presque autant de fiefs, et des plus nobles,
» entre les mains des roturiers ou descendans de roturiers,
» qu'il en reste entre les mains des familles nobles d'origine
» et des plus anciennes ». *Histoire de la milice française*,
liv. III, chap. II. — C'est au temps de saint Louis qu'il faut
remonter pour trouver l'origine du droit de franc-fief. — Voyez
sur les ventes des fiefs à l'occasion des Croisades. *Matthieu Paris*, *ad ann.* 1249. — *Otton de Frisingen, de
gestis Friderici*, lib. I, cap. XXXV.—*De Boullainvilliers*,
*Dissertation sur la Noblesse de France*, pag. 151.

(113) Le temps du service militaire, sous la troisième race,
était communément limité à quarante jours, sans y comprendre le temps du voyage, soit pour se rendre à l'armée,
soit pour en revenir. Cela se voit par le rôle de 1271, sous le
règne de Philippe le Hardi, lorsque ce prince alla réprimer
la révolte du comte de Foix. On voit dans les mêmes rôles,
que plusieurs gentilshommes n'étaient obligés de servir que
cinq jours, d'autres quinze, d'autres vingt-cinq, etc.; mais
l'ordinaire était de quarante jours, ce qui contrariait l'ancien usage de la nation, sous la première et la seconde races ;
l'obligation du service était alors pour trois mois. Ce changement s'était fait, sans doute, dans le temps de l'établissement
du droit féodal, et lorsque Hugues Capet fut placé sur le trône.

Le roi saint Louis fit une ordonnance qui fixe à deux mois le
service des nobles et des vassaux. Philippe le Bel, en 1303,
après la funeste journée de Courtrai, ordonne le service pour
quatre mois; mais c'était un cas extraordinaire. *Daniel,*
*Histoire de la milice française,* Liv. III, chap. 11.

Nous voyons que le roi saint Louis était fort embarrassé,
outre-mer, de retenir auprès de lui ses chevaliers. Il leur disait,
pour les engager à rester : « Si dis-je à vous, riches hommes
» qui ci estes, et à tous autres chevaliers qui vourront de-
» meurer avec moy, que vous veignez parler à moi hardie-
» ment; et je vous dourai tant, que la coulpe n'iert pas moie,
» mes vostre, se vous ne voulez demourer ». Le roi chargea
plusieurs de ses conseillers de retenir des chevaliers, mais on
lui répondit : « Chascun se fait si chier, pour ce que il s'en
» welent aler en leur païs, que nous ne leur oserions donner
» ce que il demandent. Et qui, fist le roys, trouverrés à meil-
» leur marché ? Certes, Sire, firent-il, le seneschal de Cham-
» paingne; mès nous ne li serions donner ce qu'il de-
» mande ». Le roi manda alors le sire de Joinville, et lui parla
ainsi : « Senechal, vous savés que je vous ai moult amé, et
» ma gent me dient que il vous treuvent dur; comment est-
» ce là ? Le sénéchal s'excusa sur les pertes qu'il avait éprou-
vées, et le roi fit marché avec lui pour deux mille livres
« jusques à Pasques, pour les deux pars de l'année ». *Join-*
*ville, Histoire de saint Louis,* pag. 91, 92, 98, édit. 1761.

(114) « Ad majoris autem securitatis cautelam, inter diver-
» sos principes et barones divisum est regnum Hierosolymi-
» tanum, qui terram sub rege defenderent et custodirent : ipso
» rege sibi partem digniorem et meliorem retinente; scilicet
» civitatem Hierusalem, Neapolim, Accon et Tyrum, cum
» quibusdam oppidis et casalibus : homines ligii regni fideli-
» tate et sacramento, cum certo militum numero servitio re-
» gio obligati fuerunt ». *Jacobus de Vitriaco, Hist. orien-*
*talis,* lib. 1, cap. 1. — Les Croisés portèrent en Orient leurs

idées sur la souveraineté. Le feudataire pouvait peidre son
fief pour de grands crimes, celui de félonie, par exemple.,
Murtzulphe ayant fait périr l'empereur Alexis, et usurpé
l'empire, Villehardouin dit que, dans l'assemblée des barons
français et des chefs vénitiens, on remontra « que celui qui,
» avait commis un tel attentat, n'avait droit de tenir aucune
» terre ». *Villehardouin, Hist. de la Conqueste de Constan-.
tinople*, n°. 117, 144. — On lit ces vers dans un ancien roman cité par Franchet :

> Rois qui fèt traïson ne doit èstre ésgàrdé
> Né tenir le royaume, ne couronné porter.

Voyez *Du Cange, Observ. sur Villehardouin*, n°. 117.

(115) Pendant long-temps on n'avait connu, en Europe,
que deux sortes de justice, la royale et la seigneuriale; ensuite les priviléges accordés par les rois aux Communes éta-,
blirent des justices municipales. Ainsi la coutume accordée
à la ville d'Arras par le roi de France, en 1211, porte, art.
47 : « Præterea villæ nostræ Atrebatensi et scabinis ejusdem,
» villæ concedimus cognitionem et judicium multri, incen-
» dii, et totius altæ et bassæ justitiæ intra judicium scabino-
» rum, salvis nobis expletis, emendis, et forisfactis nostris,
» in omnibus supra dictis ». On voit, par cet article, que,
le roi ne se réserve que les droits lucratifs de la justice,
sans prétendre en exercer l'autorité. *D'Achery Spicilèg.*,,
tom. III, pag. 574, édit. in-fol. — En Allemagne, les empereurs accordèrent à plusieurs villes le droit de juger les,
crimes qui intéressent la sûreté publique. Charles IV donna;
ce privilége à la ville de Nuremberg, à celle d'Ulm, etc. —
Plusieurs villes obtinrent le pouvoir de mettre à la question
les hommes fortement soupçonnés d'avoir violé la paix publique. *Datt, de pace imperii publicâ*, lib. I, cap. 1. —
Ordinairement on ne devait être jugé que par la cour du seigneur ou de la ville dont on dépendait. Aussi comptait-on
dans la ville d'Acre, où il y avait une si grande affluence

de chrétiens, dix-sept tribunaux jugeant à mort sans dépen-
dre l'un de l'autre. *Fleury, Hist. ecclésiast.*, liv. LXXXIX,
n°. 16.

Voici un exemple très-singulier du partage de la justice
entre plusieurs seigneurs, dans un même lieu. Un seigneur,
nommé Humbert Guerilla, règle ainsi, par son testament (en
1107), les droits de sa justice et ceux de la justice des moines
de Saint-Eparch, dans le diocèse d'Angoulême : La *justice du
sang* est cédée, par Guerilla, aux moines ; c'est-à-dire, que
toutes les fois qu'il y aura du sang répandu, sans homicide
pourtant, la justice des moines connaitra de l'affaire. Lorsqu'il
y aura eu homicide, Guerilla jugera ; il se réserve les quatre
justices de vol, d'incendie, de viol et d'homicide, pourvu qu'il
n'y ait pas eu d'effusion de sang dans les trois premiers cas,
alors le crime regarderait la justice des moines. L'acte qui
établit cet arrangement bizarre se trouve, tout au long, dans
le *Spicilège de D'Achery*, tom. III, p. 445, édit. in-fol.

(116) On voit dans le cartulaire du monastère de Saint-
Maur-des-Fossés, la manière dont on formait, au treizième
siècle, les tribunaux pour juger les crimes. Un faux monnayeur ayant été arrêté à Saint-Maur, il y eut, en 1275, une
convocation de neuf chevaliers et de quatorze écuyers, vassaux de l'abbaye. Ils furent convoqués et conjurés par le juge
du seigneur suzerain, pour juger le procès, conjointement
avec lui. Ce faux monnayeur fut condamné à mourir dans l'eau
bouillante. *Lebeuf, Hist. du diocèse de Paris*. tom. V, p.
141. — Du temps de Charlemagne, les conciles jugeaient les
procès qui concernaient les rois, les princes, et les nobles
les plus puissans. Les causes moins importantes se jugeaient
par les évêques, les légats du roi, ou le roi lui-même. Les
affaires encore moins considérables se décidaient hors du palais, par les ducs, les comtes, et les légats du roi ; dans le
palais par le roi et les comtes palatins. Dans les lieux où les
seigneurs avaient droit de rendre la justice, ils étaient aidés

par

par des àssesseurs appelés aussi *Scabini*, et nommés par les nonces du souverain *Missi dominici.* Voyez *H. Conringius, Exercitatio de judiciis Reipublicæ Germaniæ*, n°. 21.—En Italie, les comtes devaient s'adjoindre aussi dès juges de moindre rang, ces juges étaient des échevins, *Scabini*, *Sculdascii*, *Castaldii*, *Deçani*, *Silvani*, etc. *Muratori, Antiqüitates Italicæ, Dissertatio* X.

En Angleterre, voici quel était le système judiciaire du gouvernement anglo - normand : la cour de la baronie décidait les diffétends qui s'elevaient entre les vassaux, ou sujets d'une même baronie. La cour des *Cens*, et la *County-court* jugeaient les contestations, entre les sujets des différentes baronies. La cour du roi, *curia regis*, rendait sentence dans les procès qui s'élevaient entre les barons. Aucun des gouvernemens feodaux de l'Europe n'avàit d'institution semblable à la *County-court.* Ce plan, quoique simple, suivit diverses variations. Guillaume-le-Conquérant eut assez de puissance pour se procurer d'abord un degré d'autorité que les monarques françaıs n'acquirent que deux cents ans plus taıd, sous le règne de saint-Louis. Guillaume autoıisa sa cour royale à recevoir les appels des cours des baronies, et des *County-court.* De cette mánière, l'administration de la justice en dernier ressort, fut portée dans les mains du souverain. *Hume; Hist-d'Angleterre*, appendix II.

(117) *Legendre, Mœurs des Français.* — Dès le milieu du douzième siecle, on se plaignait déjà du grand nombre de gens de loi, témoin ces vers d'un vieux roman sur l'histoire des ducs de Noımandie :

> Tant y a prevos et bedieaux
> Et tant baillis viez et nouveaux
> Ne poons avoir paix une hore, etc.

Voyez *les Historiens de la France*, tom. XIV, préf. p. 42.

(118) Les justices ecclésiastiques mêmes ordonnaient le

18

duel. A Paris, c'était dans la première cour de l'archevêché, où était située le siége de l'officialité, que se faisaient les *monomachies*, ou duels entre des champions; c'est ce que nous apprend Pierre, chantre de Paris, dans un de ses ouvrages non imprimé : « Quædam ecclesiæ habent monomachias, et » judicant monomachiam debere fieri quandoque inter rusti-» cos suos : et faciunt eos pugnare in curiâ ecclesiæ in atrio » episcopi vel archidiaconi, sicut fit Parisiis. De quo con-» sultus papa Eugenius respondit : utimini consuetudine ves-» trâ ». Le pape qui fit cette réponse remarquable était, sans doute, le pape Eugène III. *Lebœuf, Hist. du diocèse de Paris*, Ire part., chap. I. — On soumettait au jugement par le combat, non-seulement les faits, mais aussi les points de droit. Vers le dixième siècle on décida, de cette manière, si les enfans du fils pouvaient hériter à égale portion avec leurs oncles, dans le cas où leur père viendrait à mourir, pendant que le grand-père serait encore vivant. Dans le douzième siècle on soumit au même jugement la liturgie romaine, et la liturgie mozarabique, dont on s'était toujours servi dans les églises d'Espagne. *De Laurière, Ordonn. des rois de France*, tom. I, préface, n°. 178. — *Robertson, Introduction à l'Hist. de Charles V*, éclaircissemens.

(119) Les savans se sont plaint souvent de la disparution des chartres, et ils ont accusé le temps d'avoir dévoré tant de monumens historiques ; mais il faut observer que beaucoup de chartres, dont on suppose l'existence, n'ont jamais été écrites. Au douzième siècle, on ne mettait pas toujours par écrit les contrats les plus importans, on se contentait d'en jurer l'observation, en présence de témoins, qui s'en rendaient garans. Ainsi, en 1177, on négocia à Venise, un traité entre Frédéric Barberousse, d'une part, le pape et le roi de Sicile, de l'autre. Le traité fut d'abord conclu de vive voix, et on n'employa pour le confirmer, s'il faut en croire l'historien, que les sermens, sans aucun écrit. On ne pensa plus ensuite

qu'à remercier l'empereur d'avoir donné la paix à l'Italie.
Les plénipotentiaires, de retour dans leur maison, pensèrent,
cependant, qu'il serait plus avantageux que le traité fût mis
par écrit. Voici les paroles de l'historien Romuald, de Salerne : « Nuntii regis.... ad sua hospitia alacres reversi sunt.
» Ipsi autem sicut viri sapientes et providi, metuentes ne pa-
» cis factæ memoriam longævitas temporis aboleret, dede-
» runt studium et operam diligentiùs, ut forma pacis, quæ in-
» ter imperatorem et regem facta fuerat, imperiali jussione
» redigeretur in scripturis, ut eam de cætero non posset tem-
» poris vetustas destruere ». *Romualdus Salernitanus, Chronic. ap. Muratori, scriptor. Italicar. rer.* tom. VII, p.
236, cité par *Barre, Hist. d'Allemagne*, tom. V. *Dissert.*

(120) Vers le règne de Henri II, en Angleterre, on commença à écrire au-dessus des chartres le mot *Cyrographum*,
ou quelques mots de l'Ecriture sainte. On coupait ensuite le
mot, et chacune des deux parties contractantes gardait un
morceau, sur lequel se trouvait un exemplaire de l'acte et la
moitié du mot *Cyrographum*, ou des autres mots qui en
tenaient lieu. Le nouveau traité de diplomatique appelle les
actes ainsi coupés, comme nos billets de loterie, des *Cyrographes.* Lorsque le mot était coupé en dentelures, on nommait la pièce *Charta indentata*, *indentatura*. L'usage des
*endentures* ne devint général que sous le règne d'Henry III,
roi d'Angleterre. Le P. Mabillon n'en a pas vu en France
de plus anciennes que dans les actes de 1061 et 1097. Les
Anglo-Saxons ne faisaient aucun usage des sceaux, ce qui
leur fit inventer les *endentures.* Les Français empruntèrent
des Anglais l'usage des *Cyrographes,* que celui des sceaux
fit bientôt cesser. Les *chartres-parties* s'appellaient ainsi,
parce qu'elles étaient coupées en deux morceaux, de la manière dont nous l'avons expliqué. Ces chartres furent usitées
en Angleterre jusque sur le déclin du quatorzième siècle.
Voyez *le nouveau Traité de diplomatique, par les Bénédictins,* part. I, sect. 2, chap. VI, art. 2.

(121) Non-seulement on passait des actes devant les prélats et leurs officiaux, mais encore devant les abbés et les doyens des cathédrales. *Nouveau Traité de diplomatique*, part. V, treizième siècle. — Vers la fin du treizième siècle, les notaires se multiplièrent prodigieusement ; tous les évêques, les seigneurs, les baillis mêmes et les sénéchaux s'attribuaient le droit d'en créer. Ce qui n'empêcha pas, qu'à cause de l'ignorance de beaucoup d'entre eux, on ne continuât à contracter en la présence des prélats ou de leurs officiaux. — En 1300, Philippe-le-Bel défendit à tous les notaires de recevoir aucun contrat, lettres et testament dans la ville et banlieue de Paris, à moins d'être reçus au Châtelet. Par une autre ordonnance de l'an 1302, le roi se réserva, à lui et à ses successeurs, le droit de créer des notaires. Le pouvoir d'en instituer fut ôté aux sénéchaux, aux baillis et autres justiciers, sans préjudicier, cependant, au droit dont jouissaient les seigneurs spirituels et temporels, de constituer des notaires dans leurs domaines. *Nouveau Traité de diplomatique,* part. III, sect. III, chap. vii, art. 3.

Plus le nombre des notaires s'accrut, plus ils s'appliquèrent, pour se distinguer dans leur profession, à charger les actes d'une infinité de clauses, de conditions, de restrictions, de renonciations, et de protestations; ils se mettaient par là à couvert des règles les plus générales, et bien souvent de celles qui ne pouvaient convenir aux parties ; enfin, on exprimait ce qui se serait mieux entendu sans en faire mention. L'esprit de défiance qui régnait alors, et qui était sans doute un reste de l'anarchie et des guerres récentes, faisait estimer ces *cautèles*, car on les appelait ainsi ; et celui là passait pour le plus habile, qui faisait les actes les plus prolixes. *Fleury, Hist. du droit français*, n°. 21. — Autrefois dans le royaume de Naples, les fonctions de notaire étaient exercées par des personnes nobles. *Giannone, Hist. civile du royaume de Naples*, liv. XI, c. vi, §. 7.

(122) Ce qui était le comble de l'absurdité, les parties pou-

vaient appeler au combat chacun des témoins ou des juges,
en les accusant, soit de mensonge, soit de partialité Les témoins et les juges ne pouvaient, sans se déshonorer, refuser
d'accepter le défi et de paraître dans la lice avec leurs adversaires. Voyez *l'Esprit des loix*, liv. XXVIII.

(123) Voyez *les Considérations générales*, p. 6. — Un des
plus anciens réglemens qu'on ait faits en Europe, pour réprimer les combats judiciaires, fut l'ouvrage de Henry I, roi
d'Angleterre, qui défendit ces combats, dans les affaires civiles dont l'objet ne passerait pas une certaine somme. *Brús-
sel, Usage général des fiefs, etc.*, tom. II, p. 962. Ce fut
d'après cet exemple que Louis VII, roi de France, rendit une
ordonnance semblable. *De Laurière, Ordonnances des rois
de France*, tom. I, p. 16.

(124) Datt cite plusieurs de ces privilèges accordés à différentes villes, entre autres à Francfort, Rotembourg, etc.
*De pace imperii publicâ*, lib. I, cap. 1. En France, Alphonse,
comte de Poitiers, accorda, en 1270, un privilége semblable
à ses sujets. Voyez *Du Cange, Glossarium mediæ latinitatis*, verbo *duellum*. — L'art. 21 de la coutume de la Commune de Tournay, approuvée par Philippe Auguste, porte :
« Nemo civium alium civem ad duellum provocare poterit ».
*Usus et Consuet. Tornac. ap. D'Achery, Spicilèg.* tom. III,
p. 552, édit. in-fol.

(125) Au treizième siècle, le droit romain reprit tant d'autorité en Italie, que l'usage des autres loix, et leur nom même
furent oubliés. Voyez *Muratori, Antiquit. Italicæ, Dissert.
XXII.*

(126) On pourrait citer beaucoup d'exemples de cet usage
suivi par les Français. Voyez *Du Cange, Hist. de Constantinople sous les empereurs français*, liv. VIII, n°. 10.

(127) *Les Assises de Jérusalem* sont les coutumes, loix,

statuts, usages accordés en 1099, au royaume de Jérusalem, par Godefroy, duc de Bouillon; ces loix furent faites après l'élection du roi, et de l'avis du patriarche et des barons. Elles sont appelées *Assises*, parce qu'elles furent dressées en l'assise ou assemblée des grands du royaume. Ces *Assises* furent scellées du sceau de Godefroy, de ceux du patriarche, et du vicomte de Jérusalem. Elles furent nommées aussi *les Lettres du Sépulcre*, parce qu'elles étaient gardées en un coffre dans l'église du Sépulcre.

Lorsqu'il y avait contestation sur quelque article de ces coutumes, on les tirait du coffre, en la présence du roi, ou de celui qui était par lui commis, en présence du patriarche, ou à son défaut, du prieur du Sépulcre, de deux chanoines, et du vicomte; mais comme elles avaient été augmentées et corrigées, à diverses reprises, par Godefroy et ses successeurs, elles furent refondues et mises en ordre par Jean d'Ibelin, comte de Japhe et d'Ascalon, seigneur de Baruth et de Rames, vers 1250; elles furent revues une seconde fois, en 1369, après la mort de Pierre de Lusignan, roi de Chypre, par ordre de Jean de Lusignan, prince d'Antioche, tuteur de Pierre de Lusignan, son neveu, roi de Chypre. Seize hommes, choisis dans l'assemblée des états du royaume, furent chargés de cette révision. Les *Assises* furent ensuite déposées au trésor de l'église de Nicosie, dans un coffre scellé de quatre sceaux.

Il est certain que ces loix ont été tirées des usages et coutumes de France, comme le justifient les chapitres 292 et 295, ainsi que Guillaume de Tyr. *De la Thaumassière, Assises et bons usages de Jérusalem*, Avertissement.


(128) Saint Louis abolit le combat judiciaire dans les tribunaux de ses domaines, comme il paraît par l'ordonnance qu'il fit sur ce sujet, et par les Etablissemens; mais il ne l'interdit pas dans les cours de ses barons, excepté dans le cas d'appel de faux jugement. Dans cette circonstance, l'affaire était portée au tribunal du roi ou du seigneur suzerain, non

pas pour y être décidée par le combat, mais par témoins, suivant une forme de procéder dont il donna les règles. Voyez *l'Esprit des loix*, liv. XXVIII, chap. xxxix. Du Cange, dans la dissertation 29 sur Joinville, montre bien tous les efforts que saint Louis et ses successeurs firent constamment pour abolir l'usage des guerres privées et du duel.

(129) Les statuts pour les communautés de marchands et d'artisans, furent dressés avec tant d'équité et de prévoyance, que ces statuts ont été presque copiés, ou imités, dans tout ce qui fut réglé depuis, pour la discipline des mêmes communautés, ou pour l'établissement des nouvelles qui se sont formées dans la suite. *Hénault, Hist. de France, règne de saint Louis.*

(130) On peut voir dans le *Traité de la police*, par *Delamare*, liv. I, combien saint Louis s'occupa de tout ce qui concerne la police; il fut parfaitement secondé à Paris, par Etienne Boileau.

(131) Ce fut le destin des *Etablissemens*, qu'ils naquirent, vieillirent et moururent en très-peu de temps. Ce recueil n'a jamais été fait pour servir de loi à tout le royaume, quoique cela soit dit dans la préface de ce code. Il y a grande apparence que le code que nous avons est une chose différente des Etablissemens de saint Louis, sur l'ordre judiciaire. Ce code cite les Etablissemens; il est donc un ouvrage sur les Etablissemens, et non pas les Etablissemens. Qu'est-ce donc que cette compilation que nous avons sous le nom d'*Etablissemens de saint Louis*? qu'est-ce que ce code obscur, confus et ambigu, où l'on mêle sans cesse la jurisprudence française avec la loi romaine; où l'on parle comme un législateur, et où l'on voit un jurisconsulte, où l'on trouve un corps entier de jurisprudence sur tous les cas, sur tous les points du droit civil? Il faut se transporter dans ces temps-là.

Saint Louis voyant les abus de la jurisprudence do son

temps, chercha à en dégoûter les peuples : il fit plusieurs réglemens pour les tribunaux de ses domaines, et pour ceux de
ses barons; et il eut un tel succès, que Beaumanoir, qui écrivait très-peu de temps après la mort de saint Louis, nous dit
que la manière de juger établie par saint Louis, était pra-
tiquée dans un grand nombre de cours des seigneurs. *De l'Esprit des loix*, liv. XXVIII, chap. xxxvii, xxxviii.

(132) L'ouvrage de Pierre de Fontaines a pour titre : *Le
Konsell de Pierre de Fontaines, ki donne à son ami, et
à tous les autres*. Pierre de Fontaines, comme il le dit, lui-
même, dans son prologue, entreprit son ouvrage pour re-
pondre à la demande d'un ami qui l'avait prié de lui faire *un
escrit selonc les usages et les coustumes du païs, et de
toute cours laies*. Du Cange a publié cet ouvrage dans
son édit. de Joinville.

(133) Dès l'année 1219, le pape Honorius III avait défendu d'enseigner le droit civil à Paris, par la fameuse décré-
tale *Super specula*. En 1251, le pape Innocent IV fit une
constitution touchant les études, qu'il adressa à tous les prélats de France, d'Angleterre, d'Ecosse, de Galles, d'Espagne et de Hongrie; le pontife disait dans cette circulaire :
*Nous défendons d'enseigner, à l'avenir, les loix séculières
dans ces royaumes, pourvu que les rois et les princes y
consentent*. Fleury, *Hist. ecclésiast.* liv. LXXXIII, n°. 80.
Par suite de cette défense, il n'y a pas eu, jusqu'à l'année
1676, de professeur de droit civil dans l'université de Paris.
Fleury, *Hist. du droit français*. — Le droit canon, si favorisé, ne tarda pas à faire de grands progrès. Les compilations
et les recueils se succédèrent promptement. Voyez *Giannone,
Hist. civile de Naples*, liv. XIX.

(134) C'était une des prétentions de la cour de Rome, que
toutes les conquêtes des Croisés appartenaient au pape. Cette
prétention se manifeste clairement dans plusieurs lettres des

papes, et par leur conduite vis-à-vis des Croisés de' Jérusalem, et de ceux armés contre les Albigeois. Voyez *Fleury,*
*Hist. ecclésiast.* liv. LXXVII, n⁰. 36.

(135) Foucher de Chartres nous a conservé la lettre que
les chefs de l'armée des Croisés écrivirent au pape Urbain,
après la prise d'Antioche; ils pressent le pontife de venir les
joindre, car, disent-ils : « Quid igitur in oihe rectius vide-
» tur, quam ut tu, qui pater et caput christianæ religiouis
» existis, ad urbem principalem et capitalem christiani no-
» minis venias, et bellum quod tuum est ex tuâ parte confi-
» cias ». *Fulcherius Carnotensis, Gesta peregrinantium*
*Francor. ap. Bongars,* tom. I.

En 1464, lorsque le pape Pie II s'occupait du projet
d'une Croisade, que sa mort fit abandonner, il se disposait à se mettre à la tête des Croisés. « Nous partirons, écrivait-il, au doge Christophe Moro, nous partirons pour la
guerre avec toutes les forces qui seront en notre pouvoir;
nous aurons avec nous, Dieu aidant, notre bien aimé Philippe, duc de Bourgogne....... Venez donc, mon cher
fils, et ne refusez point une fatigue à laquelle nous nous
exposons de grand cœur; ne prétextez point votre vieillesse,
le duc de Bourgogne est vieux lui-même, et a bien plus de
chemin à faire que vous; nous mêmes nous sommes dans la
vieillesse, âgé de soixante-deux ans, les maladies nous tour-
mentent, et pourtant nous sommes déterminés à partir....
Nous serons trois vieillards à la guerre. Dieu se plait dans la
Trinité; la Trinité céleste protégera notre trinité et confon-
dra nos ennemis. On appelera cette guerre l'*Expédition des*
*trois vieillards....* ». On reconnaît dans tout ce discours l'esprit et l'enthousiasme des anciennes Croisades. Ce passage est
tiré de l'intéressant ouvrage de M. Jondot, *Tableau histo-*
*rique des nations,* 70ᵉ. synchronisme.

(136) « In Hicrusalem quoque Dux Godefridus et Domi-
» nus Boemondus acceperunt terram suam à patriarcha Dai-

» berto propter amorem Dei ». *Fulcherius Carnotensis, Gesta peregrimantium Francorum*, ap. *Bongars*, tom. I.

( 137 ) Nicetas apostrophe ainsi les Croisés qui pillèrent Constantinople : « Vous vous étiez chargés de la croix, et » vous la foulez aux pieds ». *Nicétas, Hist. d'Alexis Ducas*. chap. III.

(138) Domino patriarcha reposcente ab eo civitatem sanc- » tam Deo ascriptam, et ejusdem civitatis præsidium ». *Willer- mus Tyr*. lib. IX, cap. XVI. Il faut remarquer, cependant, que le patriarche avait possédé très-anciennement le quart de la ville de Jérusalem. Guillaume de Tyr rapporte l'origine de cette possession, d'après la tradition du pays. *Ibid.* cap. XVII, XVIII. — Voyez aussi *Jacques de Vitry, Hist. orientalis*, lib. I, cap. LXIV.

(139) Le patriarche parle ainsi dans sa lettre à Buhemond : « Homo Sancti Sepulcri ac noster effectus, fideliter se Deo, » et nobis amodo militaturum spopondit ». Le patriarche ter- mine ainsi sa lettre : « Quod si ille justitiæ resistens, ratio- » nabilibus acquiescere noluerit, per eam quam beato Petro » obedientiam debes, te contestor ut quibuscunque modis va- » les, aut etiam si necesse sit, vi adventum ejus impedias ». *Willermus Tyr*. lib. X, cap. IV. Guillaume de Tyr paraît en plusieurs endroits de son histoire, désapprouver la conduite du patriarche.

(140) On disait de Jérusalem : « Mater fidei, sicut Roma » mater est fidelium ». *Jacobus de Vitriaco, Hist. orien- talis*, lib. I, cap. LIV.—Guillaume, patriarche de Jérusalem, voulut empêcher Foucher, archevêque de Tyr, d'aller à Rome recevoir le *pallium*. Le patriarche voulait que l'archevêque ne s'adressât pas à un autre supérieur qu'à lui. Le pape In- nocent écrivit, dans cette occasion, une lettre très-vive au pa- triarche ; elle est rapportée par *Guillaume de Tyr*, lib. XIV, cap. XI.

(141) *Fleury, Discours VIII sur l'Hist. ecclésiastique*,

n°. 15. — Dans les pays où le pape ne pouvait envoyer de légat, si le roi ne le demandait, il envoyait des frères mineurs, revêtus de grands pouvoirs, et qui étaient comme des légats travestis. *Fleury, Hist. ecclésiastique*, liv. LXXXIII, n°. 43.

. (142) Cluny fut le premier ordre soumis immédiatement au pape, et qui se prétendit, par le titre même de sa fondation, exempt de la jurisdiction épiscopale. *Fleury, Institution au droit ecclésiastique*, part. Iʳᵉ, chap. xxi. — Les religieux mendians, que les papes ont toujours favorisés spécialement, et qui donnèrent plusieurs pontifes à l'Église, furent aussi, dès leur institution, exempts de la juridiction des ordinaires. *Ibid.* chap. xxv. Ces religieux ont rassemblé tous leurs priviléges dans plusieurs collections volumineuses. — Guillaume de Tyr, en parlant des hospitaliers de Jérusalem, déplore beaucoup l'abus de la soustraction à l'autorité des evêques. lib. XVIII, cap. vi.—Saint Bernard parle avec force des exemptions et des légats dans le livre de la *Considération*, lib. III, cap. iv. — Voyez aussi la préface du 14ᵉ. vol. des *Hist. de la France*, par M. Brial, etc.

(143) Pour entendre ce que nous disons ici, il faut se rappeler qu'un grand nombre de personnes qui craignaient, dans les temps d'anarchie, d'être dépouillées, faisaient donation de leurs biens à l'Eglise, sous la condition qu'elle les rendrait au propriétaire à titre de fief, moyennant une légère redevance. On n'osait plus alors, de crainte de tomber dans l'excommunication, faire aucun tort à ces biens, dont le domaine direct étoit passé à l'Eglise. Lorsque la ligne masculine venait à manquer, le domaine direct et utile, c'est-à-dire, la propriété complète était dévolue à l'Eglise; cet arrangement singulier était surtout en usage en Italie. De là vint la distinction des fiefs *donnés* et *offerts*, dont Struvius, Thomasius et Erczius ont traité fort au long.

(144) On ne peut douter que les circonstances périlleuses

où se trouvèrent souvent les Croisés, n'aient été le motif de
plusieurs vœux de fondations et de donations. Les églises reçurent aussi plusieurs restitutions ; témoin celle du comte de
Nivernois au monastère de Vezelay, restitution à laquelle il
s'était engagé étant en danger de l'aire naufrage. *Hist. Vize-
liacensis monasterii*, lib. III. *ap. d'Achery, Spicileg.* tom.
II , p. 526, in-fol.

(145) Etienne Pasquier rapporte aux Croisades l'origine des
*dixmes inféodées :* quoique les laïcs fussent, par disposition
canonique, incapables de posséder des dixmes, cependant en
certaines provinces de France, ils recevaient des dixmes nommées *inféodées.* Cette possession ne leur était pas disputée par
les ecclésiastiques; et ces dixmes étaient si privilégiées, que
si un curé voulait les revendiquer comme siennes, le juge d'é-
glise ne pouvait connaître le procès, mais il devait renvoyer
les parties devant le juge royal, qui examinait s'il pouvait
retenir la connaissance du différend, autrement il y aurait
eu *abus* dans la procédure du juge ecclésiastique.

« Or dont soit procédée , *dit Pasquier*, cette espèce
» de dixme, c'est, par aventure, la chose la plus obscure
» qu'il y ait en notre histoire......... C'est pourquoi ,
» après avoir considéré tout le temps, je demeure fiché eu
» cette opinion, que ces dixmes laïcales furent introduites ,
» lorsque nous entreprismes le premier voyage d'outre-mer,
» auquel chacun pensoit faire œuvre très-méritoire envers
» Dieu, d'y contribuer de tous ses moyens et facultés, et
» à tant que plusieurs curés, pour exciter les seigneurs
» des villages où étaient leurs cures, leur firent présent de
» leur cure pendant leurs vies : dont ces gentilshommes
» et seigneurs se seraient emparés à jamais par un droit de
» bienséance ; chose qui fut passée par connivence l'espace
» de quatre-vingts ans ou environ, jusqu'au concile de
» Latran, tenu sous Alexandre III. Par l'article 14, on
» ne fait non-seulement doute que les hommes laïcs ne

» puissent·posséder des dixmes ; mais est en outre prohibé
» à ceux qui les possédoient d'une longue ancienneté, de les
» pouvoir transporter à autres personnes de leur qualité, mais
» seulement aux églises ». *Pasquier, les Recherches de la
France*, liv. III, chap. XLI.

(146) Isabelle, sœur de saint Louis, « envoya au chance-
» lier de Paris, et li fis demander secrètement lequel il cui-
» dait qui plairait plus à Dieu, ou qu'elle fondât un hospi-
» tal, ou une maison des sœurs mineures. Li chancelier Henry,
» qui estoit moult preud homme, et maistre de Divinité, qui
» adonc estoit son confesseur, li manda que ce n'estoit une
» comparaison de l'hospital, au regard de faire maison de re-
» ligion, et especiémment de cet ordre : car la divine louange
» de notre Seigueur y est faite et célébrée, et virginité y est
» gardée et moutepliée, et avec ce les œuvres de miséricorde
» y sont faites. Car les sœurs servent l'une et l'autre. Et dict
» encore au message : dictes li qu'elle ne demande plus con-
» seil de ceste chose, mais fasse la maison de religion ; et
» tantost après elle fonda nostre abbaye ». Cette abbaye fut
celle de Longchamp, près de Paris. *Vie d'Isabelle, sœur de
saint Louis, par Agnès de Harecourt; dans le Joinville de
Du Cange*, p. 173.

L'idée que les monastères subsisteraient jusqu'à la fin du
monde, entra aussi, quelquefois, dans les motifs qui portaient à fonder ces établissemens. C'était une idée conso-
lante pour un fondateur de penser, que perpétuellement
son nom serait en bénédiction dans une maison religieuse,
et que les prières, pour le salut de son ame, ne cesseraient
jamais. En 1050, Raynauld I, comte de Bourgogne, remet
à l'église de Besançon un droit qu'il pouvait exiger pour ses
chevaux et ses chiens, *marascalcia, et canaria.* Le comte
fait cette remise pour le repos de l'ame de son père, de sa
mère, pour la rémission de ses péchés, de ceux de sa femme
et de ceux de ses héritiers : à condition que son nom seia

*crit dans le canon ; et psalmus* Inclina Domine *decantétur post lectionem capituli, omnibus diebus pro nobis, quibus fas est peragi, usque in finem mundi ». D'Achery, Spicileg.* tom. III, édit. in-fol. — La dévotion de fonder des monastères et des églises n'était pas particulière aux princes et aux grands seigneurs : les bátimens du chapitre et de la sacristie des Chartreux de Paris, furent construits aux frais d'un cordonnier, nommé Pierre Avis ; il fut inhumé dans le chapitre, en 1343 : on voyait sur sa tombe un écusson, ayant une botte en pal. *Lebeuf, Hist. du diocèse de Paris,* chap. IV, 1re. part.

(147) « C'est pour Jésus-Christ, dit, selon Nicétas, l'empereur Conrad à ses soldats, c'est pour Jésus-Christ que nous avons quitté notre patrie, et tout ce qui nous la rendait chère ; c'est pour lui que nous sommes desséchés par la faim, transis par le froid, etc. et que, nonobstant notre noblesse et nos richesses, nous n'avons que la terre pour lit, et le ciel pour couverture. C'est pour lui que nous sommes continuellement chargés de nos armes, comme saint Pierre, le grand serviteur de Dieu, était chargé de ses chaines ». *Nicétas, Hist. de Manuel Comnène,* liv. I, chap. VI.

(148) Au concile, tenu à Paris, en 1212, il fut ordonné que les supérieurs qui permettront aux religieux de faire quelque voyage, leur donneront de l'argent, afin qu'ils ne soient pas obligés de mendier, à la honte de leur ordre. *Fleury, Hist. ecclésiast.* liv. LXXVII, n°. 6.

(149) Au rapport de Guillaume de Beauvais (cap. XII), saint Louis avait coutume de dire, que s'il eût pu faire deux parts de sa personne, il en donnerait une à l'ordre des frères mineurs, et l'autre aux frères prêcheurs. Aspirant au comble de la plus haute perfection, il avait résolu, quand son fils aîné serait en âge de régner, de lui céder entièrement la couronne, et d'entrer dans un de ces ordres, après avoir obtenu le consentement de la reine son épouse. — Saint Louis avait

pour tous les religieux le respect le plus profond. Nous rap
porterons à ce sujet le passage suivant : « Et li benoiez rois
» avoit les sainz hommes en si grant révérence, que il estoit
» une foiz à Chaaliz en l'église qui est de l'ordre de Cystiax,
» de la dyocèse de Senliz ; et oi dire, que les cors des moines
» qui léenz moroient estoient lavez en une pierre qui ilec-
» ques estoit ; et li benoiez rois bèsa cele pierre, et dist eipsi :
» Ha Diex ! tant de sainz hommes ont ici esté lavez », *Vie
de saint Louis, par le confesseur de la reine Marguerite,
dans le Joinville de 1761, p. 320.*

(150) « Et quando non daretur nobis pretium laboris , recur-
» ramus ad mensam Domini , petendo eleemosynam ostiatim ».
*Testamentum S. P. Francisci.* — « Et eleemosyna est heredi-
» tas et justitia, quæ debetur pauperibus, quam nobis ac-
» quisivit Dominus noster J. C.». *Prima regula, S. P. Francisci.* cap. ix.

(151) *De Chateaubriand, Génie du christianisme ,* IVe.
.part. liv. III. — « Le dernier rachat fait par les pères de la
Mercy ,.en 1767, à Saffie , dans le royaume de Maroc, leur
a coûté un million. Avec cette somme , à laquelle contribuèrent le roi et le clergé, ils rendirent environ deux cents
citoyens à la France ». Cette particularité est extraite d'un
ouvrage intéressant qui mériterait d'être plus connu : *De l'Etat
religieux , par M. l'abbé de B. et M. l'abbé B. de B.,* avo-
*cat en parlement.* Paris , 1784 , in-12.

(152) Ce qu'il y a de particulier dans l'ordre de Fontevrauld , c'est que les monastères sont exempts de la juridiction des ordinaires , et que toute l'autorité réside dans la personne de l'abbesse , comme général et chef de l'ordre. Robert d'Arbrisselles déclara quel était l'esprit de son institut ,
qu'il avait mis sous la protection particulière de la sainte
Vierge et de saint Jean l'Evangéliste : il voulut que la re-
commandation que Jésus mourant fit de l'un à l'autre , fût le
modèle de la relation établie entre les hommes et les femmes

de la nouvelle congrégation. Le respect que les hommes, représentant saint Jean, porteraient à la supérieure générale, représentant la sainte Vierge, devait être accompagné d'une soumission réelle à son autorité? Robert établissait l'abbesse supérieure des hommes, tant pour le spirituel que pour le temporel. *Helyot*, tom. VI, p. 89.

(153) Voici comment Guibert, abbé de Nogent, raconte un massacre des Juifs qui se fit à Rouen : plusieurs Croisés étant un jour rassemblés, et s'entretenant du voyage auquel ils se préparaient, ils dirent entre eux : Nous allons traverser des espaces immenses pour attaquer en Orient les ennemis de Dieu ; tandis que les Juifs, la nation la plus ennemie de Dieu, est sous nos yeux. Notre entreprise est mal ordonnée ( *præposterus* ) ; ces réflexions les déterminent à prendre les armes, à faire entrer les Juifs dans une église, et à les massacrer tous, excepté ceux qui se soumettaient à la foi chrétienne. *Guibertus Abbas, Monodiarum sive-de vitâ sud.* lib. II, cap. v. *Hist. de la France*, tom. XII, p. 240. — Pour arrêter ces furieux, saint Bernard écrivait : « Non » sunt persequendi Judæi, non sunt trucidaudi, sed nec ef- » fugandi quidem ». *Epist.* 363.

(154) *Conradus a Liechthenaw, Chronicon, ad ann.* 1212. — Wading, dans ses *Annales des frères mineurs*, a compilé un grand nombre de passages de différens auteurs, qui célèbrent les services que l'ordre des frères mineurs rendit à la religion et à la société. Voici à ce sujet un passage de Wading : « Variæ tunc institæ religiones, sed prædicatorum » et minorum ordines, velut prætoriæ cohortes turbulento jam » bello, primi et præcipui immissi in hostes, quorum opera « et auxilio acies retunderetur adversoriorum, et Ecclesia ferme » collapsa, vel certè conquassata firmaretur et stabiliretur ». *Wadingus, Annales Minorum*, tom. I. *Apparat.* p. 6.

(155) *Otto Frisingensis, Chronic.* lib. VII, cap. xxxiv. — Jacques

— Jacques de Vitry, après avoir fait la peinture de la corruption des mœurs et de l'anarchie, qui régnaient alors, intitule le chapitre XI de son *Hist. occidentale: De Renovatione occidentalis Ecclesiæ.* Dans ce chapitre et les suivans, qui sont très-intéressans, Jacques de Vitry décrit l'établissement des différentes congrégations monastiques qui se formèrent dans ce temps.

(156) Si les rois n'avaient pas été reçus chevaliers avant d'être parvenus à la couronne, ils se faisaient armer chevaliers, après être montés sur le trône. On voit une preuve de cette coutume dans une lettre du recueil de Pierre des Vignes. Le roi Conrad écrit aux habitans de Palerme, pour leur faire part de son projet d'être armé chevalier : « Licet ex generositate » sanguinis qua nos natura dotavit, et ex dignitatis officio qua » duorum regnorum nos in solio gratia divina præfecit, nobis » militaris honoris auspicia non deessent; quia tamen militiæ » cingulum, quod reverenda sancivit antiquitas, nondum » Serenitas nostra susceperat, primâ die præsentis mensis au- » gusti, cum solemnitate tyrocinii latus nostrum eligimus de- » corandum, etc. » Epist. XX, lib. III, cité par *Giannone, Hist. civile de Naplès.* lib. XX, chap. iii.

(157) On peut citer à ce propos un passage d'un historien, qui prouve en quelle estime était, en Occident, la valeur des Sarrasins; selon cet auteur, les Turcs et les Français sont les deux seules nations parmi lesquelles ou devrait choisir des chevaliers. « Quis unquam tam sapiens aut doc- » tus vir audebit describere, prudentiam militiamque et for- » titudinem Turcorum?.... Verumtamen dicunt se esse de » Francorum generatione ; et quia nullus homo naturaliter de- » bet esse miles nisi Franci et illi. Veritatem dicam, quam » nemo audebit prohibere. Certè si in fide Christi et Chris- » tianitate semper firmi fuissent.... Ipsis potentiores vel for- » tiores vel bellorum ingeniosissimos, nullus invenire potuis- » set. Et tamen gratia Dei victi sunt à nostris ». *Gesta Fran-*

*cor. et alior. Hierosolymilanor. ab aut. incerto.* lib. III,
*ap. Bongars,*-tom. I.

(158) En 1351, le roi Jean dit, dans les *Lettres d'institution des chevaliers de l'étoile*, que l'éclat de l'ancienne
chevalerie avait ramené, comme par miracle, à la foi catho-
lique, un nombre prodigieux d'incrédules. *De Sainte-Palaye,
second Mémoire sur la chevalerie*, note 42. — Ce furent,
sans doute, les Croisades qui imposèrent aux chevaliers la
nouvelle obligation de venger la mort d'un Dieu. Elle se
trouve énoncée, formellement, dans la réception de Guillaume,
comte de Hollande, en 1252. « His ita peractis rex Bo-
» hemiæ dedit ictum grandem in collo Tyronis, ita dicens :
» ad honorem Omnipotentis Dei te Militem ordino, ac in
» nostro collegio te gratanter accipio ; et memento quoniam
» Salvator mundi coram Anna pontifice, pro te colaphisa-
» tus est et illusus ; coram Pilato præside flagellis cæsus et
» spinis coronatus est ; coram Herodo rege clamyde vestitus
» et irrisus est ; et coram omni populo nudus et vulneratus
» in cruce suspensus est ; cujus opprobria memorari te sua-
» deo, cujus crucem te acceptare consulo, cujus etiam mor-
» tem ulcisci te moneo ». *Cornelius Zautfliet, Chronic. ad
ann.* 1252. *ap. Martene Vet. Scriptor. collect.* tom. V. —
Quelques-uns croyaient ne pas mériter la chevalerie, s'ils
n'étaient entrés, en arme, sur les terres des infidèles,
pour la recevoir, soit avant de combattre, soit après avoir
combattu. *De Sainte-Palaye, premier Mémoire sur l'ancienne chevalerie*, note 58.

(159) Il est inutile de chercher l'origine des ordres religieux militaires avant le douzième siècle. *Helyot, Hist. des
ordres monastiques*, tom. I, p. 249. — Le savant Bollan-
dus est du même avis. — Voyez aussi *Aubert Le Miro, Origine des chevaliers*, liv. II, chap. 1. — L'origine de la chevalerie militaire religieuse a été environnée de fables par des
écrivains peu judicieux. *De Belloy*, dans son livre *De l'O-*

rigine de la chevalerie, fait remonter les commencemens de l'ordre de saint Lazare, à l'an 72 de Jésus-Christ; il prétend que cet ordre a d'abord été institué pour la défense des chrétiens persécutés, après la mort de Jésus-Christ, par les Scribes, les Phaiisiens, les Sadducéens et les Romains.

(160) *Sancti Bernardi, de Laude novæ militiæ Templi liber.* cap. 1. — Il n'est pas vrai que ce soit saint Bei-nard' qui ait rédigé la règle des chevaliers du Temple. Voyez *Mabillon, Admonitio in opusculo VI, sancti Bernardi.*

(161) *Jacobus de Vitriaco, Hist. orient.* lib. I, cap. LXV. — Dans leurs commencemens, les Templiers parurent même si nécessaies à la conservation de la Terre sainte, qu'un roi de Jérusalem écrivait, qu'après Dieu, ils étaient tout l'appui des chrétiens en Orient. *Gesta Dei*, tom. II, epist. I.

(162) Conrad, duc de Masovie et de Cujacie, ayant peine à résister aux invasions des Prussiens idolâtres, appela à son secours l'ordre Teutonique; c'est-à-dire, les chevaliers de Notre-Dame des Allemands. Conrad envoya au grand maître de Saltza, une donation des provinces de Culme et de Lubonie, et de ce qu'il pourrait conquérir en Prusse. Cette donation fut confirmée par le pape Grégoire IX. Telle fut l'origine de la grande puissance de l'ordre Teutonique. Voyez *Helyot,* tom. III.

(163) Les Amalphitains, habitans d'Amalphi, ville d'Italie, furent les premiers Orientaux qui entreprirent un commerce suivi avec les Orientaux. Les califes d'Egypte leur accordèrent à Jérusalem un lieu pour bâtir une église, près de laquelle s'établit bientôt un monastère d'hommes, et un autre de femmes; ensuite on construisit un hôpital pour les pélerins, qui fut le berceau de l'ordre des chevaliers hospitaliers. *Willerm. Tyr,* lib. XVIII, cap. IV, V. — Jacques de Vitry parle aussi du commerce des Amalphitains, qui se rendaient, dit-il, le prince d'Egypte favorable par des présens. *Hist. orientalis,* lib. I, cap. LXIV.

(164) Ce furent les immenses richesses acquises par le commerce qui soutinrent la république de Venise, lors de la ligue de Cambray. Quoique dépouillée de la plus grande partie de ses Etats de terre ferme, cette république fournit aux frais de huit campagnes, et renouvela plusieurs fois ses armées détruites. Voyez l'*Histoire de la ligue de Cambray*, liv. V.

(165) Vers le quatorzième siècle, le commerce enrichit beaucoup les habitans de Chypre : un seul marchand de Famagouste, nommé Siméon, employa la dixième partie des profits qu'il avait faits, dans ses voyages d'Egypte, à faire bâtir, dans cette ville, la belle église dédiée aux apôtres saint Pierre et saint Paul ; on voit encore les magnifiques restes de cet édifice. D'autres négocians de Chypre n'étaient pas moins riches. *Jauna, Hist. de Chypre*, liv. XVI, chap. II.

(166) « De tempore quo inceperit hoc fœdus, certi nihil » constat, et incepisse illud paulo ante tempora Fride- » rici II imperatoris, circa annum 1200, dicunt multi ». *Knipschildt, de juribus et privilegiis civitat. imperialium Tractatus*, lib. I, cap. IV.

(167) Les villes hanséatiques, dont le nombre monta jusqu'à soixante-quatre, formèrent la plus puissante compagnie de commerce que l'on ait jamais vue. A ces villes principales, qui formaient proprement la ligue, se joignaient encore quarante-quatre autres villes confédérées, que l'on regardait comme alliées. Toutes ces villes étaient comprises dans quatre provinces ou quartiers : le Vandale, le Rhénique, le Saxon, le Prussien. *Werdenhagen, de rebus publicis hanseaticis Tractatus*. part. IV, cap. XVI. — Voyez *Koch, Tableau des révolutions du moyen âge. V°. période.* — *Barre, Hist. générale d'Allemagne*, tom. VI.

(168) L'ouvrage de Balducci est intitulé : *Pratica della*

*mercatura;* on le trouve dans l'ouvrage de Pagnini, qui a pour titre : *Della decima Fiorentina.* Voyez ce que dit de Balducci, *Forster, Hist. des découvertes dans le Nord,* tom. I, p. 24.

(169) Voyez *Guido Pancirolus, rerum memorabilium sive deperditarum Liber.* lib. I, tit. XI'; et *le Commentaire de Henry Salmuth, sur cet endroit.* — M. Azuni prétend, dans une dissertation intéressante sur l'origine de la boussole (Paris, 1805, in-8°.), que les Arabes, ainsi que les Chinois, n'ont eu connaissance de la boussole que d'après l'usage qu'en firent d'abord les Européens. Le même auteur rapporte à la France la gloire d'avoir inventé la boussole. C'est aussi l'opinion des Bénédictins, dans *l'Histoire littéraire de la France.* C'est, sans doute, par cette raison, disent ces religieux, que l'on voit une fleur de lys représentée sur la rose de la boussole, du côté boréal. Toutes les nations ont copié cette figure. M. Azuni rapporte la connaissance de la boussole, long-temps nommée *Marinière,* au temps des premières Croisades en Orient. Nous croyons inutile de transcrire le passage de Jacques de Vitry, sur la boussole, passage cité par tous les auteurs qui ont cherché à découvrir l'origine de cette précieuse invention. — Dès l'an 1380, la boussole était connue par les pêcheurs des Orcades. *Forster, Hist. des découvertes faites dans le Nord,* tom. I, p. 379.

(170) Sanut assure qu'il faut garder la Terre sainte avec dix vaisseaux, mais en toute saison. « Quia hodie navi - » gatur per mare in hieme magis solito ». *Secreta fidelium, de primo libro operis,* etc. Pour avoir de bons équipages, il faut commencer à les payer dès la Nativité de N. S. *Ibid.* lib. I, part. V, cap. VII. — L'augmentation du nombre des rameurs sur les vaisseaux fut très - avantageuse aux progrès de la navigation. En 1290, on plaçait deux rameurs par banc dans toutes les *Galécs* (Galeis), en-

suite ou en mit trois sur chaque banc. *Ibid.* lib. II, part. IV,
cap. v. Les équipages furent alors portés à deux cent cinquante
hommes. Ibid. cap. vII. Ces vaisseaux (*Galeæ*), ne sont pas
des galéasses (*galeasia*), Villehardouin les appelle des
*Galées*. Les galéasses étaient plus longues et portaient une
proue moins aiguë. Voyez *le Glossaire de Du Cange*.

(171) Voyez *Laugier, Hist. de Venise,* liv. VI. — La république de Venise conserva, pendant long-temps, sa supériorité
maritime sur les autres nations. On voit une preuve de cette
grande puissance de Venise dans la composition de la flotte confé-
dérée qui livra aux Turcs la bataille de Lépante, en 1571.
On comptait dans cette flotte deux cent neuf galères : savoir,
douze du pape, quatre du duc de Savoye, quatre de l'ordre
de Malte, quatre-vingt-une du roi d'Espagne, et cent huit
vénitiennes, outre six galéasses, vingt-huit grands navires,
et un grand nombre de bâtimens de transport. *Jauna, Hist.
de Chypre,* liv. XXVI, chap. 1.

(172) *Willerm. Tyr.* lib. XI, cap. xiv, xx. Lib. XVIII,
cap. xxiv. — Dans le temps de la première Croisade, un
vaisseau rempli de corsaires flamands, hollandais et frisons,
aborda à Tarse; le patron de ce navire était un nommé Guy-
nemerque, natif de Boulogne, dans le pays du comte Eustache, père du duc Godefroy. Ce chef de pirate ayant reconnu
le fils de son seigneur, abandonna son navire, et résolut
d'accompagner Godefroy. Lib. III, cap. xxvII.

(173) *Arnulfus Monachus, de Ulixisbona saracenis erep-
ta, etc. ap. Brial, Scriptor. Hist. Galliæ,* tom. XIV,
p. 325. — En 1180, Philippe, comte de Flandre, et Florent,
comte de Hollande, qui avaient chacun leur mère ensevelie à
Jérusalem, partirent par mer pour combattre les Sarrasins;
leur flotte portait neuf mille chevaliers d'élite, et plusieurs autres seigneurs. Après une navigation de neuf se-
maines, ces aventuriers arrivèrent en Espagne, où ils se re-
posèrent; ils partirent ensuite pour l'Asie avec plusieurs na-

*3*

bles Espagnols qui voulurent les suivre. En 1188 , Guillaume , second fils de Florent , comte de Hollande , alla joindre son père en Terre sainte , avec une flotte montée de beaucoup de chevaliers. Guillaume contribua à la prise de Damiète. En 1338 , Guillaume , comte de Hollande , alla porter du secours au roi d'Espagne, qui combattait contre les payens de Grenade ; il fut ensuite à Jérusalem , et revint dans sa patrie. *Joannes à Leydis*, *Chronicon Belgicum*. lib. XVIII , *ap. Sweertium* , càp. XIII. — Lib. XXVII , cap. xxvII. — Lib. XXVIII , cap. II.

(174) *Daniel*, *Hist. de la milice française*, liv. XIX , chap. IV. — Liv. XIV , chap. II. — Toute l'histoire de la marine française peut être considérée sous quatre époques principales : les navigations des Gaulois, nos ancêtres , sont une introduction naturelle aux nôtres , et sont comme la première époque de notre marine. Le vide immense qui se trouve depuis l'établissement de la monarchie , jusqu'à Charlemagne , engage à fixer la seconde époque au glorieux règne de ce prince. Les Croisades appartiennent à la troisième époque. La quatrième commence au règne , à jamais mémorable , de Louis XIV. *De Boismélé, Hist. de la marine*. liv. XXVII. Voyez aussi le liv. XXVIII , chap. XVIII.

(175) Il paraît incroyable que l'on pût voiturer les marchandises à travers tant de territoires, de seigneuries, de principautés , et sortir de ce dédale de juridictions si compliquées et si voisines l'une de l'autre. Cependant il est certain que le nombre des vaisseaux qui se rendaient tous les ans de Gênes , et même de Venise, dans les ports de Flandres et d'Angleterre , ne suffisant pas à l'empressement des négocians, ceux-ci préféraient souvent la voie de terre. Les Italiens partaient de Calais ou d'Anvers , chargés de toutes sortes de marchandises qu'ils voituraient par terre jusqu'à Gênes. On avait même trouvé le moyen de régler avec une telle précision les droits, les taxes, les péages, et tous les frais de transport, que

l'on savait d'avance, jusqu'à une obole, ce que devait coûter la charge d'un mulet rendu à sa destination. Ce roulage semblerait fabuleux s'il n'était attesté par Balducci. *Pratica della mercatura*, cap. xxxi.—Voyez *Denina, Révolutions d'Italie*, liv. XIV, chap. x.

(176) Les premiers marins qui possédèrent le secret de naviguer avec demi vent, en *pinçant le vent*, passèrent pour sorciers. Voyez l'intéressant et savant ouvrage de *Forster*, *Hist. des découvertes dans le Nord*. tom. 1, p. 127.

(177) Les Aragonais furent très-puissans sur mer. Après la conquête de la Sicile, Pierre d'Aragon joignit à ses titres celui de *Seigneur de la mer. Giannone ; Hist. civile du royaume de Naples*. liv. XX, chap. vii.

(178) *Duck*, (*de Usu juris civilis Romanorum*. lib. II, cap. viii, §. XXV ), attribue les jugemens d'Oléron à Richard I, roi d'Angleterre; Blakstone de même. *Commentaires sur le code criminel d'Angleterre*. chap. xxxiii.— Morisot a prouvé que ce code est dû à la duchesse de Guyenne Eléonore, femme de Louis-le-Jeune. *Hist. orbis maritimi* lib. II, cap. xviii.

(179) La ville de Wisbuy était située dans l'île de Cothland, sur la mer Baltique. On trouve encore dans ses ruines des débris de jaspe, de marbre, de porphyre et d'airain, qui font juger quelle devait être la magnificence de cette ville. Voyez *Cleirac*, *Us et Coutumes de la mer*. p. 137, 164. — Oléarius rapporte, que les ruines de quatorze églises et de plusieurs maisons, portes et murailles de pierre de taille, et de marbre, qu'il vit en 1635, lui firent juger que Wisbuy avait été une place d'une grande étendue. L'époque des commencemens de cette ville est marquée vers la fin du huitième siècle. L'époque de sa décadence est en 1361, que Waldemar III, roi de Danemarck, la détruisit en partie. Voyez *le grand Dictionnaire géographique de La Martinière*.

, (180) Le luxe des habits fut excessif vers le temps des Croisades. C'était sur la cotte d'aıme , qui cachait les autres' vêtemens , que la magnificence se déployait le, plus communément. L'abus qui se glissa , avéc le temps, dans l'usage des draps d'or et d'argent, et des riches fourrures , fut porté à un tel excès, particulièrement dans les óccasious de guerre , et pendant les voyages d'outre-mer , qu'on défendit ces superfluités par plusieurs ordonnances. Dans la Croisade de 1190 , il fut résolu , par le roi de France et le roi d'Angleterre, que l'on s'abstiendrait , à l'avenir , de se vêtir d'écarlate , de peaux de vair ) d'hermine et de petit gris. Cette disposition fut observée très-éxactement par saint Louis , qui, en ses voyages d'outre-mer, s'interdit l'écarlate , les fourrures précieuses, et les éperons dorés ; mais le luxe ne put être long-temps comprimé par ces réglemens , qui tombaient bientôt en désuétude. Voyez Du Cange , Dissertation 1 sur Joinville.

(181) Roger , roi de Sicile , fit en 1148 , une guerre très-heureuse contre l'empire grec ; il prit Corinthe , Thèbes et Athènes. Tous les ouvriers qui travailaient la soie dans ces villes ; furent transportés à Palerme , où le roi Roger leur donna des ateliers près de son palais. Voyez Muratori , Antiquitates Italicæ , Dissert. XXV. — Otto , Frisingensis de gestis Friderici imperatóris. lib. I , cap. xxxiii. — Giannone , Hist. civile de Naples. — Nicétas parle des ouvriers grecs transportés en Sicile. Hist. de Manuel Comnène. liv. II, chap. viii.

(182) Les religieux de l'ordre des Humiliés , furent aussi appelés Berretins de la pénitence ; parce qu'ils portaient un bonnet que les Italiens appellent Barettino ; ils furent fondés vers la fin du douzième siècle. Le pape Pie V, supprima leur ordre, en 1571, parce que trois d'entre eux avaient tenté d'assassiner le cardinal saint Charles. Voyez Helyot, Hist. des ordres monastiques. tom. VI. Ces religieux , ne voulant pas rester oisifs ni mendier , formèrent dans leurs couvens des

manufactures d'étoffes. On prétend qu'ils inventèrent les draps
d'or et d'argent, dans l'intention de les employer uniquement
à la décoration des temples et des autels. Voyez *Denina*,
*Révolutions d'Italie*, liv. XII, chap. x. — Vers le quatorzième siècle, c'était surtout à Mantoue, que l'on fabriquait
des étoffes, ainsi qu'à Florence, Milan, Padoue, Vérone,
Bologne. On peut assurer que ces villes, où il n'y a aujour-
d'hui presque plus de manufactures, en contenaient alors
un grand nombre. *Muratori, Dissertat. XXV.*

(183) Voyez *Muratori, Antiquitates Italicæ, Dissert.
XXIII:—Denina, Révolutions d'Italie*, liv. XIV, chap. xiii.
— Mathieu Spinellus prétend qu'il fut comme ravi en extase,
lorsqu'il vit l'entrée dans Naples de la reine Béatrix, femme
du roi Charles d'Anjou. Il décrit avec la plus vive et la plus
naïve admiration la pompe du cortège. Voyez *Muratori*,
tom. VII *Rer. Italicarum.*

(184) Joinville demanda au roi Saint Louis la permission
d'aller en pèlerinage à Notre-Dame de Tortose, ville sur les
côtes de Phénicie, et appelée par les anciens *Antarade*. Le
roi lui donna commission d'acheter cent *camelins*, de diverses
couleurs, pour donner aux Cordeliers, à son retour en France.
Joinville envoya à la reine *quatre camelins*, et raconte une
plaisante méprise de cette princesse. *Joinville, Hist. de saint
Louis*. édit. de 1761, p. 125 et suiv. — Voyez sur le mot
*camelin, les Observations de Du Cange sur Joinville*, p. 38.

(185) C'était surtout dans les villes de Flandres, d'Artois,
de Hainault et de Brabant, que l'on trouvait des manufactures
d'étoffes de laine. Voyez *Balducci, Pratica della mercatura*.
cap. lxx. — En 1300, les tapisseries d'Arras étaient renom-
mées. Le comte de Nivernois, fils aîné de Louis de Male,
comte d'Artois, ayant été pris par les Turcs, avec d'autres
seigneurs français, on envoya à Bajazet une tenture de tapis-
serie de haute-lice, fabriquée à Arras. Cette tenture, repré-

sentant les batailles d'Alexandre, fut si agréable à l'empereur des Turcs, qu'il accorda la rançon des princes captifs.
*Locrius, Chronicon, ad ann.* 1396.

(186) Voyez *Le Grand d'Aussy, Hist. de la vie privée
des Français.* tome I, p. 42. — La chronique de Bohême,
par Wenceslas Hagek, traduite du bohémien en allemand,
par Jean Sandel, prouve, p. 10 et 11, que les moulins à
vent étaient en usage dans la Bohême avant 718. Voyez aussi
le *Journal des savans*, mars 1782, p. 548. Cette machine
était connue en France, en 1105. ibid. — Voyez *Le Prince,
Remarques sur l'état des arts dans le moyen âge.* Paris,
1772, in-18.

(187) Si l'invention du papier, fait avec des chiffons, est
due aux Chinois, comme le prétend le P. Du Halde, on pourrait présumer que cette découverte s'est communiquée, de proche en proche, aux peuples voisins, jusqu'aux Arabes. Des
Sarrasins elle passa aux Grecs et aux Latins, du temps des
Croisades; mais ce n'est qu'une conjecture qu'on n'a pu appuyer jusqu'à présent d'aucun témoignage de poids. Voyez,
le *nouveau Traité de diplomatique*, part. II, sect. I,
chap. VIII. — Les Bénédictins prétendent qu'on ne peut reculer l'invention du papier plus tard qu'au treizième siècle,
et son usage ordinaire au delà du quatorzième. Muratori dit
que le papier fut inventé dans le onzième siècle.

(188) *Belli sacri Histor. ab autore incerto.* cap. xxv.
*Ap. Mabillon, Musæum Italicum.* tom. I. — Le baptistère
de la chapelle de Vincennes, apporté d'Orient pendant les
Croisades, et qui servit depuis au baptême de plusieurs de
nos rois et de nos princes, fut un modèle précieux. Lebeuf
fait une description assez détaillée de ce vase. *Hist. du diocèse de Paris.* tom. V, p. 90.—Pour le baptême de Louis XIII,
on fit venir cette cuvette à Fontainebleau. Lefevre, *Curiosités des églises de Paris*, p. 74.

(189) Les émaux de Limoges étaient renommés dès le dou_ zième siècle. Une lettre écrite à Richard, prieur de Saint Vic_ tor, à Paris, où il est parlé de tables ou tablettes émaillées *de opere Lemovicino*, en fournit la preuve. Avant la fin du douzième siècle, ces émaux étaient fort estimés en Italie.￼ Dans un acte de donation faite en 1197, à l'église de Veglia, dans la terre de Labour, au royaume de Naples, on fait mention de deux tables d'airain, ornées d'or émaillé, à la façon de Limoges. Voyez l'*Hist. littéraire de la France*. tom. IX, p. 223.

(190) Du temps de Suger on ne connaissait pas encore en France la manière de polir le diamant. Cet abbé parlant des embellissemens qu'il fit exécuter à Saint-Denys, nomme toutes sortes de pierres précieuses, et ne dit rien du diamant par cette raison. Cette remarque, dont on pourrait contester la justesse, est due aux Bénédictins. *Historiens des Gaules et de la France*. tom. XII, p. 98. Peut-être apprit-t-on des Orientaux, pendant les Croisades, à polir le diamant.

(191) Matthieu Paris rapporte la chartre d'institution que le roi Richard fit expédier à ces juges. La peine que chaque crime doit encourir est déterminée : celui qui aura tué un homme dans un vaisseau doit être jeté à la mer, attaché au cadavre de celui qu'il a fait périr. Si le meurtre a été commis sur terre, l'assassin sera enterré avec le mort. Celui qui aura tiré un couteau pour en blesser quelqu'un, ou qui aura frappé quelqu'un jusqu'au sang, perdra le poing. Celui qui aura frappé avec la main ( *palma* ), sera plongé trois fois dans la mer. Les injures et les juremens, sont punis par une amende. Le voleur recevra de la poix bouillante sur la tête, et sera abandonné sur la première terre où le vaisseau abordera. *Hist. Major Angliæ ad ann.* 1191. — Voyez *Rymer*, tom. I, p. 63, *cité par Jean Leclerc, dans Rapin Thoiras. Hist. d'Angleterre*.

(192) Entre autres dans les assemblées du Mans et de Pa-

ris, dont nous avons souvent cité les réglemens, en parlant
des priviléges temporels accordés aux Croisés. Frédéric I, fit
en Allemagne plusieurs réglemens sur la police dans les armées. Voyez *Otto· Frisingensis, de gestis Friderici im-*
*perat.* lib. II, cap. xv.

(193) Plus d'une fois les ingénieurs italiens se rendirent
très-utiles aux Croisés. Pendant le siége de Jérusalem, quelques vaisseaux génois arrivèrent à Jaffa, et procurèrent aux
assiégeans de grands avantages, à cause des cordes, des mar-
teaux et de beaucoup d'instrumens de fer qu'ils portaient. Le
commandant de ces navires nommé Ebriac, était très-habile
dans la construction des machines. *Willerm. Tyr.* lib. VIII,
cap. x. — Albert d'Aix, loue beaucoup un Lombard qui rendit d'importans services dans le siége de Nicée, et le nomme
« *Magister*, et *Inventor magnarum artium et operum* ». *Al-*
*bertus Aquensis, Hist. Hierosol.* lih. II. — Voyez *Muratori,*
*Antiquitates Italicæ, Dissert. XXVI.*

(194) C'est pourquoi, dit Muratori, ces portes grillées s'ap-
pellèrent et s'appellent encore *Di Saracinesche.* On lit en
différentes histoires *portæ levatura, seu Saracinesca.....*
*Saracinesca porta turribus inhærentes. Muratori, Antiquit.*
*Ital. Dissert. XXVI.* —Voyez *Du Cange, Gloss. latinitatis.*

(195) Voyez *Montfaucon, Monumens de la monarchie*
*française,* tom. I. — *L'Esprit des Croisades,* liv. III. — Ce
furent les Français, inventeurs de l'exercice des tournois, qui
le firent connaître aux Grecs de Constantinople. On attribue
l'invention des tournois à un gentilhomme français, nommé
Geoffroy de Preuilly, vers 1066. Les Grecs commencèrent à
s'exercer dans les tournois en 1326. Voyez *Nicephore 'Gre-*
*goras,* lib. X. — *Du Cange, Dissert. VI sur Joinville.*

(196) Les Grecs de Constantinople avaient fait un secret
d'état de la composition du feu grégeois, dont ils craignaient
que les Barbares ne surprissent la composition. Voyez *Mon-*
*tesquieu, Grandeur et décadence des Romains.*

(197) Le brave Joinville laisse apercevoir en plus d'un endroit de son récit, combien le feu grégeois paraissait redoutable aux Croisés. — Voyez encore *Gaufridus Vinisauf*, *Itinerarium regis Richardi in Terram sanctam*, lib. I, cap. LIV, LV.

(198) Philippe Auguste se servit, il est vrai, du feu grégeois au siége de Dieppe, pour brûler la flotte anglaise; mais comme depuis on n'en fit aucun usage en France, on peut conjecturer que ce feu avait été trouvé tout préparé dans Acre, après la prise de cette ville, et qu'on l'apporta en France, comme un précieux moyen de défense militaire. *Daniel, Hist. de la milice française*, liv. VII, chap. v.

(199) Il est hors de doute que les Arabes contribuèrent beaucoup à l'invention de la poudre à canon. Dans le recueil des manuscrits arabes de l'Escurial, publiés par Casiri, en 1770, sous ce titre : *Bibliotheca Arabico-Hispana Escurialensis*, on trouve, tom. I, p. 6 et suiv. ( cité par Koch ), des passages qui prouvent que les Arabes usaient de la poudre à canon dès 1249. Ils en composaient des scorpions, qui, en serpentant de tous côtés, faisaient de grands ravages. L'usage de la poudre à canon et des armes à feu passa de l'Espagne en France. Le feu grégeois des Arabes en était certainement composé, comme on peut le reconnaître dans le récit de Joinville, pag. 39, édit. de Du Cange. « Il faisoit tel bruit à venir, qu'il sembloit que ce fut » fouldre qui cheust du ciel, et me sembloit d'un grant dra- » gon vollant par l'air; et gettoit si grant clarté qu'il fesoit » aussi cler dedans nostre ost comme le jour ». — Jacques de Vitry parle d'une fontaine dont les eaux servaient à la préparation du feu grégeois. *Hist. orientalis*. lib. I, cap. LXXXIV.

La poudre à canon est bien plus ancienne qu'on ne le croit communément; on la connut long-temps avant de l'appliquer à la guerre. Voyez *Koch, Tableau des révolutions du moyen âge*, Ve. période. On trouve dans cet ouvrage, des détails précieux sur l'invention de la poudre à canon, et qu'on chercherait inutilement ailleurs. — Voici à ce sujet un passage d'Eccard : « Iis enim ( *expeditionibus* ) rei militaris » scientia maximè aucta. Ars quam vocant ingeniaria excul- » ta. Pulverem pyrium inveniendi occasio data. Cuniculos » subterraneos ducendi et fortalitia per ignem et incensum » pulverem pyrium subruendi modus ad summum perductus ; » ars nautica promota ; commercia orientalia stabilita, ut alia » taceam, majore opere aliquando exponenda ». *Eccardus*, *Corpus historicum medii ævi*, præfat. n°. 4, tom. II.

(200) Les soldats à pied nommés *Pedones*, recevaient plu- sieurs noms fort méprisans : on les appelait Roturiers, Rou- tiers, Tuffes, Trémulans, Hochebos ou Hokebos ; on les nom- mait en picard, Paisans, Bihaux, Bidaux, Petaux ; et tous étaient surnommés Brigands. Les Annales et Chroniques de Froissard et de Monstrelet, emploient tous ces noms pour désigner l'infanterie. Voyez *de Boullainvilliers, Essai sur la noblesse de France*, p. 74. — *Daniel, Hist. de la milice française* ; et dans *l'Hist. de France*, règne de François I.

(201) Foucher de Chartres raconte, comme un événement très-malheureux, que des chevaliers se trouvèrent réduits à l'é- tat de fantassins, après la perte de leurs chevaux : « Vide- » retis milites progenie inclytos, equis quoquo modo amis- » sis, pedites effici ». *Gesta peregrinantium Francorum*, n°. 20.

(202) Anne Comnène ne parle qu'avec étonnement de la valeur des Croisés, qu'elle nomme férocité. Son admiration perce à chaque instant, malgré la haine qu'elle portait aux Latins. Selon Nicétas, les soldats grecs appelaient les Latins des an- ges exterminateurs, des statues de bronze, dont la seule pré- sence les saisissait d'une mortelle frayeur. Voyez *Nicétas*, *Hist. d'Alexis Comène*, liv. III, chap. XI. — Voyez encore ce que dit Nicétas, dans *l'Hist. de Baudouin*, chap. XII ; & dans *l'Hist. d'Alexis Ducas*, chap. II.

(203) Les idées de Sanut sur la composition d'une armée capable de recouvrer la Terre sainte, semblent appuyer notre conjecture : à son avis, le nombre des cavaliers ne doit monter qu'à la quinzième partie de celui des fantassins. *Sanutus, Secreta fidelium Crucis*, lib. II, part. I, cap. 1. — Part. IV, cap. 11.

(204) Nicétas nous apprend que les Croisés enlevèrent tous les ornemens de l'église de Sainte-Sophie, et le grand autel composé de diverses matières précieuses. Cet historien décrit d'une manière très-énergique, le sac de Constantinople par les Croisés ; et si les excès qu'ils commirent, sont exagérés par Nicétas, il n'est pas moins vrai, cependant, qu'ils furent très-grands. Il compare leur conduite à celle des Sarrasins lorsqu'ils prirent Jérusalem, et dit que ceux-ci ont usé de leur victoire avec moins de barbarie et d'impiété. — Voyez *Nicétas, Hist. d'Alexis Ducas*, chap. III, IV, V.

(205) Ces chevaux, ouvrage de Lisyppe, fameux sculpteur, furent donnés à Néron par Tiridate, roi d'Arménie ; ils furent attelés à Rome, au char du soleil, qui était placé sur un arc de triomphe. Constantin les fit transporter dans sa nouvelle ville de Constantinople.

(206) Saint François, peu d'instans avant sa mort, recommanda à ses religieux de ne jamais construire que des églises petites, et qui annonçassent la pauvreté de l'ordre. En plusieurs occasions, il avait déjà témoigné son aversion pour les grands bâtimens. En 1215, étant venu dans le chef-lieu de l'ordre à Assise, il vit auprès du couvent une maison neuve, que Pierre de Catane, son vicaire, avait fait bâtir en son absence. Il demanda ce que signifiait ce nouveau bâtiment. Pierre répondit qu'il l'avait fait construire pour les hôtes et pour la commodité de l'office divin. François reprit : « Mon frère, ce lieu de la *Portiuncule* est le modèle et la règle de tout notre ordre ; c'est pourquoi je veux que ceux qui y demeurent, et ceux qui y viennent, souffrent patiemment les incommodités

de

de la pauvreté, afin · qu'à leur retour chez eux ils racontent
quelle vie on y mène : car si les hôtes trouvent ici de bons
logemens et toutes les autres commodités, ils s'accorderont les
mêmes douceurs dans leurs provinces, et diront qu'ils ne font
que suivre l'usage de la Portiuncule, qui est le berceau de toute
la congrégation ». Saint François voulait faire abattre ce bâtiment; mais il céda aux instantes prières des frères, qui lui
en prouvèrent la nécessité. A son premier chapitre général,
tenu en 1219, le saint ordonna que les maisons des frères fe-
raient paroître en tout la pauvreté, que leurs églises seraient
basses et petites, les murs des bâtimens de claies et de cannes,
ou de bois et de terre mêlée de paille. Sur quoi plusieurs religieux représentèrent, que dans leurs provinces le bois était
plus rare et plus cher que les pierres, et que les bâtimens de
pierres, pourvu qu'ils fussent modestes, étaient plus solides et
moins sujets aux réparations. Le saint se rendit à ces observations, et le statut du chapitre ne fut pas rigoureusement observé. *Fleury, Hist. ecclés.* liv. LXXIX. n°. 25.

(207) « Infrà millesimum tertio jam ferè imminente anno,
» contigit in universo penè orbe terrarum, præcipuè tamen in
» Italiâ et in Galliis innovari ecclesiarum basilicas, licet
» pleræque decenter locatæ minimè indiguissent. Æmulabatur
» tamen quæque gens Christicolarum adversus alteram decen-
» tiore frui. Erat enim instar ac si mundus ipse excutiendo se-
» met, rejecta vetustate, passim candidam ecclesiarum vestem
» indueret ». *Glaber Radulphus Chronic*, lib. 3, cap. IV ap.
*Chesnium scriptor. Francicor.* —Voyez *Muratori Antiquitates Italicæ*, *Dissertatio LVI.* — *Hist. littéraire de la
France*, t. VII.

(208) Haimon, abbé de saint Pierre-sur-Dive, nous donne,
dans une lettre aux moines de Tewksbury en Angleterre, des
détails intéressans sur cette confrérie religieuse. Voyez le tome
XIV des *Historiens de la France*, p. 3,8.

(209) Voyez *Muratori Antiquitates Italicæ, Dissert. XXIV.*

20

— Charlemagne introduisit dans notre architecture, le goût et les formes lombardes. Les Croisades et les fréquens voyages que les Croisés firent en Syrie, introduisirent en France l'architecture syrienne, arabesque ou sarrasine, architecture à laquelle on a donné, sans raison, le nom de gothique. Ce fut seulement vers le commencement du XV siècle, sous le règne de Louis XII, que l'on abandonna ce genre d'architecture. *Lenoir, de l'Introduction de l'architecture gothique en France.*

(210) La tour de Pise s'écarte de la ligne perpendiculaire de cinq degrés et demi. C'est une question encore indécise de savoir si cette tour a été construite ainsi inclinée, ou si son inclinaison provient d'un affaissement causé par la mobilité du terrein. Vasari et Soufflot ont adopté cette dernière opinion. — *Voyez Lalande, Voyage en Italie,* tome II. chap. XXI.

(211) On peut assurer, dit Félibien, qu'il y a peu d'édifices gothiques aussi parfaits que la cathédrale d'Amiens, puisque l'on n'y remarque d'autre défaut que la trop grande hauteur de la nef, à proportion de la largeur; défaut assez ordinaire dans la plupart des anciennes églises de France. *Félibien, Recueil historique de la vie et des ouvrages des plus célèbres architectes,* liv. IV.

(212) On a donné de grands éloges à la bâtisse de la Sainte Chapelle du Palais. Cet édifice a toujours été estimé comme l'un des plus hardis qu'il y ait en Europe, et des mieux entendus pour la variété dans le peu d'étendue. Voyez Lebœuf, *Hist. du Diocèse de Paris,* tome I. p. 355. et suiv. — Eudes de Montreuil, constructeur de la Sainte Chapelle, fut aimé de Saint Louis qui l'emmena dans son premier voyage en Asie, où il put se former par la vue des monumens arabes. Eudes de Montreuil bâtit les deux grosses tours du port de Jaffa en Palestine. Il éleva à Paris, l'église des Chartreux, celles de Sainte Catherine, du Val des écoliers, de Sainte Croix de la Bretonnerie, des Mathurins, des Blancs-Manteaux, de l'Hôtel-Dieu, des Quinze-Vingts, des Cordeliers où il fut enterré,

en 1289. Voyez *André Thevet, les vrais portraits et vies des hommes illustres*, liv. VII. chap. XCII. — Saint Louis se fit accompagner aussi par Jousselin de Courvault, architecte, qui inventa plusieurs machines de guerre. L'on est moins instruit des architectes qui furent employés dans les États voisins de la France. En Angleterre, l'architecture fut soigneusement cultivée, soit par le roi Edouard qui fit bâtir l'église de Westminster (en 1066), soit par Guillaume, duc de Normandie, son successeur. Ce prince fit bâtir Saint-Etienne de Caen. *Félibien, Recueil historique de la vie et des ouvrages des plus célèbres architectes*, liv. IV.

(213) On voit sous le numero 520 du Musée des Monumens français un buste de Suger, fait par des sculpteurs contemporains. Voyez la *Description du Musée par Lenoir*, p. 89. On trouve aussi dans le même Musée, n°. 23, une statue de saint Louis exécutée du temps de ce prince. Voyez la *Description du Musée*, p. 102.

(214) *Montfaucon, Monumens de la monarchie française*, tome I. On voyait dans la sacristie de l'abbaye de Saint-Denis, huit tableaux sur verre qui représentaient l'histoire de saint Louis. *Ibid.* tome II.

(215) Plusieurs artistes ont pensé que jamais l'art de peindre sur verre n'a été perdu; cet art n'est pas un secret particulier : on peint sur le verre comme l'on peint sur l'émail. La pratique de ces deux arts consiste à peu près dans les mêmes procédés. Ce que l'on a pris pour un secret dans la peinture sur verre, dit M. Lenoir, n'était autre chose que l'adresse de chauffer suffisamment le verre, pour ne pas détruire les couleurs qu'on voulait y appliquer, et pour les maintenir au ton que l'on voulait donner au tableau. La peinture sur verre est si susceptible d'éprouver des altérations dans son exécution, qu'on voit dans les mémoires de Bernard Palissy, que Jean de Connet, peintre verrier, ne put jamais faire réussir aucun de ses tableaux. Ce peintre avait reçu de la nature une odeur tel-

lement faite qu'elle altérait la qualité des couleurs que l'artiste employait. Il fut obligé d'abandonner la peinture coloriée et ne fit plus que des camayeux. On s'est toujours exercé, plus ou moins, dans la peinture sur verre, en France, en Angleterre et en Hollande. Le Musée des monumens français possède des vitreaux peints à Paris en 1730 et 1786. Depuis cette époque, M. Brongniart, directeur de la manufacture de porcelaine de Sèvres, en a fait exécuter plusieurs qui ont parfaitement réussi. Voyez un écrit intéressant de M. Lenoir, qui a été inséré dans le *Moniteur du 23 février* 1809.

(216) André Taffi, de Florence, peintre en mosaïque, instruit par des Grecs que le Sénat avait fait venir, mourut à Florence en 1294.

(217) La mosaïque ne fut pas inconnue en France au onzième siècle, témoin le fragment de pavé placé sous le numero 429, au Musée des Monumens français. Voyez la page 108 de la *Description du Musée par Lenoir*. Dans le tombeau de la reine Blanche qui était à Maubuisson, on remarque une espèce de mosaïque, composée de morceaux de verre. N°. 431. du Musée, p. 110 de la Description.

(218) Il paraît, d'après la *Dissertation de Lebeuf, sur l'état des sciences en France, depuis Charlemagne jusqu'au roi Robert*, que l'ignorance ne fut pas aussi générale que l'on pense communément ; mais ces temps furent certainement très peu éclairés, en comparaison de ceux qui suivirent. Lebeuf, par un sentiment bien naturel aux antiquaires, célèbre, peut-être un peu trop, les faibles connaissances dont ces siècles ne furent pas totalement dépourvus. Voyez aussi *Lebeuf, Recueil de divers écrits sur l'Hist. de* France, tom. II, p. 8.

De tous les pays de l'Occident, la France fut sans doute le lieu où les lettres et les sciences furent le moins oubliées. La Normandie surtout doit être distinguée : un grand nombre d'abbayes de cette province cultivèrent les lettres et ouvrirent des écoles. L'abbaye de Saint Ouen avait une grande réputation ;

l'école du monastère de la Trinité, plus connue dans la suite sous le nom du *Mont Sainte Catherine*, près de la ville de Rouen, fut encore plus florissante que celle de Saint-Ouen ; le grand nombre de manuscrits, composés ou mis en dépôt à Jumiège, prouvent que l'on s'occupa beaucoup des lettres dans cette maison ; tout le monde savant connaît l'historien Guillaume de Jumiège ; l'abbaye de Fontenelle nous a aussi conservé plusieurs écrits intéressans. Les écoles de l'abbaye de Fécamp furent le modèle de toutes les autres, et ce semble même, de celle de Saint-Benigne, à Dijon. De toutes les écoles, non-seulement de la Normandie, mais aussi de la France entière ; il n'y en eut point de plus savante et de plus fameuse que celle de l'abbaye du Bec, au diocèse de Rouen. Lanfranc s'y consacra à Dieu en 1042, et ses leçons attirèrent un grand nombre de disciples ; l'école de Caen eut aussi de la réputation. Dans les autres provinces de la France, on remarque les écoles de Chartres, de Liége, de Tournay, de Saint-Germain-des-Prés à Paris, etc. Voyez l'*Hist. littéraire de la France*, par les Bénédictins, tom. VII.

(219) Le nombre des volumes de la bibliothèque de Constantinople monta à cent vingt mille. *Guido Pancirolus*, *Rerum mirabilium sive deperditarum liber.* lib. I, tit. XXII. Deslandes veut qu'il y ait eu dans cette bibliothèque six cent mille volumes. *Hist. de la philosophie*, liv. VI, chap. xxix, nº. 9.

(220) Les Arabes ayant subjugué plusieurs pays qui avaient fait partie de l'empire romain, et ravagé différentes provinces de l'Asie, trouvèrent des livres parmi le butin qu'ils rassemblaient, et les étudièrent avec une ardeur sans exemple. Leur passion pour l'étude devint si forte, que vers l'an 820, le Calife Almamon Abdalla, demanda à l'empereur de Constantinople, les meilleurs livres grecs, qui furent ensuite traduits en langue arabe. Les plus célèbres académies des Arabes furent celles du Caire, de Sigilmese, de Constantine, de Bas-

sora, d'Hubbede, de Fez, de Maroc, de Tunis, de Tripoli, d'Alexandrie et de Confah.

(221) Nous n'avons pu découvrir, dit Giannone, si savant dans les antiquités du royaume de Naples, que parmi le grand nombre d'écrivains de nos provinces, aucun ait recherché comment les sciences arabes, et particulièrement la médecine, s'introduisirent à Salerne, et firent de si grands progrès dans cette ville. Ceux qui ont cru que son école avait été fondée par Charlemagne, en même temps que celle de Paris et de Bologne ,,se sont trompés. Ce prince ne fut jamais maitre de Salerne, et il fut en guerre avec Arechi, prince de Salerne, qui se défendit si bien que sa ville ne put être prise. C'est donc à des temps moins éloignés qu'il faut attribuer l'origine de l'école de Salerne. Dans les commencemens elle ne fut point instituée par les soins ou les ordres d'aucun prince ; aussi ne porta-t-elle pas le titre d'académie, de collége ou d'univer- sité, mais de simple école. Elle s'établit dans cette ville, parce que Salerne étant située au bord de la mer, il s'y faisait de fréquens débarquemens d'Orientaux et d'Africains. Sous le règne des derniers princes lombards, les Sarrasins y venaient souvent, et y séjournaient long-temps. Ils enseignèrent aux Salernitains la manière d'apprendre, dans les écrits arabes, la philosophie, et particulièrement la médecine.

Entre les savans qui rendirent l'école de Salerne célèbre, il faut placer le fameux *Constantin l'Africain*, originaire de Carthage. Dans ses grands voyages en différentes parties de l'Asie et de l'Afrique, il avait appris plusieurs sciences, et particu- lièrement la médecine et la philosophie. À Babylone, il se rendit habile dans la grammaire, la dialectique, la géométrie, l'arith- métique, les mathématiques, l'astronomie et la physique des Chaldéens, des Arabes, des Perses, des Sarrasins, des Égyp- tiens et des Indiens. Constant se retira à Salerne, où il fit fleurir la philosophie et la médecine; il embrassa ensuite l'état religieux au Mont Cassin, et il y composa plusieurs ou-

'vrages, dont Pierre Le Diacre a donné le catalogue. *Gian-none, Hist. civile de Naples.* liv. X, chap. xi. — Un auteur qui vivait vers l'an 1180, dit de Salerne : «. Fons physicæ, & pugil Euciasiæ, cultrix medecinæ ». *Muratori, Antiqui-tates Italicæ, Dissert. XLIV.*

(222) Quelques écrivains qui jugent de la manière de pen-ser des anciens par celle d'aujourd'hui, ont ciu, sans fonde-ment, que le célèbre médecin, Jean de Procida, n'était pas le même personnage que Jean de Procida, noble de Saleine, qui fut l'auteur de la conjuration des Vêpres Siciliennes ; comme si la pratique de la médecine eût été incompatible avec la noblesse. Plusieurs archevêques de Salerne furent très-expérimentés dans la médecine ; entre autres Romuald Guarva, proche parent de Guillaume I, roi de Naples et de Sicile. *Giannone, Hist. civile de Naples.* liv. X, chap. xi.

(223) « In diebus illis legebantur Parisiis libelli quidam ab » Aristotele, ut dicebantur, compositi, qui decebant meta- » physicam, delati de novo à Constantinopoli, et à græco in » latinum translati; qui quoniam non solum prædictæ hœresi » (Amalrici Carnotensis) Sententiis subtilibus occasionem præ- » bebant, jussi sunt omnes comburi, et sub pæna excommuni- » cationis cautum est in eodem concilio ( Parisiense ), ne quis » eos de cætero scribere, legere præsumeret, vel quocumque » modo habere ». *Rigordus, de gestis Philippi Augusti, ad ann. 1209. ap. Chesnium,* tom. V. — Ce passage de Rigord détruit complètement l'opinion des savans qui prétendent, que les Arabes firent connaître la métaphysique d'Aristote en Oc-cident. C'est la remarque de Muratoi, *Antiquitates Italicæ, Dissert. XLIV.*—La métaphysique d'Aristote ne fut pas le seul écrit qui fut apporté de Constantinople en Occident. Il est dit dans une chronique de Saint-Denis en France : « Hoc anno Willelmus medicus attulit libros græcos à Constantinopoli ». *Chronicon breve ecclesiæ Sancti-Dionysii ad Cyclos pascha-les. ad ann. 1157, ap. D'Achery, Spicilèg., tom. II in-fol. p. 495.* — On envoya aussi des livres d'Occident à Constan-

tinople. En 1124, le pape écrivait aux évêques de France : « Envoyez en ce pays-là des livres dont nous savons que vous avez de reste ; envoyez-les, du moins pour les copier, afin que l'Église d'Orient s'accorde avec celle d'Occident dans les louanges de Dieu ». *Fleury, Hist. ecclés.* liv. LXXVI, n°. 13.

(224) Deslandes ( Hist. critique de la philosophie, chap. XLII, n°. 6.), s'étonne qu'après plusieurs défenses des papes, qui interdisaient la lecture d'Aristote, Albert-le-Grand et saint Thomas d'Aquin se soient permis de commenter les ouvrages de ce philosophe. Mais, selon le père Tournon ( Vie de saint Thomas d'Aquin), ceux qui savent, jusqu'où allait l'abus que l'on faisait dans le treizième siècle du nom et des écrits d'Aristote, pour autoriser plusieurs opinions contraires à la saine doctrine, ne seront point surpris que saint Thomas se soit appliqué à examiner les ouvrages de ce philosophe ; il fit cinq volumes de commentaires dans la vue de purger le texte de tout ce qui s'y trouvait de contraire à l'Evangile.

( 225 ) Deslandes, dans son Histoire critique de la philosophie, liv. IX. chap. XLII , partage la théologie scolastique en trois âges. Le premier commence à Lanfranc, archevêque de Cantorbery, et se termine à Albert-le-Grand, directeur des études de saint Thomas ; c'est-à-dire, qu'il dura depuis 1070 jusqu'à la fin du treizième siècle. Le second âge renferme tout l'espace écoulé depuis Albert-le-Grand, jusqu'à Durand de saint Porcien, évêque de Meaux, qui mourut en 1333. Et le dernier âge de la théologie scolastique s'étendit depuis Durand jusqu'à Gabriel Biel , chanoine régulier, mort en 1495. — Les ouvrages publiés dans le douzième siècle, et qui appartiennent, par conséquent, au premier âge de la scolastique portèrent le nom de *sentences ;* ceux publiés dans le treizième siècle prirent le nom de *sommes théologiques. Ibid,* chap. XLIII. — Les plus fameux docteurs de second âge de la scolastique furent Albert-le-Grand, Saint Thomas d'Aquin, de l'ordre des Frères prêcheurs, Alexandre De Halès et Jean

Scot, de l'ordre des frères mineurs. La somme de saint Thomas, diminua le crédit du livre des sentences de Pierre Lombard, sur lequel on compte deux cent quarante auteurs qui ont fait des commentaires. Voyez *Fleury, Hist. ecclésiast.* Liv. LXX; n°. 34.

Les Anglais eurent plus de goût qu'aucune autre nation pour les subtilités de la scolastique. On remarque que l'Angleterre a fourni plus de gloses et de commentaires sur le maître des sentences que tout le reste de l'Europe. *Des Landes ;* liv. IX, chap. XLIII. — Les sommes théologiques furent reçues avec un applaudissement général, parce qu'il fallait moins de temps pour apprendre les ouvrages de saint Thomas, que pour bien savoir la *positive*, qui comprend l'Écriture sainte, les conciles, les pères et l'histoire. D'ailleurs, celui qui possédait la nouvelle théologie était sûr de n'être jamais vaincu dans la dispute, tant elle fournissait d'argumens, de subtilités, de faux fuyans. On se moqua des vieux théologiens qui n'avaient pas assez d'esprit pour aimer les subtilités, et on les nomma, par ironie, les théologiens à la bible ( *biblici* ). Cette théologie scolastique est née en France. *Legendre, Mœurs et Coutumes des Français.*

Tous ces docteurs qui croyaient relever la religion en l'expliquant suivant les principes de la philosophie, reçurent de leurs contemporains de grands éloges : on a dit *Albert-le-Grand,* comme si cet écrivain s'était autant distingué entre les théologiens, qu'Alexandre entre les guerriers. On a nommé Scot, le docteur subtil ; on a donné à d'autres les épithètes *d'irréfragable, d'illuminé, de résolu, de solemnel, d'universel;* mais il ne faut pas se laisser éblouir par ces titres magnifiques, dit Fleury. *Disc. 5,* n°. 14. — On reprocha cependant à tous ces docteurs, de ne pas rendre leurs discours assez intelligibles. Pierre de Poitiers, Pierre Abailard, Gilbert de la Poirée, et Pierre Lombard étaient appelés, même de leur temps, les quatre labyrinthes de la France. *Crevier, Hist. de l'Université de Paris,* liv. I, §. III.

. (226) D'après cette idée de la dialectique, on doit sentir qu'il fallait beaucoup de temps et de peine pour se rendre habile dans cet art. Jean de Salisbury qui nous a laissé un récit du cours de ses études, dit que plusieurs de ses condisciples employèrent jusqu'à onze ou douze années à apprendre la dialectique. *Crevier, Hist. de l'Université de Paris*, liv. I., §. 2. — Il y avait cependant quelques hommes d'un jugement plus droit qui sentaient le ridicule de cette nouvelle dialectique. En 1159, Jean de Salisbury adressa au chancelier d'Angleterre, Thomas Becket, un ouvrage qu'il intitula *Metalogicus*. C'est une apologie de la bonne dialectique et de la véritable éloquence contre un mauvais sophiste dont il cache le nom sous celui de *Cornificius*. — Jacques de Vitry parle ainsi des logiciens de son temps. « Ut autem de logicis taceamus circa quorum oculos Ægypti » Cinyphes volitabant, id·est sophisticæ subtilitates, ità ut » non posset intelligi disertudo linguæ eorum, in quâ, ut di-» cit Isaïas, nulla est sapientia ». *Hist. Occidentalis*, cap. vii.

_.(227) La multiplication des communautés religieuses fut encore très-favorable aux études, en ce qu'on exigeait ordinairement quelque teinture des lettres, de ceux qui se présentaient à la profession religieuse. *Hist. littéraire de la France*, tom. IX, n°. 11. Les religieuses mêmes devaient savoir lire. Le confesseur de la reine Marguerite dit que saint Louis donnait des secours à plusieurs femmes nobles. « Et aucune fois » il demandoit (le roi) se aucune de ces filles savoit lettres, » et disoit que il la feroit recevoir en l'abbaie de Pontaise ou » ailleurs. *Vie de saint Louis*, par le confesseur de la reine » Marguerite ». p. 342, dans Joinville, édit. de 1761. — La distinction entre les moines du chœur et les frères lais, que saint Jean Gualbert établit le premier à Valombreuse, et la distinction des religieuses de chœur et des sœurs converses, vient de ce que l'on croyait l'instruction nécessaire à un religieux. Fleury n'approuve pas cette distinction. Voyez *Disc. VIII, sur l'Hist. ecclésiast.* n°. 5.

(228) Les privilèges que Philippe Auguste accorda aux écoliers de l'Université de Paris, prouvent combien il craignait ce corps. Le roi ordonna que tous les bourgeois de Paris jureraient, que s'ils voyaient un écolier maltraité par un laïc, ils observeraient ce qui se passerait, afin de pouvoir en rendre témoignage, et qu'ils mettraient même, la main sur le laïc pour le livrer à la justice royale. Cette justice, après une information juridique prononçait la peine que méritait le coupable. Le roi poussa la condescendance jusqu'à soustraire les écoliers à la justice séculière, en matière criminelle ; et il voulut que la cause, quelque grave quelle pût être, fût portée devant le juge ecclésiastique, avec cette restriction néanmoins, que si le cas était énorme, la justice royale s'instruirait du traitement fait à l'accusé. Chaque prévôt de Paris devait jurer d'observer cette ordonnance. Voyez *Crevier, Hist de l'Université de Paris*, liv. II, §. 1.

(229) Dans la querelle entre l'Université et les religieux mendians, saint Amour fut député à Rome pour y défendre la cause de l'Université. Il composa un livre intitulé : *Des périls des derniers temps*. Cet écrit est une déclamation contre les religieux mendians, et en particulier contre les Dominicains. Saint Thomas d'Aquin et saint Bonaventure défendirent la cause des mendians. Le livre de saint Amour fut condamné par le pape, qui le déclara, « inique, crimi- » nel, et exécrable : ordonnant à quiconque l'aurait en sa » possession, de le brûler dans huit jours, sous peine d'ex- » communication ; défendant de l'approuver et de le soutenir » en aucune façon ». *Fleury, Hist. ecclésiast.* liv. LXXXIV, n°. 30 et suiv.

(230) Le livre de l'*Evangile éternel*, attribué à Jean de Parme était fondé sur la doctrine de l'abbé Joachim. On y lisait que l'Evangile de Jésus-Christ devait finir l'an 1260 pour faire place à l'Evangile éternel, aussi supérieur à celui de Jésus-Christ que le soleil est plus éclatant que la lune. Ce

nouvel Evangile est l'Evangile du Saint-Esprit qui prescrira
une autre manière de vivre et changera l'Eglise. *Fleury, Hist.
ecclésiast.* liv. LXXXIII, n°. 54. — L'Université faisait
retomber tout l'odieux de cette doctrine, non-seulement sur
les frères mineurs, dont Jean de Parme avait été général,
mais sur tous les religieux mendians. Les erreurs de l'*Evangile éternel* furent réduites à vingt-sept articles, et condamnées. *Fleury, ibid.* liv. LXXXIV, n°. 35.

(231) La maison des chanoines réguliers de Saint-Victor
de Paris fut la tige de l'Université de Paris. Voyez *Lebœuf,
Dissertation sur l'état des sciences en France depuis le roi
Robert,* etc. p. 10 et suiv. — Guillaume de Champeaux fut
un des premiers docteurs qui commença à rendre les études
de Paris célèbres ; il enseigna la rhétorique, la dialectique et
la théologie. Sa réputation lui attira un disciple célèbre, qui
ne se piqua pas de reconnaissance envers son maître ; c'est
le fameux Abailard, homme ardent, ambitieux de renommée,
inconstant, plus subtil que profond dialecticien, et plus célèbre par ses amours que par les disputes théologiques dans
lesquelles il consuma sa vie agitée. — La grande splendeur
de l'Université de Paris date du commencement du douzième siècle. *Crevier, Hist. de l'Université.* liv. I, §. 2. —
Du temps de saint Louis, le pape Grégoire IX célébrait
l'Université de Paris, dans une bulle donnée au sujet du
différend de l'Université avec les mendians. « Paris la mère
» des sciences est une autre Cariath-Sepher, la ville des let-
» tres. C'est le laboratoire où la sagesse met en œuvre les
» métaux tirés de ses mines, l'or et l'argent dont elle com-
» pose les ornemens de l'église, le fer dont elle fabrique ses
» armes ». *Fleury, Hist. ecclésiast.* liv. LXXX, n°. 3.

(232) Cette réflexion appartient à M. Brial dans la préface du quatorzième vol. des *Historiens de la France,* p. 17.
On vit alors paraître (au douzième siècle) dit le même auteur, les célèbres congrégations des Cisterciens, des Char-

tieux, des Grandmontains, de Fontevrauld, de Tyron, de Savigny, etc.; sans parler des chanoines réguliers, qui formèrent différentes associations, parmi lesquelles il faut distinguer celle des Prémontrés, qui fut la plus étendue.

(233) M. Delisle se servit utilement des portulans et des journaux des pilotes ; et en produisant ces sortes de témoins ; il s'autorisa à raccourcir la Méditerranée de trois cents lieues, et l'Asie de cinq cents lieues. *Carlencas, Hist. des belles-lettres et des seiences et arts*, tom. III , p. 316.—Voyez *Fontenelle, Eloge de M. Delisle.*—Voici pourquoi on fut si long-temps à connaître exactement la mer Méditerranée : la navigation de cette mer, et surtout celle de l'Archipel, n'est qu'une espèce de *cabotage*, où l'on ne perd presque jamais les terres de vue; la connaissance des latitudes n'est donc pas une chose essentielle. Aussi la plupart des anciennes cartes de la Méditerranée, giavées ou manuscrites, n'ont pas de graduations marquées, du moins avec exactitude. *Freret, dans les Mémoires de l'Académie des inscriptions*, tom. XVIII.

(234) Voyez *Forster, Hist. des découvertes et des voyages faits dans le Nord*, tom. I , p. 57. — Les Arabes, qui excellaient dans toutes les sciences , cultivèrent la géographie avec plus de soin que les autres nations. Le sultan Abulfada composa une géographie vers l'an 1350 de Jésus-Christ. *Muratori, Antiquitates Italicœ, Dissert. XLIV.*

(235) Avant l'an 1380 , il y avait déjà un monastère de frères prêcheurs dans le Groënland. *Forster, Hist. des découvertes faites dans le Nord*, tom. I , p. 57.

(236) Ce voyage se trouve dans l'ouvrage intitulé : *Voyages faits principalement en Asie, dans les 12e., 13e., 14e. et 15e. siècles, recueillis par P. Bergeron.* Rubruquis, originaire du Brabant, se nommait Guillaume *Ruysbroek,* son nom paraissant trop difficile à prononcer en français, on le changea en celui de *Rubruquis.* Ce religieux trouva à Caracarum, capitale du Khan des Tartares, une femme de Metz

en Lorraine, nommé Pasca ou Paquete, qui avait été prise
en Hongrie par les Tartares. Rubruquis vit encore à la cour
du Khan, Maistre Guillaume, orfevre, bourgeois de Paris,
qui avait fait plusieurs beaux ouvrages au Khan, entre autres une fontaine, d'où il sortait plusieurs liqueurs. Ce *bon
Maistre Guillaume*, comme l'appelle Rubruquis, chargea
ce religieux de porter à saint Louis, une ceinture, dans laquelle se trouvait enchâssée une pierre précieuse, que l'on
croyait, en Tartarie, avoir la vertu de préserver du tonnerre
celui qui la portait.

(237) Après Marco Polo et Mandeville, le voyage en Tartarie qui suivit de plus près ceux des missionnaires dont nous
parlons, fut en 1557, celui de Jenkinson, négociant anglais.
Depuis, les missionnaires Jésuites firent plusieurs voyages en
Tartarie, entre autres le P. Gerbillon, qui y fit huit voyages, par ordre de l'empereur de la Chine, ou à sa suite. Les
mémoires de ce religieux sont du plus grand intérêt. Voyez
*l'Histoire générale des voyages*, tom. IX.

(238) En quelque pays que ce soit, c'est dans les archives
ecclésiastiques qu'il faut chercher tout, ou presque tout ce qui se
conserve de pièces originales antérieures au treizième siècle. Le
savant Maffei, après bien des recherches dans la plupart des
archives publiques, déclare n'y avoir trouvé aucune pièce plus
ancienne que le treizième siècle. Les commissaires que le
roi Louis XIV envoya en Angleterre, pour copier quelques
titres de la Tour de Londres, ne trouvèrent dans ce dépôt aucune pièce authentique antérieure au roi Jean-sans-Terre ;
cependant les archives ecclésiastiques renferment des diplô-
mes de la plus haute antiquité. L'Italie seule en possède plusieurs du cinquième siècle ; la France en a plusieurs au moins
du sixième siècle. *Nouveau Traité de diplomatique*. Ire. part.,
sect. I, chap. vi. — Il ne paraît pas que M. de Bréquigny,
envoyé à Londres, par le roi Louis XV, y ait trouvé dans les
archives royales, des pièces plus anciennes qu'un recueil des

lettres de Charlemagne et d'Alctuin, manuscrit du neuvième siècle. *Mém. de l'Académie des inscriptions,* tom. **XXXVII.**

(239) Une bibliothèque nombreuse était considéiée comme essentielle à un iiche monastère. Udon, abbé de Saint-Père, de Chaitres, augmenta la bibliothèque de cette maison, jugeant qu'il était honteux pour un grand monastère de ne posséder qu'une si pauvre bibliothèque : « Inhonestum et iu-» decorum quod monasterium magnæ nobilitatis habəret ar-» marium tautæ paupertatis ». *Hist. littéraire de Saint Bernard,* p. 240. — Il ne faut pas s'imaginer qu'il n'y eût de bibliothèque que dans les monastères; il s'en tiouvait daus toutes les églises où il y avait des maîtres, ainsi chaque cathédiale avait la sienne. *Lebeuf, Dissert. sur l'état des sciences en France, depuis le roi Robert,* etc. p. 15.

(240) Foucher, de Chartres, expose ainsi les motifs qui lui firent preudie la plume pour écrire son histoire. « Quo-» niam quidem ne vel sciiptorum negligentia vel impeiitia, » vel quod iari forsitan eiant, vel suis impediti curis insu-» dabant, hæc gesta oblivioni non scripta darentur, malui ego » *Fulcherius,* scientiâ rudis, ingenio debilis, temeritatis nǽvo » notaii, quam bæc Dei opeia non propalari : secundum quod » oculis meis vidi, vel à relatoribus veiedicis perscrutans, di-» ligenter didici : et quoniam à me solo, hæc omnia visu et » intuitu non possent comprehendi : stilo inusitato sed tamen » veraci congesta, successoribus pio affectu reliqui, etc. » *Fulcherius Carnotensis, Gesta peregrinantium Francorum,* cap. **XXXII.**

Voici le commencement du prologue de l'histoire de la gueiie sainte, que Mabillon a insérée dans son *Musæum Italicum,* et que Bóngars a imprimée dans le *Gesta Dei,* mais tion-quée. « In nomine Jesu qui est Verbum et sapientia Dei Pa-» tiis, dicamus ejus miranda gesta et fortia facta qui dum » esset in nostra carne dixit : Qui reliquerit domum, patiem, » matiem, fratres et sorores, uxorem et filios, agros et vineas

» propter nomen meum, centuplum accipiet et vitam æter-
» nam possidebit. Et qui vult post me venire, abneget seme-
» tipsum, et tollat crucem suam cotidie, et sequatur me.
» Hanc vocem audientes, et hujus jussa implere cupientes
» sancti peregrini ex omnibus partibus mundi, primitùs ab
» occidentali plagâ, deinde à meridianâ, et septentrionali,
» demum vero, et ab orientali tam magnam fecerunt commo-
» tionem, adjuvante et faciente ipso Dominó, ut nullus sen-
» sus excogitare, nulla lingua, etiam si ferrea esset, ad plenum
» valeret enarrare.... Sed quia ut ait Scriptura, secretum re-
» gis celare, opera autem Dei enarrare honorificum est, si ex
» toto silet lingua carnis, et quamvis non ad plenum, sed
» vel aliquantulum ex inde non dicet, pigritia et negligentia
» est, et in peccatum deputabitur, ut ait Sedulius :

Cum sua gentiles studeant figmenta poetæ,
Grandisonis pompare modis tragicoque boatu :

» cur nos famuli Christi tacemus tam mira facta Christi? quia
» si ipse non fuisset, nunquam ab hominibus fieri potuissent ».
Belli Sacri Hist. ap. Mabillon, Musæum Italicum. tom. I. —
On trouve dans les historiens des Croisades, beaucoup de passages semblables.

(241) La cérémonie qui se pratiquait avant le départ pour
la Terre sainte, de prendre l'escarcelle et le bourdon dans l'é-
glise, était généralement observée. Les honoraires dus au curé
pour cette cérémonie sont fixés dans des manuscrits anciens.
Il n'est pas aisé de deviner pourquoi le mot de bourdon a été
appliqué aux bâtons des pélerins de la Terre sainte ; il est
possible qu'on leur ait donné ce nom , parce que le plus
souvent les pélerins faisant leur voyage à pied, ces bâtons
leur tenaient lieu de mulets, que l'on appelait alors bourdons.
Du Cange, Dissert. XV°. sur Joinville.

{ (242) Les Bénédictins assurent, qu'outre les pièces historiques

riques sur les Croisades, qui ont été imprimées, où pour-rait former quatre ou cinq volumes des pièces qui sont res-tées en manuscrit dans les bibliothèques. Voyez la préface du tom. I des *Hist. de la France;* p. xi. Nous avons regretté plus d'une fois que ces savans et infatigables religieux n'aient pu donner au public une collection des Historiens des Croi-sades.

(243) *Legenda aurea Sanctorum, quœ alio nomine dici-tur, Historia longobardica, quam compilavit Jacobus de Vo-ragine, ordinis Fratrum prædicatorum. Coloniæ,* 1470, in-fol. Cette édition est d'une raieté singulière ; toutes celles qui ont été faites depuis ont été purgées successivement des fables les plus absurdes, qui se trouvaient dans l'original.

(244) L'empressement des Latins, pour recueillir des reli-ques, fut si vif, que Golon de Dampierre se jeta aux pieds du légat, et lui demanda en pleurant le chef de saint Ma-mas, qui fut ensuite porté à Langres. Les Vénitiens eurent en partage le corps de sainte Luce et de saint Siméon, pro-phète ; des pèlerins siciliens, celui de sainte Agathe ; la Pouille celui de saint André. Dans l'ardeur de son zèle, l'abbé Mai-tin, du diocèse de Basle, menaça de la mort un prêtre grec, qu'il soupçonnait d'avoir caché des reliques ; il les enleva ; les embarqua furtivement, et les transporta dans son monas-tère. *Fleury, Hist. ecclésiast.* liv. LXXVI, n° 5.—Le prix que l'on attachait aux reliques, ne permettait pas de faire la translation des corps saints sans déployer un appareil de guerre formidable, de crainte que l'on ne ravît les précieux restes. C'est ce que l'on vit dans Assise, lorsque le corps de saint François fut transporté dans une nouvelle église, sous l'invo-cation de ce saint ; et à Bologne, lorsque saint Dominique reçut les mêmes honneurs: *Fleury, ibid.* liv. LXXIX, n°. 62. — Liv. LXXX, n°. 23.

(245) Dès le milieu du sixième siècle, le pape Vigile dou-tait de l'authenticité de beaucoup de reliques ; il écrivait à

Eutherius : « Nous vous donnons avis que nous vous envoyons les reliques des apôtres ou des martyrs, *comme nous l'espérons* ». Vigilii, Epist. II , cap. v ; cité par *J. Basnage. Hist. de l'Eglise*, liv. XXI , chap. vi. — Dans le temps même des Croisades , où l'on était si crédule , Guibert , abbé de Nogent , l'un des historiens des expéditions saintes , invectivait très-vivement contre les fabricateurs et colporteurs de fausses reliques. Son traité des reliques des saints , *de pignoribus Sanctorum*, est fort curieux ; il y réfute plusieurs fables absurdes, et ne croit pas, entre autres , que les moines de Saint-Médard de Soissons, fussent bien fondés à prétendre posséder, dans leur trésor, une dent de lait de Jésus-Christ.

(246) Les Arabes composèrent une arithmétique symbolique, ou un art qu'ils appelèrent *Algial Walmulkala*, deux mots qui signifient réparer, rétablir , et que nous avons rendus par le mot *Algebre. Saverien, Hist. des progrès de l'esprit humain dans les sciences exactes* , p. 17.

(247) Saverien veut que les chiffres arabes aient été donnés aux Français vers la fin du dixième siècle, par le pape Sylvestre II. Muratori croit que les Italiens en eurent connaissance vers le douzième siècle. *Muratori Antiquitates Italicæ, Dissert.* XLIV. On ne voit pas comment les Français auraient pu recevoir ces chiffres avant les Italiens.

(248) Voici un échantillon assez divertissant des contes de J. de Vitry : on trouve, dit cet écrivain, dans certaines parties de la Flandre, des oiseaux qui sont produits sur des arbres, comme des fruits. Ils sont suspendus par le bec , et lorsqu'ils sont mûrs, ils tombent de la branche, et s'envolent ainsi que les autres oiseaux. On peut les manger comme viande de Carême. *Hist. Orientalis* , liv. III, chap. xci.

(249) Sainte-Palaye , *Mémoire historique sur la chasse*, Ire. partie. — Remarquons encore que les Croisés rendirent célèbre en Europe la chasse du tigre qui se faisait au miroir. *ibid.*—Les Seigneurs croisés s'étaient fait suivre de leurs équi-

pages de chasse; cet attirail causait tant d'embarras que le pape Eugène III défendit aux Croisés de mener avec eux ni chiens, ni oiseaux. Pendant la guerre, les seigneurs chassaient souvent. Après la prise d'Antioche, Godefroy fut blessé par un ours, dans une chasse. *Albertus Aquensis, Hist. Hierosoly.* — Guillaume de Tyr peignant l'état malheureux des Croisés, qui mouraient de soif dans un désert aride, n'oublie pas de faire mention des oiseaux de chasse, qui expiraient sur le poing des fauconniers, et des chiens qui périssaient le long des chemins. Lib. III, çap. XVI.

(250) « Hispani enim in herbarum contemplatione exoticas » ferè sectati sunt, earum potissimè terrarum, quas felicis= » simè detexerant; Stirpium quæ patrio proveniunt solo in- » curiosi, relicta eas describendi cura laudatissimo Clusio ». *Petrus Hotto, sermo academicus, quo rei herbariæ historia et fata adumbrantur.* Lugd. Batav. 1693, in-8°.—Cet ouvrage assez élégamment écrit, n'est guères connu et l'on doit s'en étonner, aujourd'hui que la botanique est si cultivée. Il n'y a pas long-temps que la Bibliothèque impériale le possède.

(251) On croit que la prune de Damas fut apportée en France du temps des Croisades, par les comtes d'Anjou. Le *Grand d'Aussy, Vie privée des Français*, tome I. p. 218. — On prétend aussi que nous devons aux Croisades, les renon- cules. Voyez la préface du *Traité des renoncules*, par le P. d'Ardène. Il est bien difficile de constater ce que nous devons aux Croisades sous ce rapport.

(252) L'École de médecine de Montpellier peut être mise au rang de ces anciens établissemens dont l'origine se perd dans les siècles passés. Mais il est certain que l'École de mé- decine était déjà célèbre à Montpellier dans le douzième siè- cle; les marchands de Montpellier qui fréquentaient beau- coup l'Egypte et la Palestine, depuis la première Croisade, avaient amené d'Alexandrie quelques disciples d'Avicenne.

Des disciples d'Averroës vinrent aussi à Montpellier pour y
exercer la médecine. Les médecins déjà établis dans cette ville,
s'opposèrent de tout leur pouvoir à l'établissement des étrangers, ce qui donna lieu en 1180 à cette ordonnance de Guillaume, seigneur de Montpellier : « Mando, volo, laudo, at-
» que concedo in perpetuum, quod omnes homines quicum-
» que sint, sine aliquâ contradictione regant Scholas de phy-
» sica in Montepessulano ». Les écoles de Montpellier furent
érigées en Université par le pape Nicolas IV, en 1289. *D'Ai-*
*grefeuille, Hist. de Montpellier*, 4e. partie, liv. XII.

(253) Le P. Pagi dans sa critique des Annales de Baronius,
(ad ann. 1087), prétend que le livre de l'école de Salerne était
composé dès 1066, et que le roi d'Angleterre auquel il fut
adressé, était Edouard. Le P. Pagi ne donne aucune raison solide, qui justifie son éloignement d'une opinion univer-
sellement reçue.

(254) Le premier glossateur du livre de l'école de Salerne
fut Arnauld de Villeneuve, fameux médecin de Charles II,
d'Anjou. Ensuite parurent Jacques Curion et Crellio, René
Moreau et Zacharie Silvio. *Giannone, Hist. civile de Naples,*
liv. XI, chap. xi. — *Freind, Hist. de la médecine*, troisième partie.

(255) Un grand nombre de ces traités pourrissent en manuscrit dans les bibliothèques, dit Muratori, quoiqu'ils ne
méritent pas tant de mépris. *Antiquitates Italicæ, Dissert.*
XLIV.

(256) *Le Clerc, Hist. de la médecine*, p. 782. — Guillaume
de Nangis rend témoignage de l'habileté des médecins sarrasins qui traitèrent le roi saint Louis, par ordre du Soudan :
*Ils savoient mieux garir de tel maladie que nos phisiciens*
*ne savoient garir. Annales du règne de saint Louis*, dans le
Joinville de 1761, p. 216.

(257) *Hist. littéraire de la France*, tome IX, p. 196. — On

mit tant d'importance à la composition de la thériaque, qu'on la fit en public. Les herbes et les drogues, qui devaient entrer dans la préparation, étaient exposées à tous les yeux, sur des tables. Voyez *Th. Bartholinus, Dissertatio II de Theriacá,* p. 8. Hafniæ, 1671.

- (258) Un hospitalier espagnol, de l'ordre de Saint-Jean de Dieu, le Frère Sebastien de Saint-Paul, prétend que son ordre est de neuf cents ans plus ancien que celui des Carmes ; qu'il fut fondé par Abraham dans la vallée de Mambré. Il dit que Joseph, gouverneur de l'Egypte, fut chevalier de l'ordre de Saint-Jean de Dieu ; selon lui la maison de Lot, celles de Laban et de Tobie, doivent être regardées comme des hôpitaux de son ordre. *Helyot, Hist. des ordres monastiques,* tome. I, préface.

- (259) Cette réflexion appartient à Muratori, *Antiquitates Italicæ, Dissertatio XXVII.*—Un évêque de Nevers, en 1217, nourrissait deux mille pauvres chaque jour. *Joan. Launoius, de curá Ecclesiæ pro miseris et pauperibus,* cap. IV, art. XXIII. — A une distribution d'argent et de viande, faite à Cluny, à l'entrée du Carême, ivers 1091, il se trouva dix-sept mille pauvres. *Fleury, Hist. ecclésiastique,* liv. LXIII.

(260) Le grand nombre des Croisés qui revenaient aveugles de l'Egypte, engagea saint Louis à fonder l'hopital des Quinze-Vingts.

(261) Cette disposition a subsisté jusque sous le pontificat d'Innocent IV, vers 1253. Les chevaliers remontrèrent au pape qu'ayant toujours élu pour leur grand maître, depuis leur institution, un chevalier lépreux, ils se trouvaient alors dans l'impossibilité de continuer à faire le même choix, parce que les infidèles avaient tué tous les chevaliers lépreux de leur hôpital de Jérusalem. Ils prièrent donc le pontife de leur permettre d'élire à l'avenir, pour grand-maitre un chevalier qui ne fût pas attaqué de la lèpre, et qui fût en bonne santé. Le pape renvoya les chevaliers devant l'évêque de Frescati, pour qu'il leur ac-

cordât cette permission, après avoir examiné s'il le pourait faire
selon Dieu. Ces détails sont tirés de la bulle du pape Pie IV en
1565, bulle si favorable à l'ordre de Saint-Lazare. *Helyot*,
tome I, p. 263.

(262) Voici le passage de J. de Vitry, qui rend un si beau
témoignage des hospitaliers de Saint-Jean de Jérusalem : « Ora-
» tioni autem vacantes, vigiliis et jejuniis selpsos affligen-
» tes, operibus misericordiæ affluentes, parci sibi et austeris ;
» pauperibus autem et infirmis, quos *dominos suos* appella-
» bant, largi et misericordes existebant. Panes de pura similla
» largiebantur infirmis, residuum vero, cum furfure, ad usus
» proprios reservabant. *Jacobus de Vitriaco, Hist. Orientalis,*
lib. I, cap. LXXIV. — Mais, selon le même auteur, tous
les hopitaux ne ressemblaient pas à ceux des hospitaliers de
Jérusalem : « Domos autem hospitalitatis et pietatis, in spe-
» luncas latronum, prostibula meretricum et synagogas Judæo-
» rum convertunt ». *Hist. Occidentalis,* cap. XXIX.

(263) Voici ce que saint François dit des lépreux dans son
testament : « Dominus dedit mihi fratri Francisco ita incipere
» facere pænitentiam . quia cum essem in peccatis, nimium
» mihi videbatur amarum videre leprosos, et ipse Dominus
» conduxit me inter illos, et feci misericordiam cum illis. Et
» recedente me ab ipsis, id quod mihi videbatur amarum,
» conversum fuit mihi in dulcedinem animæ et corporis. Et
» postea parum steti et exivi de sæculo ». *Testamentum se-*
*raphici Patris Francisci*, in init.

(264) Le roi saint Louis visitait souvent les lépreux et les
servait. On lit dans la vie de ce saint roi, par le confesseur de
la reine Marguerite, le récit d'une visite que le roi fit dans l'abbaye de Royaumont à un moine lépreux. Les détails dégoûtans
dans lesquels entre l'historien, font bien ressortir la charité
héroïque du roi. Il ne paraît pas que les lépreux gardassent un
régime bien propre à les guérir, car saint Louis trouva le
moine qui mangeait de la chair de porc, car, dit l'historien ;

« Ainsi est la coûtume des mesiax en l'abcie, que il menjuent
» chars ». Le roi lui fit apporter deux poiles et trois perdrix
rôties ; lui découpa une perdrix, et lui mit les morceaux dans
la bouche. Voyez le *Joinville* de 1761, p. 350.

(265) Voyez *Daniel. Hist. de France*, règne de Louis VIII.
— La grande richesse des léproseries diminua à la longue l'af-
fection universelle pour les lépreux. En 1309, on leur faisait
les plus graves reproches. « Anno Domini 1309 omnes leprosi
» comburebantur per universam christianitatem, pro eo quod,
» latenti proposuerint pacto, homines sanos lepræ veneno in-
» toxicare, quos potuissent, inficiendo quasi omnes fontes suo
» sanguine leproso per diminutionem misso ». *Joannes à Leydis, Chronicon Belgicum*, lib. XXVII, cap. III, ap. *Sweertium.*

(266) L'empereur Frédéric II, outre l'allemand qui était
sa langue naturelle, parlait grec, latin, italien, français,
arabe ou sarrasin. *Barre, Hist. d'Allemagne*, règne de Frédéric II.

(267) *Thomas, Essai sur les éloges*, chap. XXVIII. — Bos-
said trouva les esprits préparés dès long-temps à l'admirer,
quand il imagina de calquer servilement les formes du grec
et du latin, sur un idiome qui les repousse. Voyez *Lahar-
pe, Cours de Littérature*, tom. IV, p. 396.

(268) Voyez *Fauchet, de l'Origine de la langue et poésie
française*, liv. I, chap. IV. — *Massieu, Hist. de la poésie
française*, liv. I. — Pendant que la langue française s'étendait
dans toute l'Europe, son usage ne s'établissait qu'avec peine
en France, pour les actes publics. Le testament de Philippe III, fut écrit en français, en 1284. L'année suivante, le
roi régnant publia le testament de son père. Le préambule
et la souscription ajoutés sont en latin ; ce qui prouve que
l'exemple de Philippe III ne passa pas en usage ; et l'on con-
tinua à écrire en latin encore pendant long-temps. Voyez *D'A-
chery, Spicilegium*, tom. III, p. 691, in-fol.

(269) On ne peut pas douter que les chants des Troubadours n'aient contribué beaucoup à enflammer le zèle des Croisés. Voici quelques passages des pièces de *Gavaudan le vieux*, qui sont remarquables par le ton de simplicité et d'injures qu'inspirait la grossièreté des mœurs. « Seigneur, par nos péchés la puissance des Sarrasins s'est accrue. Saladin a pris Jérusalem, et l'on ne l'a pas encore recouvrée. C'est pourquoi le roi de Maroc a mandé, qu'avec tous ses infidèles il combattrait tous les rois chrétiens; il a ordonné à tous ses Maures, Arabes et Andalousites, de s'armer contre la foi de Jésus-Christ; et il n'y en aura pas un seul, gras ou maigre, qui ne s'assemble plus dru et menu que la pluie..... Ces charognes, faites pour servir de pâture aux milans, détruisent les campagnes, et ne laissent ni bourgeons, ni racines. Ceux que le roi de Maroc a choisis, sont tellement gonflés d'orgueil, qu'ils se croient les maîtres du monde, et lâchent contre nous les railleries les plus piquantes.

Écoutez, empereur (Frédéric I), et vous, roi de France, son cousin (Philippe Auguste), et vous roi d'Angleterre, comte de Poitou (Henri II), secourez donc le roi d'Espagne (Alphonse IX), qui eut toujours plus de penchant à servir Dieu; et avec lui vous vaincrez tous ces chiens abusés par Mahomet.....

Laissons là nos héritages; allons contre ces chiens de renégats, pour ne pas encourir la damnation. Portugais, peuples de la Galice, Castillans, Navarois, Aragonois; dès qu'ils verront réunis avec vous barons allemands, français, ceux du Cambrésis, les Anglais bretons, etc. etc., soyez sûrs qu'avec nos épées nous trancherons la tête à ces misérables. *Gavaudan* aura prophétisé vrai; ce qu'il dit sera exécuté : ces chiens seront mis à mort; et Dieu sera honoré et glorifié dans les lieux où Mahomet fut servi ». 

Le Troubadour Pierre d'Auvergne a fait deux *sirventes* pour exhorter les chrétiens à se croiser. « Dieu, dit-il, exige que nous le suivions pour aller reprendre son saint sépulcre : suivons-le donc, comme l'Eglise l'ordonne. Celui qui mourra pourra dire à Dieu : *Si tu es mort pour moi, ne suis-je pas mort pour toi !...* Quiconque restera , l'enfer sera son partage.... Lâches rois chrétiens, vous laissez les mammelucs triompher de nous ,sans qu'aucun baron ou duc ceigne l'épée , et prenne la lance ?, etc.

Marcabres disait encore dans ses chants : « Les Amoravis reprennent courage ; ils voient que les potentats de la chrétienté commencent à ourdir entre eux une trame d'envie et d'injustice ; chacun ne voulant se dessaisir qu'à la mort de ce qu'il possède. Les seigneurs d'au delà les monts, qui aiment l'ombre, le repos, et à dormir dans des lits mollets, en ont tout le blâme : on leur prêche en vain d'aller conquérir la Terre de Dieu ; trop occupés de leurs intérêts , ils s'en font un prétexte contre la Croisade. Un jour il leur faudra bien sortir les pieds devant, la tête derrière, de ces palais auxquels ils tiennent si fortement. Marcabres saute de joie , quand il voit dépouillés à l'heure de la mort ceux qui ont amassé avec tant d'ardeur ; et que mille marcs ne leur servent pas d'une gousse d'ail pour les garantir de la pourriture ». Plusieurs autres Troubadours ont encore consacré leurs chants à exciter les princes et les peuples à se croiser : Giraud de Borneil, Pons de Capdueil, etc., etc. Voyez l'*Hist. littéraire des Troubadours.*

(270) Rien n'est si touchant que de voir le sire de Joinville se réconcilier avant son départ, et réparer le tort qu'il pouvait avoir fait. Voyez l'édition de 1761 , p. 25.

(271) Lorsque les pélerins de la Terre sainte étaient sur le point de retourner dans leur patrie , ils coupaient des branches de palmiers , et les rapportaient comme une marque de l'accomplissement de leur pélerinage. C'est ce que nous apprend Guillaume de Tyr , parlant du comte de Flandres , lib. XXI, cap. xvii. « Completis orationibus et sumptâ palmâ, » quod est apud nos consummatæ peregrinationis signum , » quasi omnino recessurus, Neapolim abiit ». Les pélerins

portaient ces palmes à la main, et lorsqu'ils étaient arrivés dans leur patrie, ils les présentaient aux prêtres qui les posaient sur l'autel. Prendre la croix c'était partir pour la Terre sainte : prendre la palme signifiait qu'on se disposait à en revenir. Voyez *Du Cange*, *Dissert*. *XV* sur Joinville.

(272) Voyez *Fauchet*, *de la Poésie française*, liv. I , chap. viii. — *Massieu*, *Hist. de la poésie française*, liv. I. — Pour faire l'éloge d'un Troubadour accompli, on disait qu'il savait bien trouver et bien chanter. *Hist. littéraire des Troubadours*, tom. I, p. 8.

(273) *Muratori*, *Antiquitates Italicæ*, *Dissert*. XXIX.— Les progrès de la musique sont étroitement liés à ceux de la poésie. Dans le moyen âge, on associait la musique à la littérature; et il était honteux pour ceux qui cultivaient les lettres, de ne pas avoir une connaissance suffisante de la musique. *Hist. littéraire de la France*, tom. VII.—Les musiciens et joueurs d'instrumens ambulans, furent très-en vogue au retour de la Terre sainte, parce qu'ils composaient quantité de romances à la louange des princes croisés. *Bonnet*, *Hist. de la musique*, p. 278.

(274) *Fauchet*, *Recueil de l'origine de la langue et poésie française*, liv. I , chap. viii. — *Fauchet*, *de l'Origine des chevaliers*, liv. I. — *Huet*, *de l'Origine des romans*, p. 158. — *Massieu*, *Hist. de la poésie française*, liv. I. — Le roman d'André de France , souvent cité dans les poésies provençales , n'est point parvenu jusqu'à nous. Voyez *Millot*, *Hist. des Troubadours*, tom. I, p. 52.

# TABLE

## DES PRINCIPALES DIVISIONS DE L'OUVRAGE.

*CONSIDÉRATIONS. générales, sur les, Croisades.*
Page 3
*Décadence de la monarchie de Charlemagne.* ibid.
*Noblesse.* 4
*Guerres privées , duel.* ibid.
*Brigandages.* 7
*Cause originaire de la barbarie du moyen âge.* ibid.
*Invasions des barbares.* 8
*Croisades.* 9
*But des Croisades.* 11
*Comment les peuples furent déterminés à prendre la Croix.* 12
*Prédicateurs des Croisades.* 14
*Saint Bernard.* 15
*Exhortations des Papes.* 18
*Priviléges spirituels accordés aux Croisés.* ibid.
*Priviléges temporels.* 20
*Disposition, momentanée des esprits.* 23
*Les moyens par lesquels s'accréditèrent les Croisades réduits à trois principaux.* 25
*Empressement de se croiser.* 26
*Grand nombre des Croisés.* 27

Part que les différens Etats de l'Europe prennent aux Croisades. Page 28

Zèle des Croisés. 32

Etonnement du mauvais succès des Croisades. 33

Plan de l'ouvrage. 36

## SECTION PREMIÈRE.

LIBERTÉ CIVILE, CIVILISATION.

En Europe, trois conditions différentes parmi les hommes. 38

Trois sortes de terres. ibid.

Deux sortes de servitudes. 39

La servitude à l'époque des Croisades. ibid.

Moyen d'obtenir la liberté. 42

Effets des Croisades sur la servitude. 43

Serfs des Eglises. 48

Affranchissemens par concession. 49

Affranchissemens par la prescription. 50

Droit d'aubaine. 51

Impôts. 54

Communes. 56

Absence des seigneurs. 61

Rétablissement de la tranquillité publique. 63

La Croisade était une espèce de Trève de Dieu: 67

Renaissance du Droit romain. 71

Affaiblissement du régime féodal. 73

Tribunaux judiciaires. 77

Duels judiciaires. 78

Puissance des Papes. Page 82
Patriarche de Jérusalem. 85
Juridiction ecclésiastique des Papes. 88
Richesses de l'Eglise. 89
Principautés ecclésiastiques. 90
Richesses particulières aux Papes. ibid.
Dixmes. 91
Nouveaux Ordres religieux. ibid.
Frères mineurs. 92
Ordre de la Merci. 95
Fontevrauld. ibid.
Dominicains. Inquisition. 96
Anciens Ordres. 97
Utilité des nouveaux Ordres religieux par rap-
port à la civilisation. 98
Chevalerie militaire. 101
Chevalerie religieuse. 102
Armoiries. 106
Noms de famille. 107

## SECTION SECONDE.

### COMMERCE.

Commerce de l'Europe avec l'Asie, à l'époque
des Croisades. 109
Première étape. 110
Seconde étape. ibid.
Effet général des Croisades sur le commerce. 111
Importance du commerce avec l'Asie. 112

# 354 TABLE.

*Commerce des villes d'Italie.*     **Page** 114
*Etablissemens des Italiens en Orient.*    115
*Etablissemens des Français en Orient.*    119
*Le commerce de l'Europe avec l'Orient tombe
    entre les mains des Lombards.*    121
*Hanse Teutonique.*    122
*Ecrits sur le commerce.*    123
*Art de la navigation.*    125
*Architecture navale.*    127
*Jurisprudence maritime.*    128

## SECTION TROISIÈME.

### INDUSTRIE.

*Le luxe accru par les Croisades.*    134
*Manufactures d'étoffes.*    135
*Verreries.*    136
*Inventions.*    137
*Art de la guerre.*    138
*Discipline militaire.*    140
*Inventions militaires.*    141
*Feux d'artifice.*    143
*Infanterie. Cavalerie.*    144
*Beaux arts.*    145
*Grecs. Constantinople.*    147
*Italie.*    149
*Les Ordres religieux favorisent les beaux arts.*   150
*Circonstance favorable aux beaux arts.*    152
*Architecture.*    153

*Sculpture.*                 Page 156
*Peinture.*                     ·157

# SECTION QUATRIÈME.

## LUMIÈRES.

*Les Grecs et les Arabes, seuls peuples éclairés
à l'époque des Croisades.*              169
*Grecs. Constantinople.*            ibid.
*Arabes.*                       161
*Salerne.*                    162
*Mont Cassin.*              163
*Cause principale de l'effet des Croisades sur
les lumières.*                 164
*Communication avec les Arabes.*     165
*Communication avec les Grecs.*      ibid.
*Ecrits d'Aristote.*             168
*Théologie scolastique. Logique.*     169
*Religieux mendians.*           172
*Rivalité entre les mendians et les anciens Ordres.* 173
*Rivalité entre les mendians et l'Université de Paris.* 174
*Influence des Croisades sur chaque science en
particulier.*                177
*Géographie.*              ibid.
*Histoire.*                   181
*Parallèle entre Villehardouin et Joinville.*   183
*Autres historiens des Croisades.*    184
*Parallèle entre Jacques de Vitry et Guillaume
de Tyr.*                 185

Fables historiques accréditées par les Croisades. 187

Mathématiques.                                          188

Astronomie.                                            ibid.

Physique. Histoire naturelle.                          189

Botanique.                                             191

Médecine.                                              194

Pharmacie.                                             196

Chimie. Alchimie.                                      197

Ordres religieux hospitaliers.                         199

Hôpitaux.                                              203

Les langues perfectionnées.                            204

Langue latine.                                         205

Langue française.                                      206

Poésie. Musique.                                       208

Changement dans les esprits.                           212

Gloire du siècle de Léon X, préparée par les
    Croisades.                                         213

## CONCLUSION.

Trois causes principales des effets des Croi-
    sades.                                             215

Première cause, l'émigration d'hommes.                 ibid.

Deuxième cause, la communication des peu-
    ples entre eux.                                    216

Troisième cause, l'impulsion donnée aux es-
    prits.                                             218

Maux produits par les Croisades.                       219

Grande question résolue.                               221

Lightning Source UK Ltd.
Milton Keynes UK
UKHW02f0756090818

326991UK00010B/446/P